本书出版幸承教育部人文社会科学研究项目（10YJA840061）

陕西师范大学优秀学术著作出版基金（哲学社会科学类）资助

赵振斌 褚玉杰 等 著

Ethnic Community Women in Tourism Development of Western China:

Participation and Changes

旅游开发中的
西部民族社区妇女

参与与改变

科学出版社

北京

内 容 简 介

作为重要旅游目的地，西部民族地区在过去30多年里经历了快速的旅游开发过程。当地妇女抓住了这一机遇，以较之男性更为高涨的热情参与其中，成为参与主体，他们在旅游发展中的变化也日益凸显，并推动着当地社会性别关系和结构的改变。基于此，本书从社会性别视角出发，聚焦西部旅游开发中的少数民族妇女群体，利用妇女主体经验探讨其多层面变化，内容涉及参与特征、行为模式、心理活动和社会地位。同时，关注部分妇女的精英化转变现象，利用典型个案分析其成长历程、社会影响以及现有困境。本书的探索有助于深刻理解民族地区旅游开发中妇女参与的过程和意义，探求妇女自身和社区社会发展的有效途径，进而构建社区旅游中妇女参与的系统分析框架和理论体系。

本书不仅适合相关领域的科研工作者阅读，也可为政府部门和社会组织推进民族地区旅游开发、妇女就业和文化传承提供参考。

图书在版编目（CIP）数据

旅游开发中的西部民族社区妇女：参与与改变/赵振斌等著. —北京：科学出版社，2018.11

ISBN 978-7-03-059463-1

Ⅰ.①旅⋯　Ⅱ.①赵⋯　Ⅲ.①民族地区－社区－妇女工作－研究－西北地区　②民族地区－社区－妇女工作－研究－西南地区　Ⅳ.①D442.8

中国版本图书馆CIP数据核字（2018）第255623号

责任编辑：付　艳　苏利德　邵　华／责任校对：何艳萍
责任印制：张欣秀／整体设计：铭轩堂

编辑部电话：010-64033934

E-mail：edu_psy@mail.sciencep.com

科 学 出 版 社 出版

北京东黄城根北街16号
邮政编码：100717
http://www.sciencep.com

北京虎彩文化传播有限公司 印刷
科学出版社发行　各地新华书店经销

*

2018年11月第 一 版　开本：720×1000　B5
2019年6月第二次印刷　印张：19 1/4
字数：333 000

定价：99.00元
（如有印装质量问题，我社负责调换）

前　言

　　妇女发展是检验社会文明进步的重要标准，因而成为获得广泛关注的现实议题和学术研究主题。随着中华人民共和国的成立、一系列政策和法律的实施，我国妇女的社会地位不断提升。然而，这种进步在城乡之间具有一定差距，同时还存在西部乡村和东部乡村之间的明显差别。20 世纪 90 年代以来，西部民族乡村地区凭借自身独特的自然景观、田园风光、文化艺术和民族风情，成为我国重要的旅游目的地。在这一过程中，西部乡村获得快速发展，妇女不仅成为参与社区旅游的主要成员，更在自身发展和两性平等方面实现了突破。

　　在西部民族旅游发展进程中，社区妇女获得了良好的发展机遇，也经历了多重变化，同时还面临着现实的困境，其处境相对复杂，需要加以认真考察。基于此，本书围绕社区妇女在民族旅游开发中的参与和变化这一主线展开，主要分析内容包括妇女的社区旅游参与及其特点，行为模式、心理活动和社会地位变化的过程，影响因素及存在的问题；同时，书中亦关注个别妇女在社区旅游参与过程中成长为社区旅游精英的现象，探索其精英化因素与模式、社区精英角色及发展障碍的特殊性，揭示旅游开发对妇女发展的价值与意义，并为社区旅游和妇女自身发展提供理论支撑。

　　本书具有三个特点：其一，运用社会性别视角关注旅游开发活动对妇女社会性别的再塑造问题；其二，通过案例，以及研究对象和研究角度上的多层面呈现来探讨西部民族旅游发展中妇女的主体经验及其改变中的一般性及差异性；其三，运用混合方法，重视被研究者的主体性和参与性，注重探索性研究的开展。基于以上特点，作者力求为理解西部少数民族妇女的旅游参与及其变化提供较为系统的分析框架。

本书为教育部人文社会科学研究项目（10YJA840061）研究成果，由赵振斌设计大纲，赵振斌、褚玉杰负责统稿。本书共分为八章，章节分工如下：第一章由赵振斌撰写；第二章由孙新和赵振斌撰写；第三章和第八章由褚玉杰撰写；第四章由李娟和赵振斌撰写；第五章由朱文婷、国珈和赵振斌撰写；第六章由黄燕、高艳、陈晓红和褚玉杰撰写；第七章由张丽、褚玉杰和陈晓红撰写。陈幺、张铖、陈诚、赵倩倩、郝亭、王蕾蕾、张建荣、任佩瑶、黄越参与了野外调研工作，童星辰、刘阳参与了文稿校对工作。

目　录

第一章

绪　论

第一节　研究背景

20世纪90年代以来，我国西部民族乡村地区^①凭借其独特的自然景观、田园风光、文化艺术和民族风情，吸引众多旅游者前往，成为重要的旅游目的地。在这一过程中，西部民族乡村从被遗忘的角落走向社会关注的中心，获得了社会经济的快速发展。民族乡村地区的社区妇女作为参与当地旅游业的主要成员，也在自身发展和实现两性平等中迈出了新的一步。

中华人民共和国的成立为我国广大妇女的解放和发展创造了条件，在政府一系列政策和法律实施的推进下，城市和乡村妇女的社会地位不断提升，尤其在城市区域中一定意义上实现了两性的平等，妇女群体的自身发展得到了保障。但广大乡村地区与城市区域尚有差距，同时，西部与东部的乡村间差别明显。改革开放以来，我国乡村经历了三次重要的发展过程，分别是工业化、城镇化和乡村旅游开发，这对乡村社会产生了重要影响。始于20世纪80年代的工业化和城镇化相伴而行，主要发生于东中部地区；而在兴盛于20世纪90年代的乡村旅游中，西部欠发达地区由于其独特的资源优势，成为发展的核心。工业化和城镇化虽然也为乡村妇女进城务工、进入非农产业提供了机会，并形成了"打工妹"群体，但由于受工业和城镇服务业的产业性质和乡村妇女个人综合素养的限制，低层次化的就业成为这一时期乡村妇女异地非农化的标志。西部乡村旅游的兴起，为西部乡村妇女提供了新的机会，虽然参与旅游业也存在层次低等问题，但与工业化和城镇化相比较，西部旅游开发对于当地妇女的意义非同一般。

---

① 民族乡村地区指的是区域、地域，包含了社区、社区所处的自然和社会环境。

西部民族社区①旅游以其民族性和乡村性为吸引力要素，具有显著的地方性特征，是西部旅游开发的主要类型，为当地民族社区妇女实现自身发展提供了难得的机遇。西部社区旅游之于少数民族妇女，意义体现在以下三个方面。第一，民族旅游的接待活动在西部乡村社区展开，有利于妇女居家就业，实现就地非农化，并将传统角色与新角色兼顾起来，在实践中突破固有社会角色和劳动分工。第二，由于妇女是民族社区社会生产、生活的主要参与者，妇女自身独有的民族文化承载者、传承者和开发者的身份，成为她们参与旅游接待的个人和群体资本，有利于其在社区中脱颖而出。这一点在工业化和城镇化中难以体现。第三，旅游产业的第三产业性质，以及传统文化中对妇女的社会性别定位，为她们参与以服务为特征的旅游产业提供了便利，但与传统服务业相比，旅游产业被界定为新兴服务业，具有开放性和现代性特征，为妇女的个人和群体发展创造了新的条件。

参与社区旅游业给西部少数民族妇女带来了多方面和深层次的影响。旅游参与活动使她们从私人领域迈入公共领域，由农业经济转入市场经济，从无偿的家务劳动转向有偿的服务生产活动。伴随着少数民族妇女的社会角色、权利、地位发生变化，一系列新的挑战、困惑和问题也相应产生，民族社区妇女与西部旅游开发已成为西部乡村发展和妇女发展的特殊现象，对这一问题进行关注，认识妇女参与旅游开发过程中的变化、需求与问题，有助于深入理解西部少数民族妇女如何在旅游开发中寻求自我发展，同时受到外部经济社会力量塑造后，如何进行自我调适。

第二节　国外研究进展

西方国家的妇女研究起步较早，女性主义的研究早在 17 世纪就已出现萌芽，并在 19 世纪的中期上升至一个高峰。20 世纪 50 年代，随着西方国家第二次女权主义运动的兴起，西方国家开始出现了对女性主义学术及性别研究的热潮，这股热潮在随后扩大至世界范围。21 世纪被很多人称为"她世纪"，随着社会的发展进步和女性地位的日渐提高，研究领域对于女性的关注也日益升温，女性学已成长为一门崭新的学科。作为劳

---

① 民族社区指的是民族乡村地区中具体的村落，范围较民族乡村地区更小。

动密集型产业，旅游业的发展对女性就业有着重要意义。国际劳工组织（International Labour Organization，ILO）指出，妇女在全球旅游业劳动力中占60%～70%（ILO，2013）。由于女性是旅游活动的重要参与者，旅游学者们意识到旅游发展中目的地妇女问题的重要性，并将性别分析方法引入旅游学术研究中，旅游目的地中的性别研究也随之逐渐兴起（唐雪琼和朱竑，2007）。

国外关于旅游中的社区女性研究大致经历了以下三个阶段：

第一阶段：20世纪70～80年代，旅游中的性别问题初步获得关注。

Smith在其1977年的著作《东道主和游客：旅游人类学》（*Hosts and Guests: The Anthropology of Tourism*）中，描述了旅游目的地社会中女性的角色，他通过研究还指出女性在旅游决策中往往起着主导作用；de Kadt（1979）在《旅游——发展的通道？基于旅游对发展中国家社会文化效应的视角》（*Tourism－Passport to Development？Perspectives on the Social and Cultural Effects of Tourism in Developing Countries*）一书中，通过分析旅游给几个国家女性就业、地位、民俗带来的变化来探讨旅游对目的地女性的影响。20世纪80年代，部分国外学者对旅游中的性别差异问题展开了研究，如Monk和Alexander（1986）就委内瑞拉购物旅游发展对当地男人和女人工作机会的影响进行了研究。这一阶段的研究还没有特别针对性别问题，分析旅游对社区男性和女性居民的影响仅仅作为广泛的旅游影响研究中的一部分出现，内容比较单一（吴晓萍和何彪，2001；唐雪琼和朱竑，2007）。

第二阶段：随着20世纪90年代女性主义学术研究的深入和第四次世界妇女大会的召开，女性和性别研究成为热点问题。

Kinnaird和Hall（1994）编辑出版的*Tourism: A Gender Analysis*是最早关于旅游与性别研究的专集。它通过案例研究，论证了性别分析在旅游研究中的重要性和迫切性，强调在旅游发展中形成的性别关系是随着时间推移而发生变化的；Ireland（1993）在英国西南部旅游发展的民族志研究中发现，随着地方传统经济的衰落，妇女们在旅游经济活动中变得比男人活跃，似乎在经济结构里比男性更有前途；Garcia-Ramon等（1995）以西班牙加泰罗尼亚和加利西亚两地农场旅游为例，对当地妇女不断变化的经济活动进行了研究，结果表明，农场旅游对妇女来说可以在兼顾家务劳动的同时获得旅游收入，用以维持小规模农场经营及乡村环境保护，同时使妇女社会、经济地位得到改善；Harvey等（1995）对爱达荷州农村居民进行了调查，以确定他们对旅游的看法和态度，并对社区不同性别居民对旅游的感知程度进行了研究；Wilkinson 和 Pratiwi（1995）利用性别分析的方法对印度尼西亚爪哇岛某渔村中不同性别居民在旅游就业模式、收入、家庭结构和职能及养育子女等方面的差异进行了研究，并指出当地旅游业对于妇女在经济、文化等方面发展的投入不够。这一时期的研究将社会性别作为分析问题的理论框架，对旅游性别分工问题有了更加深入的研究，尤其是关于旅游对目的地居民社会文化影响中的性别差异进行了重点研究。研究中的一大部分成果是针对旅游社区女性的分析，两性对比分析相对欠缺；对于民族地区或少数族裔妇女人群的研究也相对缺乏。

第三阶段：自 2000 年以来，旅游中的性别研究进入了新的发展阶段，研究的深度和广度都得到了拓展。

Herold 等（2001）在《女性旅游者与沙滩男孩儿：浪漫游还是性旅游？》（*Female Tourists and Beach Boys: Romance or Sex Tourism?*）一文中对加勒比海地区的男性与女性游客及海滩男孩和女性性工作者进行了访谈，结果发现女性游客更倾向于浪漫旅游的目的，而男性游客则更倾向于性旅游的目的；Gentry（2007）以伯利兹（Belize）妇女旅游就业为例，认为妇女在当地旅游就业中尽管存在着众多问题，如双重劳动，但旅游业对当地妇女仍然具有更多的积极影响；Skalpe（2007）就挪威的旅游业与制造业中不同性别的首席执行官（chief executive officers，CEOs）收入差异做了比较，结果发现旅游业中超过 20% 的首席执行官是女性，而制造业中的女性首席执行官却不到 6%，这使得旅游业中大量的女性从业者更热衷于对管理层岗位的追求，以期获得相应的岗位收入；Romero-Daza 和 Freidus（2008）以哥斯达黎加的 Monteverde 为研究案例，探讨了女性旅游者与当地男性之间的性关系会增加人类免疫缺陷病毒（HIV）传播的风险；Muñoz-Bullón（2009）分析了男性和女性在西班牙旅游产业中工作成本的差异，结果表明，同等条件下，男性月工资收入平均比女性高 6.7%，而合同类型、职业证书及行业子部门的不同能够解释这一现象；Alonso-Almeida（2012）指出，对摩洛哥这样缺乏可饮用水资源和水利基建的国家来说，水是旅游产业的关键资源，她以摩洛哥旅游产业中的 3 位妇女企业家为例，发现她们在有限旅游水资源管理中发挥了环保推动的作用，并促进了当地社区的财富积累，同时自身也获得了独立与社会认同；Nolan 和 Schneider（2011）通过对泰国、印度尼西亚、哥斯达黎加、新加坡、韩国等地医疗旅游的研究，认为医疗旅游对发展中国家穷困女性有限的医疗权利剥夺明显，且超过发达国家的程度。

这一时期，旅游对目的地妇女就业和社会地位及角色的影响研究逐渐深入。Apostolopoulos（2001）从性别权力关系的角度考察了作为旅游业中的就业者、消费者的女性，并认为旅游过程构建了目的地"复杂多样的社会现实和社会关系"，旅游生产和消费中存在明显的性别差异和不平等现象，现代化、全球资本主义融合了宗教、文化、历史和性别等因素影响了东道国的社区行动。Pritchard等（2007）认为妇女大规模就业于旅游业及相关行业，重塑了其在家庭、社区和地方的权力结构中的角色，从而使得潜在地在经济、社会、政治等方面为妇女提供了参与全球化变革的机会。Gentry（2007）以伯利兹妇女旅游就业为例，认为妇女在当地旅游就业中尽管存在低收入及低教育水平等问题，但旅游业使妇女获得了就业机会，增强了独立性和自信心，部分妇女抓住机遇开办了自己的企业。Sabina和Nicolae（2013）认为旅游业在改善妇女就业条件和质量的同时，性别歧视仍然存在，如专业水平得不到认可，低工资，承担家庭内大量无偿劳动。Duffy等（2015）认为旅游作为一种资源在增加了妇女经济和社会独立性的同时，也造成了两性在性别角色认同方面的冲突。McGehee等（2007）在此基础上对弗吉尼亚州农场家庭的旅游企业管理动机进行性别研究发现，男性和女性的从业动机存在一定差异，女性比较偏向"减少花费"的活动，而不是"增加收入"的活动，男性则恰好相反；从整体上来看，农场女性对旅游业比男性表现出更强烈的动机。如上所述，目前的研究，除了研究话题更为广泛以外，一些研究也更加深入和具体。这些研究不仅从宏观角度探讨旅游发展对目的地性别关系的影响，更注意到了在微观层面上探讨女性的发展及障碍问题，同时强调研究的行动导向，即将研究结果应用于推动性别平等和社会变革。而且，旅游参与中出现的对妇女的负面影响得到了更多重视，社会学和现象学、质性分析方法被广泛采用。

第三节　国内研究进展

目前，国内旅游研究中的性别话题逐渐引起学者们的关注，研究数量和研究内容也不断拓展，但是同国外相比，整体仍然处于起步阶段。国内关于女性与旅游的研究包括两个方面，即女性作为旅游者的研究和女性作为社区旅游参与者的研究，而后者是现有研究中的重点，主要研究内容包括旅游业中的女性参与、旅游发展对女性的影响、旅游业中的女性发展和旅游研究中的女性研究等四个方面。

旅游业中的女性参与。这类研究主要分析了民族旅游中妇女参与的现象及其作用。赵捷（1994）的《云南旅游业民族女性角色分析》是国内较早关于旅游中女性话题的研究，文章描述了民族旅游从业人员中的"重女轻男"现象，并从生理因素、社会化因素、传统分工、女性特质等方面论述了民族女性参与旅游业的优势。金少萍（2003）以云南少数民族参与旅游业的妇女为例，总结出少数民族妇女参与民族旅游业的具体形式。李拉扬和李宁（2006）探讨了旅游目的地门户网站旅游宣传中的女性形象。吴晓美（2007）通过研究发现民族旅游中女性处于主导地位，而男性则受到排斥。黄翅勤（2007），以及黄翅勤和彭惠军（2009）在研究中指出，少数民族女性形象往往成为带有民族特殊意义的符号，他们以《美在广西》宣传片中出现的壮族女性形象为研究对象，分析旅游宣传中的壮族女性形象特征及其在民族旅游中的功能、不足与改进措施。少数民族女性形象往往成为带有民族特殊意义的符号，对游客的旅游行为具有指示作用，这些现象在少数民族地区的旅游目的地宣传广告中更为常见。张超（2008）以四川稻城呷拥村为例，分析了当地藏族女性在旅游经营参与中的积极作用。梁丽霞和李伟峰（2015）分析了民俗旅游背景下东道主妇女在民俗文化传承中的主体地位及其成因，认为女性东道主对民俗文化的传承，对其自身及旅游地的民俗文化都产生了重要影响。

旅游发展对女性的影响。该类研究主要从地位和角色方面分析了旅游参与对少数民族妇女的影响。陈斌（2004）分析了旅游业对摩梭人家庭中男女成员收入比例的影响，唐雪琼和朱竑（2009）分析了旅游发展对摩梭女性家庭权力的影响。王兰（2006）以云南为例，张瑾（2008）以贵州的肇兴侗寨为例，评价了民族旅游对当地少数民族妇女产生的影响，范向丽和郑向敏（2009）则主要分析了旅游业发展给民族女性带来的消极影响。刘韫（2007）以四川甲居藏寨为例探讨了民族旅游对当地少数民族妇女的社会影响。井莉（2008）认为少数民族妇女与民族旅游之间是互动发展关系，进而对经济、社会、文化等多层面具有积极意义。粮丽萍（2008）以湖南省湘西山江镇黄村苗族女性为例，沙爱霞和马义红（2012）以宁夏泾源县回族社区为研究案例，关注了民族旅游影响下当地女性的社会角色变迁。项萌和陈丽丽（2008）以广西龙脊景区瑶族、壮族为例，揭示少数民族妇女如何调整自己的角色和需求来适应民族旅游业的发展。苏醒和杨慧（2010）以大理白族古村诺邓为案例，展现了传统社会中历史记忆的性别差异性，以及在旅游开发背景下女性历史记忆的变迁情况。

旅游业中的女性发展。这部分研究主要涉及在参与民族旅游开发过程中，少数民族妇女发展面临的机遇、问题和对策。吴晓萍和何彪（2001）论述了民族旅游的开发对少数民族妇女解放和发展的重要作用，强调加强旅游影响中性别分析的重要性。吴其付（2007）对"月亮妈妈"徐秀珍如何通过个人努力成为享誉世界的旅游精英，又如何在旅游参与中面临"公地悲剧"的困境及其最终的归宿问题等进行了详细论述。冯淑华和沙润（2007）指出乡村旅游的乡村性重构了农村妇女与乡村资源的关系，在权利与责任上出现了社会性别再分配，为农村妇女创造了就业机会，有利于农村妇女的发展。张瑾（2011）从文化人类学的研究视角出发，通过在广西壮族自治区龙胜各族自治县（以下简称龙胜县）黄洛瑶寨的田野观察，发现红瑶的地方性知识在旅游语境中被转化为新的生计手段，为当地妇女带来了更好的生活与发展。陈奕滨（2012）通过对 75 名云南昆明、丽江高尔夫女球童的分析，认为旅游业中民族职业女性拥有高度积极的民族认同和职业认同。吴忠军等（2012）出版著作《民族旅游与少数民族妇女发展》，选取桂黔湘三地少数民族聚居区域内的多个典型旅游村寨，通过个案分析和比较，较为全面地分析了民族旅游对少数民族妇女的影响，并提出了在民族旅游业中促进少数民族妇女进一步发展的对策与建议。陈丽琴和张秀伟（2015）论述了地方性知识及其再生产对黎族妇女旅游参与和成长为社区精英的影响，认为妇女精英是实现民族旅游经济发展和文化保护双赢的选择，可作为未来民族文化发展的一条优选路径。

旅游研究中的女性研究。唐雪琼和朱竑（2007）从研究对象、内容、方法等方面评述了国内外旅游中的性别研究，并对国内研究的不足和未来研究方向进行了分析和预测。林清清和丁绍莲（2009）选取了旅游目的地发展过程中东道主社会权力关系变化及作为旅游吸引物的东道主女性两个角度，分别从理论和案例研究两个方面对国内外研究进行了分析评述。钟洁（2010）对中国民族旅游与少数民族女性社区参与、女性角色、女性的社会地位等相关问题的研究状况进行了系统评述，反映了中国民族旅游与少数民族女性问题研究的进展、学术动态。范向丽（2012）从乡村旅游中的女性从业人员、外来女性旅游从业人员、旅游企业女性从业人员三个方面分析了国外相关研究进展。蔡雨岑和梁丽霞（2012）对以"少数民族旅游与旅游地女性关系"为主题的相关研究进行了综述。

可以看出，国内旅游中的女性话题研究在借鉴国外理论与方法的基础上，逐步形成了自己的研究领域和特色。主要特点有以下三个方面。第一，旅游中的妇女问题研究开始引起广泛关注。由于民族旅游与妇女问题的典型性，除了旅游学科和地理学科的关注外，越来越多的民族学、人类学、社会学和妇女研究学者也加入到这一研究领域，丰富了研究内容，加强了研究力量。第二，性别分析的视角受到重视。20 世纪 90 年代兴起的国内旅游中的妇女问题研究，从一开始就注重了用社会性别分析理论去解构妇女发展和性别平等问题。这得益于 1995 年在北京召开的第四次世界妇女大会对我国妇女事业的推进作用，政府对社会性别主流化的推动和一些学者对相关理论方法的积极引介。社会性别作为一种视角和方法，具有理论和现实的解释力，为审视旅游开发背景中的妇女参与问题提供了理论框架。第三，西部民族旅游社区妇女成为主要关注对象。如前所述，我国西部地区多民族聚居，民族旅游异彩纷呈，相较于广大中东部地区，少数民族妇女参与社区旅游业为研究者提供了更为丰富和典型的案例，占据了国内学术界的视野。

虽然我国对于旅游中的妇女问题的研究已取得了显著的进展，但与国外相比，不足之处也很明显，可概括为以下三个方面。第一，研究层次不够深入。如前所述，目前国内的研究还主要集中在旅游参与现状和对妇女角色及经济、社会、政治地位的影响方面，对于妇女发展中出现的问题分析流于表面化，具体的微观探究还不够，缺乏研究人员参与的深入实际的旅游目的地妇女发展行动。第二，研究系统性不够。目前的研究还停留在分散的案例积累阶段，没有系统的研究设计。简单总结多，深入的个案研究少，单方面研究普遍，而综合性研究不足。缺乏相应的研究组织和机构，对本土实践和理论的总结还很缺乏。第三，研究议题有待扩充。目前的研究主要以区域或村落为单位，研究旅游参与对社区妇女的影响，相对而言，缺乏自下而上的视角和对源于妇女自身的主体性的关照，缺少对女性生活经历的分析，缺乏对于社会快速变化中妇女自身发展和面临困难的了解。此外，相关研究的田野调查不够扎实，对社会学、人类学等学科理论和方法应用的水平不高，限制了研究空间的拓展。

第四节 研究框架

本书的目的包括以下两个方面：一方面，虽然国内相关研究已有开展，但这一领域的工作还难以说是丰富，本书可以为国内民族旅游与妇女话题提供更多的素材和案例；另一方面，我们试图用多学科的理论和方法，较为深入地剖析现象，认识妇女参与旅游业过程中的变化与问题，以期为理论发展和实践服务。

民族社区妇女参与旅游开发活动，使得妇女本身经历了大致从家庭成员到家庭女主人，再到社区女能人的角色变化过程。这一变化既有正面效应，也有负面影响。本书主要应用地理学、社会学、心理学的理论与方法，从妇女参与行为、妇女心理、妇女地位和精英化等角度揭示少数民族妇女旅游参与过程中经历的变化及其困境。研究数据主要来自研究者的田野调查，基本不使用统计资料。以妇女个人或群体为出发点，从妇女自身感受和微观的生活经历来解释旅游参与现象和自身发展，注重群体比较，突出研究的主体性视角是本书的特点（图1-1）。

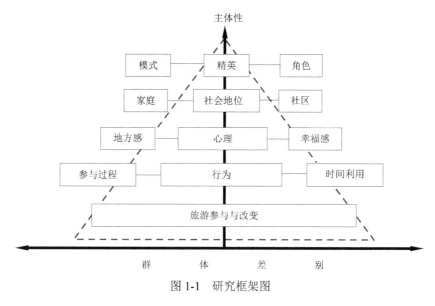

图1-1 研究框架图

对少数民族妇女参与旅游业过程的认识，是参与行为研究内容的一部分。妇女参与旅游业的动机、阶段及其行为表现，是理解妇女参与旅游业现象及其影响的基础。本书第二章借鉴社区参与阶段性理论，对青海省小庄村妇女在不同参与阶段的旅游参与状况进行了分析。该章对口述史资料的整理显示，在民族旅游的各个发展阶段中，当地妇女的参与规模呈现不断增长的趋势。运用相关分析法认识参与方式、参与时间等同旅游收益之间的关系。通过半结构式访谈法，获得了当地社区妇女参与旅游经营的基础性障碍因素，并运用参与式乡村评估法对这些障碍因素进行比较。

本书将时间利用应用于妇女参与的行为研究，意在通过时间利用的客观数据揭示妇女旅游参与的行为特征，并帮助深入理解妇女旅游参与中的问题。本书第三章运用时间日志法获得四川省桃坪羌寨妇女的时间利用数据，将当地社区妇女的全部活动划分为生活活动、旅游业劳动、农业劳动、其他生产劳动、家务劳动，休闲活动；其中鉴于旅游业劳动对当地妇女的特殊性和重要性，作者依据社区实际情况对旅游业劳动活动分类进行了重新整理。运用比较分析法，探讨了参与旅游业妇女和未参与旅游业妇女在时间利用结构和单日时间利用分布中的差异，发现了旅游参与对当地民族社区妇女时间利用行为产生的特殊影响。

对少数民族妇女旅游参与中心理变化的研究，为深入认识旅游当中的妇女参与问题提供新途径。本书引入了环境心理学和社会心理学中的地方感和幸福感的概念，以期从主体性角度深刻认识妇女参与旅游业导致的变化。本书第四章运用内容分析和扎根理论方法获得了贵州省肇兴侗寨和广西壮族自治区平安壮寨女性居民的场所意义类目表，分析其构成特征。运用比较分析法对比了两个村寨女性居民的场所意义构成在个人、社区、旅游业三个范畴上存在的差异。基于旅游商业化程度会影响民族旅游社区妇女场所意义的假设，该章对两地的商业化程度进行了测量，并在此基础上探讨两地女性居民的场所意义差异。

幸福感等社会心理学概念已经被用于衡量当今社会发展的状况，也可以用于测量社区妇女旅游参与对生活质量的影响。本书第五章以四川省桃坪羌寨为例，分别运用 Bradbrun（1969）提出的主观幸福感量表和 Keyes（1998）提出的社会幸福感量表来测量民族旅游社区妇女的主观幸福感和社会幸福感。首先，运用均值评价了当地少数民族妇女的总体主观幸福感水平和社会幸福感水平及两种幸福感的特征差异；其次，利用快速聚类法细分了拥有不同主观和社会幸福感的女性人群，同时也依据幸福感差异划分了不同的女性人群；最后，我们利用交叉列联表法对于存在幸福感差异的女性人群构成进行了深入分析。

本书的第六章探讨民族旅游社区妇女的社会地位，将其划分为家庭和社区两个层面，其中家庭地位从妇女对家庭资源的拥有与控制、妇女的白主性和家庭决策权两个维度来测量；社区层面以社会资本作为测量内容。通过比较参与旅游业妇女和未参与旅游业妇女的家庭地位来直观体现旅游发展对当地妇女家庭地位的影响。运用描述统计分析法来了解参与旅游业妇女的社会资本现状，随后构建了旅游参与同社会资本之间的结构方程模型，进一步探讨旅游参与对民族旅游社区妇女社会资本的影响。

妇女精英是西部民族旅游发展中出现的新现象，通过对妇女精英化过程的刻画，可以综合反映旅游参与对少数民族妇女性别角色的影响。在民族社区的旅游开发中，个别少数民族妇女充分利用自身的优势，成长为社区旅游精英。本书第七章基于对 23 位民族社区的妇女精英的深度访谈，运用扎根理论和气球图对她们的精英化因素进行归纳和梳理；通过对青海省小庄村的妇女精英的精英化过程进行分析，将妇女精英的精英化模式分为"先锋型""流转型""跟从型""后起型"四种。

第八章探索妇女精英在民族旅游社区扮演的角色，依据 23 位妇女精英的深度访谈进行分析，其中积极角色分别从社区旅游发展、民族文化、社区旅游管理、社区和谐发展四个方面来具体说明，消极角色分别体现在社区旅游发展、社区和谐发展、外部政治资源获取、社区利益分配等四个方面；利用半结构式访谈和参与式评价法来分析民族社区的妇女精英所面临的旅游发展障碍因素；同时，根据妇女精英的发展障碍因素，提出了具有针对性的改善建议。

第五节 研究特色

一、社会性别视角

社会性别是女权主义理论发展出的一个概念，同时也是一种重要的分析方法（李霞，2008）。社会性别视角起源于对"男性和女性之间的差别并不是完全由生物学决定的"这一观点的认识。20 世纪 40 年代波伏娃在她的《第二性》（*The Second Sex*）一书中最早对该观点进行了论述，她指出女人并不是天生的，而是被社会建构的；并认为西方世界的社会性别中存在等级划分的二元体系，即相较于男人，女人在该体系中是作为他者而存在的，且处于劣势位置（西蒙娜·德·波伏娃，1998）。此后，这一观点始终在社会性别理论发展中处于中心地位。在 20 世纪 50 ～ 70 年代的第二次女性主义浪潮中，奥克利在性别和社会性别之间做出了明确的划分，她提出，性别（sex）是生物学意义上男性和女性的解剖学和心理学特征，而社会性别（gender）则是社会建构出来的男性和女性气质；性别气质并非由生物学性别限定，而是在社会、文化和心理影响下形成的，存在于个体的成长过程中的（Oakley，1972）。随后的女性主义者总将社会性别同权力相关联，并指出社会中男性占据支配地位，男子气质标志着权力和权威，而女性则处于被支配地位（Humm，1995）。到了 20 世纪 80 年代，女性主义学者致力于分析不同社会背景下人们所经历的社会性别化实践，以更为详尽地阐释社会性别的形成过程与其在社会、心理和文化层面的能动性，此时，社会性别视角成为女性主义研究者认识文化现实的分析工具（刘霓，2001a；李霞，2008）。

社会性别强调社会的塑造过程，并聚焦于在系列社会实践中形成的男人和女人之间的行为、角色、思想和感情特质方面的差异（刘霓，2001b），因此，社会性别分析强调性别对比。然而，考虑到长期历史文化背景下女人的依附地位和从属角色，以及社会科学研究中的男性偏见，社会性别研究更为强调女性（社会性别）问题，并将女性作为主要的分析对象（Cook and Fonow，1986），同时反思既有性别文化体系中的两性分工与角色定位及其现实影响，进而为性别平等政策与措施的制定提供参考。目前，该方面研究主要关注女性角色变化及其社会效应与社会因素，并重视女性生存与发展过程中出现的困境和挑战（吴晓萍和何彪，2001；王金玲，2009）。

在快速的经济社会发展背景下，中国的妇女正经历着前所未有的变化，中国的妇女研究开始于"问题"研究，而社会性别分析关注社会现实中妇女的角色、需求及其演变，能够为中国妇女问题的解决做出贡献（王金玲，2009）。值得关注的是，作为西部民族地区经济和社会转型的重要手段，旅游业对少数民族妇女产生了重要影响，她们不仅活跃在地方旅游开发的浪潮中，并且是当地旅游参与的主体成员；她们在传统与现代的博弈中面临着角色的变迁，亦遭遇了新的问题与困惑。社会性别分析视角被认为在民族旅游开发与当地妇女的研究中具有特殊价值，有助于深入了解少数民族妇女如何调整自身的角色和需求来适应、维持和促进家庭以及社会生产的进一步发展（钟洁，2010；薛丽华，2010）。

在西部民族社区的旅游参与当中，妇女经历了从心理、行为到角色、地位、权力的变化，需要加以认真考察。本书始终围绕民族旅游开发中的妇女参与及其变化这一主线展开，分析妇女的旅游参与及其角色、地位、行为与心理变化的过程，影响因素与存在的问题。研究的核心是认识旅游开发活动对民族旅游社区妇女社会性别的重新塑造问题，为社区旅游及妇女自身发展提供理论支持。少数民族妇女的旅游参与会导致其角色发生改变，但其结果并非都是正面效应，亦存在负面影响，且更值得注意；同时，社区妇女精英的出现，一定程度上说明妇女由从属地位走向主导地位，妇女精英化更能体现社会在塑造性别角色方面的作用，为洞悉西部民族乡村妇女的发展问题提供了思路。

事实表明，旅游开发背景下，妇女在角色和地位的改变过程中会遇到更多前所未有的困惑，运用社会性别视角来了解少数民族妇女怎样通过自我调整以适应新的角色和需求，并促进家庭和社会生产、生活的发展，以及她们在角色转变和完成角色过程中面临的问题与困难，具有现实意义。

二、多层面展现

本书在案例地、研究对象、研究主题和研究角度上采用了多层面展现的方式（图 1-2），即通过多个层面的分析，探讨西部民族旅游发展中，社区妇女的主体参与经验，和她们所经历的个体与群体改变中的一般性和差异性。本书中的多层面特色主要体现在以下四个方面。

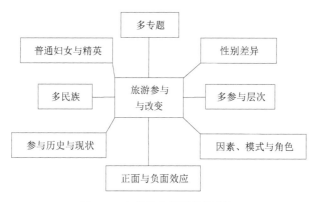

图 1-2 本书的多层面分析框架

其一，本书的主要研究对象是少数民族妇女，她们来自西部民族区域，包括青海、四川、贵州和广西 4 个省（自治区）的 8 个典型民族旅游社区（表 1-1），研究对象涉及土族、羌族、苗族、布依族、侗族、壮族和瑶族 7 个少数民族，研究人员自 2008～2015 年历时 6 年多完成对研究对象的调研。虽然这些民族习俗各异，但均具有长期的父权制传统（瞿明安，2002；井莉，2008），相较于民族内的男性成员，女性成员的地位相对偏低，因而在旅游开发的过程她们都经历了传统角色的转变。同时，多民族的案例分析有助于在认识不同民族妇女参与活动差异的基础上获得一些一般性认识。比如，通过研究发现，女性的文化承载者身份在其参与旅游业过程中起到了积极促进作用，但不同民族的妇女，其文化特长又有所区别，如羌族的羌绣、侗族的大歌、苗族的拦门酒和姊妹节、土族的舞蹈，这些区别又影响了妇女的旅游参与道路。因此，对多民族妇女参与的考察，有助于更加全面地认识妇女的旅游参与和改变过程。

表 1-1　本书的案例村落

案例社区	所在县（区）	所在省（自治区）	民族（受访者）	调研年份
小庄村	互助土族自治县	青海	土族	2008、2011
桃坪羌寨	理县	四川	羌族	2012、2015
镇山村	贵阳花溪区	贵州	布依族	2013
西江千户苗寨	雷山县	贵州	苗族	2013、2016
肇兴侗寨	黎平县	贵州	侗族	2013
平安壮寨	龙胜县	广西	壮族	2013
黄洛瑶寨	龙胜县	广西	瑶族	2013
历村	阳朔县	广西	壮族	2013

其二，本书的研究主题具有多样性。在旅游开发中，民族村落由封闭的农业社区逐步转变为较为开放的商业社区，作为社区居民的少数民族妇女群体受到了来自旅游业的重要影响。少数民族妇女的旅游参与是一个持续变化的动态过程，在这一过程中妇女自身经历了一系列的改变，内容涉及心理、行为、角色和地位等，对此进行研究有助于深入理解旅游发展对民族旅游地妇女的社会再塑造问题。具体来说，本书不仅分析了少数民族妇女的社区旅游参与特点，并探讨其心理结构、行为模式、社会地位、生活质量等方面的独特改变。比如，通过对民族旅游社区妇女地方感、时间利用和心理行为的研究来反映妇女的变化，较之感知研究和统计数据的研究更加直接、真实。同时，作者也关注了个别妇女在社区旅游参与过程中成长为社区旅游精英的现象，探索其精英化因素与模式、精英角色及发展障碍的特殊性；将妇女精英作为一种现象进行综合研究，分析其成因与角色，较之以往角色研究更进一步，为理解妇女旅游参与与改变的机制提供了基础。

其三，多人群的分析也是本书的特点之一。鉴于旅游开发对于民族社区经济社会发展的重要性，和社区居民特征的多样性，民族旅游发展不仅影响具有不同特征标签的居民群体，同时也会促使居民群体内部产生新的分化。比如，可以将其区分为旅游参与者和未参与者，而参与者内部又可以按照时间、收入、参与活动分为不同参与程度人群，参与与未参与居民可以是同一村落，也包括不同村落间的对比。本书中所涉及的人群分析包括参与旅游业的少数民族妇女和未参与旅游业的少数民族妇女、民族旅游社区中的男性和女性、不同旅游参与程度和层次的群体、普通妇女和妇女精英等。多人群的分析能够更加全面细致地展现妇女在社区旅游中的经验、角色和发展。

其四，考虑到历史传统、现实发展和民族文化背景下妇女问题的复杂性，本书也注重从多个角度出发来探索少数民族妇女的旅游参与和改变问题。作者通过口述史来了解少数民族妇女的旅游参与历史与现状，在时间轴中揭示其参与历程；重视旅游开发给少数民族妇女带来的正面效应，如生活质量与地位的提高，也更加关注这其中的负面变化，如双重劳动、负面的地方感和消极的精英角色等；作者在妇女的旅游参与实践中意识到旅游的社会分层功能，并从精英角度介入，剖析妇女精英成因、模式、角色与障碍等，有利于深入理解旅游参与对妇女的影响。

三、多方法融合

在研究的设计阶段和分析阶段，研究者需要探讨研究的质量问题，包括内容和结果的真实性与可靠性（陈向明，2000）。本书运用混合方法，即在研究中综合使用定量和质性研究的方法。混合方法产生于定量和质性研究范式的争论，其突出优势在于能够增强研究中的交叉性优势（田虎伟，2006），进而提高研究的真实性和可靠性。具体来说，定量研究认为混合方法的使用能够提高研究的信度与效度，而质性研究中的三角测量观点认为，混合方法能够提高研究的深度与广度（Campbell and Fiske，1959；Denzin，1970；孙进，2006）。本书中方法的混合主要包括两点：其一，研究资料与数据获取方法的多样性，如口述史（oral history）、问卷调查、访谈法、观察法和参与式乡村评估（participatory rural appraisal，PRA）等方法。其二，研究资料与数据分析方法的多样性：质性分析如扎根理论和内容分析，定量分析如聚类分析，结构方程和描述性统计分析方法等。多方法融合的特点主要体现在以下三个方面。

首先，重视被研究者的主体性和研究参与。本书的主要研究对象是民族旅游社区妇女，她们是研究问题的实践者，也是对当地的旅游发展和自身的参与最有发言权的人，因而她们不仅是被研究者，还应该成为研究的参与者。然而，限于自身的性别角色和综合素质，民族旅游社区妇女往往不具备向外界发出"声音"的条件和能力，为了促进她们的研究参与性，本书采用了诸如参与式乡村评估和口述史等"让沉默者说话，为无言者立言"的方法（刘霓，2001b；黄慧贞，2011）。研究运用口述史方法来了解少数民族妇女的旅游参与过程，利用观察法来认识她们的行为模式，基于问卷调查和访谈法来探讨其主体性的地方意义。

其次，为了探寻研究中的共性要素，研究者利用成熟的测量量表和内容间的相互印证来探寻多案例地和多样本下民族社区妇女旅游参与和改变中的相似性。虽然基于参与程度的不同，研究对象可以被划分为不同的群体，但作为拥有女性、西部民族社区居民、旅游参与者等共同身份的人群，不同民族旅游社区的妇女之间必然存在一定的共性。作者通过相对成熟的幸福感量表、社会地位量表和时间日志方法来测量旅游开发影响下少数民族妇女的生活质量、社会地位和行为模式；并基于多案例地和多样本的访谈来提高研究结论的可外推性；同时，通过研究主题的层层递进实现研究内容间的印证，如精英视角下的部分成功妇女实际上综合体现了民族社区中参与旅游业妇女生活质量和地位的提升。

最后，开展探索性研究。西部地区的民族旅游经过了三十多年的发展，对当地少数民族妇女的心理、行为、思想和生活等都产生了重大影响，但国内多数学者对于她们的关注依然以角色与地位变迁为主。考虑到妇女在传统角色分工和地位中的劣势，这两个方面的研究的确十分关键，本书也同样无法回避这些议题。然而，基于时代发展和妇女实践来推动研究的开展更具必要性，如少数民族妇女如何参与到旅游业中？参与之后其群体内部分化出的妇女精英现象如何解释？新型妇女精英如何定义，她们的精英形成模式是怎样的？作为精英的她们在社区中扮演怎样的角色，又面临什么困境？以上议题在旅游研究中获得的关注十分有限，因而需要运用更具探索性的质性研究方法。质性方法聚焦于人们的生活体验及其所承载的意义，并通过解释体验与意义来帮助理解人的主观感受，进而寻找复杂现象的意义构成与本质（Macdermott，2002；谢彦君，2010）。本书运用扎根理论探索妇女精英的形成因素和角色扮演，遵循一种自下而上的归纳研究范式，研究得出的理论根植于少数民族妇女的意义世界，从而忠实地再现妇女旅游参与的社会实践（陈向明，1999；王锡苓，2004；Papathanassis and Knolle，2011）。

民族旅游社区的妇女参与：
一种机遇与坚守

社区民族旅游是我国民族旅游发展的重要形式之一，其特点是以家庭为基础单位的原生态社区展示，为游客提供具有较强真实性的民族旅游体验。家庭是民族旅游社区女性日常生活的中心，传统上她们承担照料家人的职责，这一职责与服务游客具有一定的共性，加之她们在民族饮食、服饰、艺术等方面的优势，使得其在社区旅游中扮演着重要角色，成为民族旅游中一道靓丽的风景线。但同时，传统性别角色在她们的旅游参与过程中也产生了消极影响。在社区参与旅游业初期，男人和女人以同样的热情参与其中，而妇女则由于受到传统观念的影响，在旅游参与中遭遇挑战，如家人的不理解甚至阻挠；而随着旅游发展阶段的变化，社区中两性的参与状况发生改变，妇女逐渐成为社区旅游的主要参与者，但同时她们也遇到一些新的障碍。理解社区旅游参与中的性别差异、女性参与的困境对于民族旅游社区的健康发展和社区妇女的个人成长均具有特殊意义。基于此，本章将以青海省互助土族自治县（以下简称互助县）的小庄村为例，对于少数民族妇女参与社区旅游的现状、参与过程、参与特点等问题进行分析，以期了解社区旅游中的不同性别的参与差异，深入探讨妇女的旅游参与问题。

第一节　基础理论

一、民族旅游社区

威廉·瑟厄波德（2001）指出，民族旅游与其他旅游形式的最大不同在于民族旅游客体或民族旅游对象的核心指向是"人"，是生活在特定环

境中创造、演绎、体现和代表着独特生产生活方式、民族风情与文化的
"目标群体"。民族社区以其原汁原味的形态能更大限度地为到访游客提
供真实性较强的民族旅游体验。因此，民族旅游社区是我国民族旅游发展
中的有效形式之一，其社区居民不仅是民族旅游社区文化的承载者与展示
者，也是民族旅游社区景观的核心组成部分。

目前，民族旅游社区成为旅游研究的热点区域，然而对于其概念，
学者们却并未给出确切定义。1955 年，美国学者希莱里提出，社区是在
一定地域内由相互关联的人们所组成的社会生活共同体，是由从事政治、
经济、文化等各种活动的人群所组成的区域性的社会实体（中国大百科全
书总编辑委员会《社会学》编辑委员会，1991）。基于此，作者认为民族
旅游社区是指一定地域范围内，依靠以本民族居民、特色建筑、特色社会
文化等作为基础的旅游业获得收入且相互关联的少数民族居民组成的社会
生活共同体。

二、社区参与旅游

社区参与旅游的概念产生于 20 世纪 80 年代中期的旅游业与社区间互
动关系研究中。1985 年，Murphy 在其《旅游：一种社区方法》（*Tourism:
A Community Approach*）一书中最早引入了社区参与旅游的理念。1997 年
6 月，世界旅游组织（World Tourism Organization）、世界旅游理事会与地
球理事会联合制定并颁发的《关于旅游业的 21 世纪议程》（*The Agendum
of Tourism in 21 Century*），大力倡导在旅游业的发展过程中应该更多地关
怀目的地居民，并强调社区居民在旅游业的可持续发展中具有不可替代的
作用。

保继刚和孙九霞（2006）关于社区参与旅游的概念得到国内较多学者
的认可，他们认为社区参与旅游发展是指在旅游的决策、开发、规划、管
理、监督等旅游发展过程中，充分考虑社区的意见和需要，并将其作为开
发主体和参与主体，以保证旅游可持续发展和社区发展。其中充分强调了
社区居民在社区旅游发展中的主体地位。

三、社区参与旅游发展阶段性理论

在旅游发展的不同阶段中，社区参与的规模、内容、形式等都有所
不同，经历了从单纯的参与旅游经济活动到参与保护环境和维护社区文化

等多个方面，从居民个别参与到全民自觉参与的过程，一般要经历个别参与、组织参与、大众参与和全面参与四个发展阶段（胡志毅和张兆干，2002）（表 2-1）。

表 2-1　社区参与旅游业发展阶段性特征（胡志毅和张兆干，2002）

社区参与阶段	规模	主要内容	社会及环境问题
个别参与	个别居民	不以营利为目的	几乎没有
组织参与	部分居民、有组织的	以营利为目的的经济活动	开始出现
大众参与	大多数社区居民	除经济活动以外，开始融入环境保护等方面内容	日益突出
全面参与	社区居民全面地、自觉地参与旅游业	经济发展、社会进步、环境保护等全方位内容	有效遏制，旅游与社会、环境保持共生关系

（一）个别参与

在旅游地发展的萌芽阶段，旅游地尚处于原始状态，没有专门为游客提供服务的设施；旅游业规模很小，旅游者仅局限于一些探险者、摄影爱好者或其他喜好游历的人。社区中个别居民为这些远方来客提供住宿、饮食和路径指引等帮助，不自觉地参与到游客的旅游接待过程中，居民参与处于被动地位。

（二）组织参与

之后，随着旅游者人数的逐渐增多，当地社区居民开始自发建造简便的商业设施，并组织简单的服务机构，有组织地为游客提供手工艺品、土特产等商品和导游、景区交通等服务。在这一阶段，社区参与旅游业的形式主要是旅游经济活动，社区受益也主要体现在就业和经济收入的增加上。

（三）大众参与

在大众参与阶段，社区参与规模扩大，旅游服务设施逐渐完善，社区参与内容向多元化方向发展，社区参与意识进一步增强，社区对旅游参与过程中出现的各种问题能够采取积极的应对措施。社区在旅游参与过程中除了经济利益诉求之外，还出现了对社会文化方面的发展要求。游客数量几乎达到最大，社区旅游发展承载力越来越接近极限，环境问题开始出现，环境保护问题逐渐进入到社区参与旅游发展的过程当中。

（四）全面参与

社区全面参与旅游发展有两层含义：一是在内容上，包括了旅游经济决策和实践、旅游规划与实施、环境保护、社会文化进步等全方位的内容；二是居民不再仅以就业为途径，以谋取经济收入为目标来参与旅游发展，而是同时将保护环境和维护传统文化视为社区自身发展的需要和居民责任。在该阶段中，全民自觉地参与到旅游发展进程中，从自身利益出发，社区居民开始意识到保护环境和维护传统文化的迫切需要，并自觉地付诸行动。

在个别参与阶段，社区参与规模、旅游经济收入及社会、环境问题等均处于较低水平，从组织参与到大众参与阶段，社区旅游的参与规模和旅游经济收入，以及社会环境问题的增长速度经历了一个由慢到快的过程。此后，社区参与存在两种发展趋势：一是在旅游经济高速增长的同时，社会及环境问题仍然被忽视，最终，社区参与随着旅游资源吸引力的下降、旅游地的衰落及旅游地社区的解体而逐步衰落；二是社区在继续为旅游经济发展做出贡献的同时，积极主动地参与到旅游地环境保护和社会文化维护等多方面的工作中，有力地促进旅游业可持续发展的实现，即社区全面参与旅游发展。

社区参与阶段性理论揭示了在各个发展阶段中，社区参与经历了从单纯参与旅游经济活动到参与维护社区文化、保护社区环境等多个方面活动，从个别参与到大众参与的过程。该理论认为，在全面参与阶段，社区旅游业发展中存在的诸多问题得到了解决，有利于社区旅游的可持续发展。因此，社区居民的全面参与是实现旅游业可持续发展的充分必要条件。

在本章中，作者选取青海省互助县小庄村为案例地，探讨民族旅游社区中妇女在民族旅游中的参与问题。本章首先运用社区参与旅游发展的阶段性理论，对小庄村妇女参与社区旅游的发展历程进行了梳理；其次分析了社区土族妇女的人口学与空间参与旅游业特征；最后，初步分析了社区妇女参与旅游业的障碍因素。

第二节　研究设计与案例地

一、研究方法

访谈法：本次调查采用了半结构访谈与开放式访谈相结合的方法，

共对互助小庄村中 21 位村民进行了访谈调查，在访谈对象的选择上以小庄村社区民族旅游带头人与典型户为主，其中以女性居多。

观察法：有目的、有计划地通过对被调查者语言和行为的观察及记录来判断其心理特征的研究方法。观察法的主要优点是：可以观察到被调查者在自然状态下的行为表现，获得的结果较为真实；可以实地观察到行为的发生与进展，及时把握当时的全面情况及特殊情境。

口述史：口述史是以搜集和使用口头资料来研究历史的一种方法，是历史学与社会学、民族学、人类学等注重田野工作及实地调查的学科相结合的产物，本章利用该方法收集社区妇女参与旅游业历程的资料，记录社区民族旅游发展大事及社区中代表性妇女参与旅游业活动的情况，通过对收集到的妇女口述资料进行话语分析，对小庄村民族旅游参与现象进行罗列、对比、关联和交叉分析，从而总结出乡村社区中土族妇女参与民族旅游业的某些规律，进而揭示其中的矛盾，并分析问题，最终提出可行性建议。

参与式乡村评估法：指依靠农户、和农户一起学习和了解乡村生活和条件的一种方法和途径。其基本原则在于"向当地人学习，尊重当地人的知识，外来者不讲课、不指示，在项目中只扮演协助者，强调参与、讨论、分享知识、经验和角色，启发当地人自信和自治"。主要工具有社区图、资源图、因果关系图、访谈法、矩阵评分、村民大会等（Hu，2000；胡章静，2002）。本章主要结合访谈法和矩阵评分工具来实现小庄村妇女参障碍因素的识别、获取和比较。

统计分析法：在实地调查和资料分析的基础上，本章将定性分析与定量分析相结合，充分利用 Excel、SPSS17.0 等分析软件对相关数据进行处理。

二、数据获取

小庄村的调研前后共分为三次，第一次，2008 年 8 月，3 名调研人员进入小庄村进行预调研，以了解社区概况和社区旅游发展情况，测试和调整调研大纲及问卷为主要目的；第二次，于当年 10 月 10～20 日，利用调整后的调研大纲和问卷对小庄村进行实地调查，调查对象以社区妇女为主；第三次，于 2011 年 8 月，为了解当地妇女旅游参与的变化情况，并对前期调研资料进行补充，调研人员再次对小庄村土族妇女进行走访，同时对部分在社区旅游发展中扮演重要角色的妇女进行了深入访谈，掌握了更加丰富的研究资料。需要说明的是，受访妇女不包括年龄在 65 岁以上的老年妇女和年龄在 15 岁以下的女性儿童。实地调查共发放问卷 135 份，最终回收问卷 134 份，其中有效问卷为 130 份，有效回收率为 96.3%，其中受访者人数占全村妇女人数的 52.4%（全村妇女总人数 248 人，截至 2011 年）。

在被调查的小庄村妇女中，整体文化水平偏低，63% 的妇女为初中以下文化水平；样本的婚姻状况中以已婚妇女居多，占被调查妇女的 82.3%。被调查妇女的家庭年收入情况基本处于 5000 ～ 25 000 元，在她们的家庭收入来源中，以农牧业为主的占 4.6%，以旅游业为主的占 59.2%，以其他副业为主的占 36.2%，这里的副业主要是指村民的外出打工活动（表 2-2）。

表 2-2　小庄村被调查土族妇女的基本情况

特征	类别	比例/%	特征	类别	比例/%	特征	类别	比例/%
年龄	18 岁以下	16.92	家庭年收入	5000 元以下	3.85	文化水平	小学以下	31.54
	18 ～ 29 岁	25.38		5000 ～ 15 000 元	50.00		小学	31.54
	30 ～ 44 岁	30.00		15 000 ～ 25 000 元	34.62		初中	33.08
	45 ～ 59 岁	17.69		25 000 元及以上	11.54		高中及以上	3.85
	60 岁及以上	10.00	旅游年收入	3000 元以下	30.00	参与旅游时间	3 年以下	18.46
家庭收入来源	农牧业	4.62		3000 ～ 6000 元	28.46		3 ～ 6 年	31.54
	旅游业	59.23		6000 ～ 10000 元	11.54		6 ～ 10 年	30.77
	其他副业	36.15		10 000 ～ 15 000 元	12.31		10 ～ 15 年	13.08
婚姻状况	未婚	17.69		15 000 ～ 20 000 元	11.54		15 年以上	6.15
	已婚	82.31		20 000 元及以上	6.15			

注：因四舍五入原因，比例之和可能不等于 100%，全书同

三、小庄村概况

本章选取互助县小庄村为案例地，以当地土族妇女作为具体研究对象。案例地的选取依据如下：其一，青海省互助县是我国唯一的土族自治县，其唯一性使得当地土族民族旅游成为现今青海省的特色旅游项目之

一；其二，小庄村在社区民族旅游发展方面起步较早，且当地土族妇女一直积极参与其中，是当地最具有代表性的民族旅游村庄，具备进行少数民族社区妇女参与民族旅游发展问题研究的可行性和典型性。

小庄村位于青海省互助县，距离省会西宁市 30 千米，距县城威远镇 1 千米，是县城行政区域内的一个土族聚居城郊自然村，是西宁市至互助县城的必经之地。互助县是我国唯一的土族自治县，位于青海省东北部，地处青藏高原与黄土高原的结合部，是中国丝绸之路青海段和蒙藏两地藏传佛教文化圈交流沟通的重要通道，也是西宁市的"后花园"。互助县辖 8 镇 11 乡、294 个行政村和 8 个社区，总人口 40 万人，县内有土、藏、回等 28 个少数民族，其中土族人口 7.4 万人，占全县总人口的 18.6%[1]。

（一）村庄基本情况

小庄村原本隶属于互助县古城大队，2006 年因旅游利益分配与隶属古城大队的其他三个村庄（分别是吉家湾、马家、赵家磨）产生矛盾，难以解决，于 2006 年底从原古城大队划出，成立独立行政村委会。小庄村全村 161 户居民，总人口 603 人，其中土族 593 人，占全村人口的 98.3%，人均耕地面积为 1.3 亩[2]。村庄两大宗族分别是祁姓和王姓，其中以祁姓宗族为主。2006 年，全村农村经济总收入已经达到 212.2 万元，其中农业收入 38.22 万元，牧业收入 31.27 万元，旅游业收入 88.28 万元。全村农民人均年纯收入 2748 元，其中人均旅游业年纯收入达到 1605 元，占人均年纯收入的 58%。2013 年小庄村经济总收入达 547.6 万元，农民人均年纯收入为 8352 元[3]。此后，旅游收入一直是当地农民增收的重要途径。

（二）小庄村旅游发展概况

小庄村民族旅游接待活动始于 20 世纪 80 年代中后期，村庄内的土族群众在发展农牧业生产的同时，在个别村民的带领下，利用独特的土族民族文化优势和区位优势，开始了民族旅游接待活动。村庄最初的接待活动大多属于免费的行政接待。自 20 世纪 90 年代以来，在当地县文化馆的帮助下，小庄村个别村民开始了以营利为目的的民族旅游接待活动，村民开

① 国家民族事务委员会. 2017-06-21. 互助土族自治县. http://zcfgs.seac.gov.cn/art/2017/6/21/art_9916_282894.html.

② 1 亩 ≈ 666.67 平方米。村庄的基本情况参见：丁学良. 2016-08-17. 互助县"最美乡村"——小庄村：土族民俗旅游名村. http://www.qh.xinhuanet.com/zmxc/20160817/3380900_c.html.

③ 资料来源：由小庄村村委会提供（2008 年 10 月 10～20 日）。

始以家庭为单位自发组织起来参与到社区旅游活动中。

经过近20年的发展，小庄村已成为以土族民俗文化为特色的民族旅游接待社区，民族旅游发展具有一定的规模，社区旅游经营项目主要包括以土族特色菜为主的餐饮接待，以轮子秋、原生态安召舞为主的土族歌舞表演以及土族刺绣品销售等。截至2016年8月，社区内有民族旅游接待户90户，占全村户数的56%[①]，全村95%的劳动力都直接或间接从事和民族旅游接待服务相关的各种活动。每年的4～10月是小庄村的旅游旺季，旅游客源主要以海外和省外的旅游团队为主。每年的冬季是小庄村的旅游淡季，客源基本以互助县及西宁市等周边散客为主。

小庄村民族旅游的蓬勃发展获得了各级政府的关注，并成为中央与各级政府考察青海省土族发展情况的定点村庄。1996年9月8日国务院总理李鹏视察小庄村；同年，中央电视台《正大综艺》栏目在小庄村录制节目；2000年7月17日中央政治局常委尉健行到小庄村视察；2003年9月13日，中共中央政治局常委吴官正来小庄村视察；2005年12月15日中共中央总书记、国家主席胡锦涛前往小庄村视察工作。小庄村的民族旅游发展与国家领导人的到访和当地政府的支持分不开，同时与良好的交通区位，以及村庄个别妇女勇于打破传统束缚，积极参与民族旅游活动亦有着直接关系。

随着当地社区旅游的发展，民族旅游已成为小庄村经济发展的新亮点。2004年小庄村被授予全国首批农业旅游示范点。2007年全村人均旅游年收入为2000元，旅游收入已成为小庄村村民主要的经济来源。2011年《小庄村新农村建设总体目标》中提到，2010年全村旅游业年收入达到143.19万元，较2006年年均增长12%，人均旅游业年收入达到2525元，占人均年总收入的58%。2013年全村全年接待县内外游客12万人次，全村旅游业年收入达419.46万元。

第三节　小庄村妇女参与社区旅游业的阶段性

在小庄村30多年（1987年至今）的民族旅游发展历程中，个别社区

---

① 资料来源：由小庄村村委会提供（2008年10月10～20日）。参见：丁学良. 2016-08-17. 互助县"最美乡村"——小庄村：土族民俗旅游名村. http://www.qh.xinhuanet.com/zmxc/20160817/3380900_c.html.

妇女成为社区旅游发展初期的带头人，随后又引领社区成员走上旅游发展道路，之后越来越多的社区妇女参与到当地旅游活动中，成为小庄村社区旅游的参与主体；然而，在社区旅游发展历程中，社区男性的参与状况则在不同时期出现较大变化，在性别参与的对比分析中，作者总结了当地旅游社区中妇女参与社区民族旅游业的阶段性特征。

一、妇女参与社区旅游业的现状

在只有个别妇女参与社区旅游接待活动的初期，社区妇女的主要经营活动以民族歌舞表演和刺绣销售为主，尤其是刺绣制作与销售成为女性村民的专利，正是这些经营活动的性质使得社区妇女与社区男性居民相比，从一开始就在民族旅游社区参与方面具备了明显的优势。小庄村在随后的民族旅游发展过程中，由于种种原因，男性村民逐渐淡出了社区旅游的经营活动，妇女们在社区旅游接待活动中日益活跃，并逐步占据主要地位。可以说，她们对整个社区旅游的发展起着关键性作用。

小庄村的旅游经营活动种类在社区旅游发展过程中不断得到丰富与完善，见图 2-1。目前，除了民族歌舞表演与刺绣销售等传统的经营活动之外，综合了轮子秋表演、安召舞表演、婚礼表演、服装展示、刺绣展示、篝火晚会等娱乐项目在内的土族农家院成为小庄村主要的旅游参与方式，村庄民族旅游经营活动的范围实现了拓展。传统的歌舞表演主要包括安召舞、迎客歌舞、酒曲、花儿演唱等，而这些表演活动现在也主要由小庄村的土族妇女来承担。刺绣产品经营主要是"针扎"与"前搭"的制作与销售，这些刺绣品没有统一定价，买卖双方根据刺绣品制作的精细与精美程度来随机标价。土族盘绣制作工序烦琐，单个盘绣成品需要花费的时间和精力远远大于一般的刺绣成品。因此，目前小庄村主要以一般刺绣加工与销售为主，而盘绣基本都是由年龄较大的土族妇女制作完成，产量偏低，但出售价格往往比普通刺绣高得多。

按照土族传统习俗，轮子秋是男女老幼都可参加的民族体育活动，但如今作为民族旅游表演项目的轮子秋基本上是由村庄中的年轻妇女来为游客表演，男性村民则很少参与此项表演。土族婚礼表演中的新娘一般由村庄中年轻漂亮的土族女性来扮演，而新郎则是请男性游客参与表演；在传统的土族婚礼中"纳什金"（媒人）一般都是由男性来承担，而如今小庄村进行的土族婚礼表演中，"纳什金"都是由中青年妇女来扮演，婚礼中其他的歌舞表演者也由各种年龄段的妇女来参与完成，作为新郎的男性游客付给新娘的敬酒钱成为所有表演人员的共同收入。此外，民族服装与刺绣展示也基本由妇女来承担，主要方式是土族妇女穿戴传统民族服饰进行刺绣加工制作。土族农家院为游客提供的餐饮服务也主要由各家庭中的女性成员来承担，部分家庭中的男性成员也会参与一些次要的工作，如采购、招呼客人等。

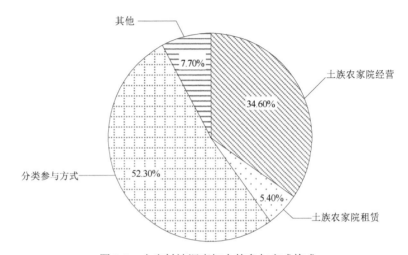

图 2-1 小庄村被调查妇女的参与方式构成

分类参与方式指小庄村民族旅游经营活动分类中的诸多旅游接待项目（包括歌舞表演、婚礼表演、民族工艺展示、刺绣加工与销售、盘绣加工与销售、导游讲解、轮子秋表演、帮工等）

综上所述，我们可以看出，小庄村的土族妇女是社区中各种民族旅游经营活动的主要参与者。

二、妇女参与社区旅游业的阶段划分

关于小庄村土族妇女参与社区旅游问题的研究，作者从参与阶段、空间与特征三个维度来进行问题分析。由于国内有关土族民族旅游的研究文献较少，因此，作者采用口述史方法收集小庄村社区旅游发展历程的相关资料，即收集、记录村民，尤其是村庄中的土族妇女参与民族旅游业的相关口述资料，并对口述内容进行话语分析，从中归纳总结出小庄村民族旅游的发展历程。同时以社区参与旅游业的发展阶段性理论为基础，对小庄村民族旅游社区参与的各个阶段进行了划分；并从性别分析的角度出发，对小庄村妇女在各阶段中的参与状况进行了分析，从而为探讨小庄村妇女的民族旅游参与现状和参与特征提供基础。

（一）参与的萌芽阶段

20 世纪 80 年代的小庄村人多地少，是互助县的贫困村。80 年代中后期，个别村民组织其他村民开展以土族传统民族歌舞为主的表演活动，该时期村民都是自愿参加表演活动，且以村民自娱自乐为主要目的，当时的表演活动基本是在村内部进行的，有时也为周边其他村庄的村民免费表演。但值得关注的是，在小庄村村民最初参与社区旅游业期间，村庄中的部分土族妇女们起到了至关重要的带头作用，并在后来的社区旅游参与活动中扮演着不可或缺的重要角色，她们推动了整个村庄民族旅游的发展。鉴于妇女在小庄村社区旅游发展中的重要性与典型性，作者认为她们参与社区旅游的经历能够代表小庄村社区旅游早期和中期的发展历程。

关注社区旅游参与的代表性人物，对于研究小庄村社区参与民族旅游发展阶段具有重要意义。在本次调查中，作者对这些代表人物进行了深度访谈，获取了第一手的相关研究资料。下面是小庄村村民 XYX[①] 的部分口述内容，内容是有关其个人早期参与民族接待活动的简单经历：

> 1984 年我从东沟村嫁到小庄来，当时村里有个男女都有的表演队，大家在一起唱歌跳舞，但后来表演队散了，同样都是土族庄子，但小庄的男女老少都有很爱好文艺的传统，个个能歌善舞。我从小就喜欢唱歌，我有一个与我年龄相仿的本家孙子，叫 QDZ 的，他很喜欢跳舞。当时村子上有什么活动我们都积极参加，后来一次县庆活动上我和 QDZ 开始组织村民去表演歌舞，这之后只要县上有活动我们就组织人去表演，一是因为爱好歌舞，再一个是想挣点儿钱。我们什么活动都参加，有时县上不让我们表演，我们就给人家说情，不要钱免费表演，后来我因唱歌慢慢在县上有了点儿名气，有时县上有接待活动就来叫，我就去表演，但是我搞这些家里的人非常反对，经常阻拦我去参加这些。有一次县上开来了县长的吉普车来接我去东沟村里表演，说是那里来了日本人，要在东沟村录制关于土族的纪录片，所以县上叫我们几个去唱歌表演，日本人对我们土族很感兴趣。当时东沟村人把自己做的针扎（即刺绣）、盘馍和锟锅（食品）都一个五块的卖给了日本人，八几年时五块很多啊！我们看了以后一下子心里就下来了！我们这样穷！（意为通过比较，内心不舒服，感受到自身的贫穷。）我回来就和 QDZ、QSS 等人商量，我们也想开始给外国客人跳舞。（访谈时间为 2008 年 10 月）

---

① 小庄村民族旅游带头人之一，女，小学文化，中国共产党党员，曾数次代表互助县土族妇女获得多位国家领导人的接见。

下面是小庄村村民 QSS（小庄村民族旅游带头人之一，女，文盲，小庄村原妇女主任，年轻时担任过村团支部书记，曾是小庄村的劳动模范与技术员）的部分口述内容：

> 日本庄士博士来东沟村，我们去表演，和他还合了影，回来晚上我们几个商量明天去请他到我们小庄来，第二天他来了，我们召集村里的妇女进行表演，他给我们摄了像，然后又放到电视里给大家看，村里老人们看了后当时也表示支持我们给客人进行表演。

以上这段口述内容的话语分析表明，小庄村民族旅游此时处于发展的萌芽阶段，以个别村民为代表的村庄自发组织的民族歌舞表演是其最初社区旅游参与形式。为了对小庄村社区旅游发展历程及社区妇女参与情况进行详细梳理，作者从小庄村村民的最早参与时间、发展阶段、参与诱因、参与动机、参与规模、不同性别村民的参与情况（性别构成）、参与方式及村民对民族旅游的认识程度八个方面对该阶段的社区旅游参与情况进行了分析总结（表 2-3）。

表 2-3　小庄村社区旅游萌芽阶段概况

参与特征	阐释
参与时间	20 世纪 80 年代中后期
发展阶段	处于早期的萌芽阶段
参与诱因	日本学者对土族的研究兴趣
参与动机	对土族传统歌舞表演的爱好
参与规模	村庄个别文体爱好者（以村庄年轻人为主）
性别构成	男女均有参与
参与方式	村民自发组织的以娱乐为目的的民族歌舞表演活动
对旅游的认识	尚不明确

在小庄村社区旅游发展与社区参与的萌芽时期。日本学者对土族的研究兴趣激发了社区村民从事旅游接待的念头，促使他们以本民族传统文化为资源进行创收，虽然此时他们对民族旅游的概念基本处于陌生状态，但他们意识到了本民族的价值所在。然而，当时这种认识并不明确，甚至大部分村民仍怀有疑问，只有个别村民认为这是利用本民族特色发展自我的机遇。在该阶段的后期，部分村民由于成家立业等原因逐渐退出了村庄内的民族歌舞表演队，但仍有部分村民冲破了各种阻力与束缚，继续推进小庄村民族旅游向前发展。

（二）个别参与阶段

在 20 世纪 80 年代末 90 年代初，小庄村村民借助土族的民族特色，在县文化馆的帮助下，他们自发组织对现有的土族民族歌舞进行了改进和丰富；加之，该村与省会西宁市、县城威远镇相邻的区位优势，使得小庄村逐渐成为当地县政府对外行政接待的主要接待点之一。这一时期，小庄村村民的旅游参与活动以非营利性的免费行政接待为主，从这一点上我们可以看出，小庄村民族旅游的最初发展与中国旅游业的发展历程一致，即从最初的行政接待性质逐渐转向以获得经济利益为目的的旅游产业性质。在此阶段，除了参与行政接待，初期活跃在村庄民族歌舞表演队的个别妇女同时也在开展参与民族旅游接待活动，她们对参与民族旅游业发展的思路逐渐清晰起来。在民族社区的旅游参与实践过程中，部分土族妇女起到了重要的推动作用，她们最先意识到本民族文化的价值，并自筹经费投身到社区的旅游宣传中。例如，她们身着土族传统服饰边卖刺绣边做宣传，以期不断提高社区民族旅游的知名度，为社区民族旅游开拓了原始市场。

关于这一阶段内社区妇女参与民族旅游业情况，我们可以从小庄村 XYX 的部分口述内容中获取资料：

> 后来民族宗教事务局的人带来了两批客人到小庄，一批是新加坡的，另一批是北京的。这之后我和 QDZ 跑到互助县县城和西宁，我们边卖刺绣品边打听青海别的地方搞旅游的事，我们问他们哪里的外国客人多，他们说是塔尔寺和青海湖最多，我们就搭车去了塔尔寺，到那儿一看，那里的外国人确实多，但我们不会说外国话，我们就给他们卖我们的刺绣品，外国人买了我们的很多刺绣。后来由 QDZ 出钱我们去了趟青海湖，发现那里旅游的人很多，我看见一个藏族尕娃（即男孩）拉了两匹马给客人照相用，我就在那儿看了一个小时，骑马照相那个尕娃一个小时就挣了近百元。我们到哪里都穿着我们的服饰，那里的客人问我们是哪里的，我说我们是土民，没人知道！我们在那里卖了 100 元左右的刺绣品，就在卖刺绣的时候我们遇见了一个北京人，他拿了个很高级的照相机。我想他可能就是个记者，因为那时那么好的照相机只有记者们拿着呢。他和我们喧（指聊天）了会儿后对我们说了一句话，就是这句话一下子把我点醒了，他说"你们的财富就是你们自己，就是你们的民族！"然后又问我们会不会跳舞，我们说会，然后我们三个就在草滩上给他跳开

了，我们一边跳一边唱，这样就吸引了很多人围上来看，其中有很多外国人，他们给我们照相，问我们合影要钱不，我们说不要，跳完了之后，客人们给了我们很多钱，还有他们的吃的，我当时感动得哭了，心里就想赶紧一步跨到家，想着回去我们自己赶紧搞起来。当时我们也不知道旅游什么的。

后来我们（XYX、QSS 等）几个就找人写了宣传册，然后拿到西宁复印了以后，就开始背着这些东西一边卖刺绣一边发宣传册做宣传，我们去了很多地方，西宁的各大单位我们都跑了，给人家发传单，做宣传。后来我和 QDZ 又去了兰州，这些都是我们自费去的，接着我们几个又去了西安、北京、上海（1993 年）、四川（1993 年）、云南（1995 年）、广西等地，我们就这样背着宣传册和我们自己做的刺绣到处跑着做宣传。大学校园里、火车上，我们走到哪里宣传到哪里。那时我们到哪儿都是走，只带了够自己的路费和吃住的一点儿钱。（访谈时间为 2008 年）

从以上口述内容可以看出，在小庄村的民族旅游发展过程中，社区部分妇女起到了关键作用，并以 XYX、QSS 等为主要代表人物。最初，她们一边出售刺绣制品，一边向外界宣传本民族和村子，并且学习其他社区中民族旅游接待的相关经验，而她们外出的费用主要来自宣传过程中的刺绣销售，销售民族刺绣也使得她们为社区民族旅游打开了局面。由此可见，小庄村民族旅游的发展源自社区内部个别积极成员的自发宣传，可以被称为以社区中个别妇女能人为主力的"内源式"发展模式。

同时，这些妇女能人在为社区开拓旅游市场的过程中，同样遇到了许多问题与困难，如资金缺乏。随后，她们的努力获得了当地政府的支持，随后她们积极组织社区其他村民接待游客，并负责给村民分配具体的接待工作，起到了带头和组织作用。而且，虽然初期接待活动多为非营利性行政接待，但却为社区村民参与民族旅游活动积累了丰富的经验。

从性别构成看，在该阶段中，小庄村男女村民均参与到社区民族接待活动中，参与方式以民族风情的展示为主，此时，社区的民族旅游发展进入起步阶段。小庄村社区参与民族旅游发展的阶段与胡志毅和张兆干（2002）提出的社区参与旅游发展阶段性理论基本一致。作者以表格形式对小庄村该阶段的社区旅游参与情况进行了总结（表 2-4）。

表 2-4　小庄村社区旅游个别参与阶段概况

参与特征	阐释
参与时间	20 世纪 80 年代末 90 年代初期
旅游业发展阶段	起步阶段
参与阶段	个别参与阶段
参与动机	在政府行政接待行为中提高本民族知名度并偶尔获取经济利益
参与规模	个别村民和家庭
性别构成	男女均有参与，但数量均不多
参与方式	行政接待性质的民族风情展示
对旅游的认识	对民族旅游有了初步了解

（三）组织参与阶段

在前两个社区旅游参与阶段中，村民逐步对民族旅游有了一定认识，个别村民的旅游接待和组织经验为小庄村民族旅游的进一步发展奠定了基础。20 世纪 90 年代中期以后，小庄村个别村民开始从事以营利为目的的民族旅游接待活动，其他村民也在他们的带动下加入其中，该阶段内参与旅游接待的村民家庭数量越来越多，小庄村的民族旅游初具规模。

该阶段，小庄村的接待对象以海外和国内西北地区以外的团队游客为主，接待活动主要包括民族歌舞表演和土族餐饮服务。由个别村民全权负责，在接待中选择条件较好的村民家作为场地，并支付相应场地费用，而具体的接待工作则分配给村庄中有接待经验和能力的村民（主要是以 XYX、QSS 为代表的有歌舞表演能力的村民）来完成。而随后，小部分家庭开始独立开展旅游接待活动，社区参与形式由个别村民组织村民接待转变为以家庭为单位的接待。此时，小庄村进入民族旅游的组织参与阶段。下面是 QSS 关于该阶段社区旅游参与情况的部分口述内容：

> 当时我们不在自己家里接待，找庄子里条件好的人家接，他们的院子大，房子盖得好，有客人时我们就租用他们的房子。我们那时只接待外国人，只接待团队。那时村子里确实红火，我们一天要接好几个团，外地的团我们只接西北地区以外的，甘肃团我们都不接，当时村子里搞接待的就我们几个，我们找村里面能唱能跳的小伙子和年轻媳妇来给客人表演，当时我的大儿子和姑娘也都跟着我，那时客人们给的小费很多。忙的时候我们村子周围停得到处都是车，我那时缺少资金，我的掌柜的也不支持，我们只能在别人家接，后来人家看到利润大，就想自己搞了，我只好到处筹钱想盖了房子在自己家接。

那时村子里的男的也参与搞旅游，他们也给客人们唱歌跳舞，那时候是我们村子最红火的时候，客人多，不像后来周围村子有人也搞，搞的人多了，钱就不好挣了，村上男的能出去打工挣钱的都出去打工了。

从以上口述内容可以看出，在组织参与阶段，由于缺少资金，小庄村的民族旅游接待设施及条件并不完善，但却有着良好的客源市场，在这种供不应求的情况下，社区村民通过内部协调合作来共同完成民族旅游接待活动。但随着利益分配问题的凸显，这种集体参与的方式难以继续，并逐渐被以家庭为单位的土族农家院经营所取代。最初就积极参与民族旅游接待活动的村民，其家庭最先以土族农家院方式进行旅游接待，前期旅游参与经验和经营能力的积累有利于他们随后独立参与民族旅游接待活动。

在该阶段中，社区旅游参与中的性别构成有所改变。相较于周边其他土族村庄，小庄村的民族旅游发展起步较早，所以，同质产品竞争较小，旅游客源市场充足。因此，社区男性在经济利益的驱使下积极参与其中，并把民族旅游接待活动看成是投入少、回报高的创收途径。然而，随后社区妇女参与数量超过了男性，接下来，妇女成为社区旅游参与的主力；同时，随着小庄村中民族旅游服务系列项目的增加与完善，社区中的妇女在民族旅游参与方面表现出了比男性更强的优势和更高的积极性。随着区域经济的整体发展和社区对外开放程度的提高，小庄村民族旅游进入初步发展阶段。该阶段中小庄村参与社区旅游发展状况的分析与总结见表 2-5。

表 2-5　小庄村社区旅游组织参与阶段概况

参与特征	阐释
参与时间	20 世纪 90 年代中后期
参与阶段	组织参与阶段
参与动机	认识到了本民族的价值所在及其所能带来的巨大商机
参与规模	部分村民和家庭
性别构成	村庄男女村民都有参与，妇女参与日渐优势明显，规模增大
参与方式	从村民内部进行合作的参与方式到以家庭为单位的参与方式
对旅游的认识	对民族旅游的认识已比较明确

（四）大众参与阶段

20 世纪 90 年代末至 21 世纪初，小庄村民族旅游的社区参与步入了大众参与阶段，参与方式以自主经营的土族农家院为主，社区参与的村民人数和家庭规模进一步扩大。同时，民族旅游接待的服务项目也日臻完善，除了传统的餐饮、刺绣、歌舞表演之外，还增加了轮子秋等土族传统体育项目的表演，开始注重接待项目的参与性，如土族婚礼表演等，增强与游客的互动性。在民族风情展示上，采用了动静结合的展示方式。社区村民对民族旅游的概念和认识逐渐明确，并开始意识到社区环境与民族传统文化保护的重要性。下面是XYX的部分相关口述内容：

> 后来大家搞开了，当时散客不接，都是接外地团和外国团，以前接待都借别人的院子，有时六七家的同时接待，一个外地团80～100元/人，一个外国团120元/人。我们几个组织村上的人接了几年团队，后来村里大家搞起来了。其实当时散客也多，头脑好的人家就开始开自己经营农家院接待散客了。2001年我们几个分开了，小庄成了两个帮派，我和QDZ、村干部是一派，LXY等几个是另一派。由于我们搞得早一些，所以实力大一些，后来村上参与的人越来越多了，大家就互相压价。迫于无奈，LXY一派先分开了，2001年我们也分开了。2003年我正式搞起了自己的农家院，现在大家有点条件的都来参与搞农家院，弄得乱七八糟，我们村的有些人只看眼前的利益，这样下去我们小庄肯定不行。我看了就心里不舒坦，我们当时辛苦搞起来不容易……现在那些外地县里、西宁市，以及外地的团队就少了，都去别的[风情园]。

> 这个时候小庄的男人们基本都退出了，当年一起表演民族歌舞的小伙子们也都成家娶媳妇了，大部分去搞别的副业挣钱了。除了从一开始搞的QDZ以外，其他的基本不再参与这些了，大家觉得唱歌跳舞都是女人们的事，男人搞这个有点儿不务正业的意思。村子上参与的人多了，其他村子也打着我们小庄的旗号开始搞接待，所以钱没有开始好挣了，反而女人们挣的都比男人们多，卖个刺绣，演个新娘什么的，男人们就不行了，所以现在旅游基本上是我们村上的女人们在搞……以前团队每家每户基本都有，现在都被旁边的风情园竞争了。

从该段口述内容中可以发现，个别村民在社区参与旅游活动中获得了丰厚利润，并做出了示范，促使其他村民积极参与进来，加速了小庄村村民的民族旅游参与步伐。组织大家参与接待活动的积极分子开始由最初的一派分为两派，直至如今的各自为营，并最终形成了社区内以家庭为单位的独立参与现状；游客类型从最初的以团队游客为主到后来散客到访量不断增加，越来越多的村民参与到民族旅游接待活动中，并渴望从中获得可观利益。然而，团队游客的减少，散客需求不足，使得社区成员间开始了相互压价的非正常竞争；而后，外部两个大型风情园的建设完成，相较于村民的家庭经营，风情园的规模大，经营更为规范，接待项目也更为多样，并与旅行社联系紧密，因而使得大量外地团队游客和散客产生分流，村民能够接待的省外游客较少，主要依靠省内游客、原有的外地回头客及口碑客人，社区妇女的旅游参与也面临同样的困境。此时，小庄村的社区旅游正处于无序的大众参与状态。

由于缺乏规范社区旅游经营的规章制度或乡规民约，这种社区无序参与状况难以在短期内得到改善，村民参与旅游业的积极性会随着日益下滑的利益而逐渐减弱，这为小庄村社区旅游的未来发展留下了隐患，最终可能会导致社区旅游走向衰落。从该阶段社区参与的性别构成来看，参与社区旅游业的妇女人数不断增加，妇女们参与到各类旅游接待项目中，参与旅游业成为她们主要的创收途径；社区男性居民在传统观念、利益下滑及激烈竞争的影响下逐渐退出民族旅游接待活动，只有少部分男性在家庭旅游经营中为妇女提供帮助，或从事辅助工作。可见，在这一阶段中，妇女成为小庄村社区旅游参与的主力军，她们在参与社区旅游业方面的优势得以发挥。总之，在这一阶段中，小庄村民族旅游的社区参与呈现出女性化的特点。在此阶段中，小庄村社区旅游参与的总体状况如表 2-6 所示。

表 2-6　小庄村社区旅游大众参与阶段概况

参与特征	阐释
参与时间	20 世纪 90 年代末至今
参与阶段	大众参与阶段
参与动机	在实现经济利益的同时兼有对本民族文化的传承与弘扬
参与规模	大多数村民及家庭
性别构成	以土族妇女为主，男性村民较少参与
参与方式	以土族农家院为主的参与方式
对旅游的认识	对民族旅游有了全面的理解与认识

目前，小庄村民族旅游的社区参与处于大众参与阶段，并未步入社区旅游的全面参与阶段。综合上述小庄村民族旅游的社区参与过程分析，作者从参与阶段、参与时间、参与规模、参与方式与性别构成五个方面，对小庄村民族旅游的社区参与状况进行了初步总结，见表 2-7。

表 2-7　小庄村社区参与旅游发展各阶段总体概况

参与阶段	参与时间	参与规模	参与方式	性别构成
参与萌芽阶段	20 世纪 80 年代中后期	个别文体爱好者	村民自发组织的以娱乐为目的的民族歌舞表演活动	男女均有参与（男性以年轻人为主）
个别参与阶段	20 世纪 80 年代末 90 年代初期	个别村民和家庭	行政接待性质的民族风情展示	男女均有参与，但均数量不多
组织参与阶段	20 世纪 90 年代中后期	部分村民和家庭	社区村民合作的旅游接待活动	男女村民共同参与，妇女参与数量日益增多
大众参与阶段	20 世纪 90 年代末至今	多数村民及家庭	以土族农家院为主的旅游接待方式	以土族妇女为主，男性村民较少参与

第四节　小庄村妇女参与社区旅游业的特征

一、村民活动空间的性别差异

小庄村民族旅游的社区参与经历了从萌芽到大众参与的四个阶段，在整个社区参与过程中，小庄村的土族妇女与男性之间存在着较为明显的差异。

（一）男性村民

纵观小庄村民族旅游的发展历程，男性村民的社区参与经历了从参与到几乎不参与的转变，而村庄中土族妇女的参与规模却一直呈现持续扩大的趋势。小庄村人均耕地较少，农业收入有限，退出社区旅游的男性村民大都选择外出谋生，以外出打工活动为主。因此，从空间活动范围来看，小庄村男性村民的活动范围较广，不再局限于村庄内部。

在被问及"您家中是否有男性外出打工者"时，被调查的 130 位小庄村妇女中有 99 人选择了"是"。随后作者对这些男性村民外出的地点进行了询问与整理，并将小庄村男性村民外出的空间活动范围划分为主要集中区、次要活动区与零星分布区三个层次。

其中，主要集中区的空间范围以西宁市为核心，覆盖周边三个县域，包括与小庄村邻近的互助县县城威远镇，和与互助县相邻的大通县、湟中县等地；次要活动区涉及青海省其他地区和甘肃省，主要是指以青海省格尔木市和甘肃省兰州市为中心的空间范围；零星分布区是指少部分男性村民外出谋生的区域，包括以新疆维吾尔自治区乌鲁木齐市、云南省昆明市等地为中心的空间活动范围。作者利用 Word 绘图工具将三类活动空间绘制在示意图上，如图 2-2 所示。基于以上分析可知，村庄中多数男性目前已经脱离社区中的旅游参与活动，他们选择到省内的邻近城市和西北及西南部分城市打工谋生。

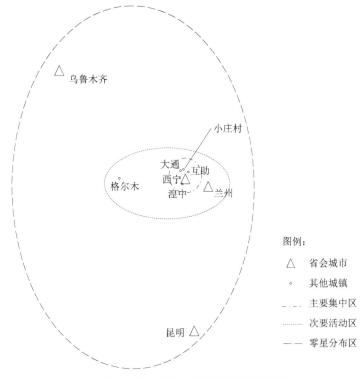

图 2-2　小庄村男性村民的空间活动范围

（二）女性村民

目前，小庄村民族旅游参与的主体是村庄中的土族妇女，她们的日常活动（包括生活活动与旅游经营活动）重点围绕小庄村开展。具体到社区内部，妇女的日常活动通常以自家的土族农家院为中心，同时经常活动在经营场所附近的小型停车场和民族歌舞表演场地，这些区域成为妇女参与民族旅游接待活动最为集中的地方，因此，作者将以上区域定义为小庄村土族妇女参与旅游接待活动的核心区，并以小庄村基本布局为基础初步划分出妇女参与旅游业的核心区和外围区，如图 2-3 所示。

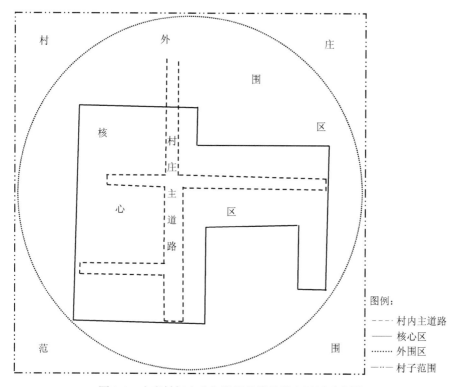

图例：
- - - 村内主道路
——— 核心区
········· 外围区
—··— 村子范围

图 2-3　小庄村妇女参与社区旅游业的空间活动范围

　　通过图 2-2 和图 2-3 可以看出，目前小庄村男性村民以外出打工为主要谋生手段，在社区旅游中参与较少；而社区土族妇女是小庄村民族旅游的主要参与者，她们在社区旅游接待中发挥着比男性更为重要的作用，是维系村庄民族旅游发展和社区发展的中坚力量。村庄原有的空间布局和道路分布对小庄村民族旅游中的妇女参与产生了一定影响，即村庄妇女参与旅游业、民族旅游活动在空间上存在核心区和外围区之分，其中核心区是妇女参与民族旅游接待活动的集中区域，而外围区则相对较少。

　　从图 2-3 中可以看出，小庄村妇女参与旅游业空间活动的核心区主要分布在以村庄主道路为轴线的"丁"字形空间范围（以实线标出的核心区）内。核心区以外，实线范围以外的空间区域，可以看作小庄村妇女民族旅游参与活动的外围区。外围区距离村庄主道路较远，属于村庄内较偏僻的位置，不方便游客进入，因此经营农家院的家庭较少，该区域内参与民族旅游经营的妇女较少。

第二章　民族旅游社区的妇女参与：一种机遇与坚守

二、旅游参与规模的性别差异

在有关小庄村民族旅游的社区参与分析中，作者较为详细地阐述了当地村民参与社区旅游的发展历程，并对其进行了阶段划分（图2-4）。在不同旅游发展阶段中，社区居民的旅游参与状况有所差异。作者从性别构成角度对小庄村村民参与社区旅游活动的状况进行了初步分析，结果表明，在不同旅游发展阶段中，小庄村妇女和男性村民的参与规模表现出不同特点。

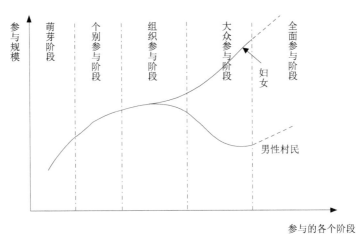

图2-4　小庄村不同性别村民旅游参与规模的阶段特征

在民族旅游参与的萌芽阶段，村民以自发组织民族歌舞表演的形式参与到社区旅游接待活动中，表演队伍中除了能歌善舞的妇女外，还有年轻男性村民的身影。进入个别参与阶段后，小部分村民自愿参与到具有行政性质的旅游接待活动中，并获得地方政府有关部门的支持，该阶段的旅游活动更多属于政府行为，因此，除了参与表演的妇女外，男性村民仍有人参加，妇女与男性村民参与旅游接待的规模较上一阶段都有所增加；到个别参与阶段的后期，村庄中个别"脑子活"的村民开始了以营利为目的民族旅游接待活动。随后，小庄村民族旅游进入组织参与阶段，在这一阶段中，村民整体参与规模增加，男性村民在民族旅游高收益的驱使下，参与热情高涨，参与人数持续增加，部分男性村民与妇女一起积极参与到民族旅游的接待活动中，该阶段男性村民的参与规模达到最大。

在小庄村的大众参与阶段，出现无序状态，村庄中参与旅游接待的家庭和人数日益增加，同时，周边土族村庄也纷纷开始效仿小庄村开展旅游接待活动，加之外部投资人在村庄附近相继建设了两家颇具规模的土族风情园，村庄内外部的竞争愈加激烈，因此，小庄村内部的旅游经营收益受到较大影响。由于小庄村旅游收益出现下滑，旅游接待的行政性质褪去，加之受到传统性别观念的影响，社区男性认为妇女更适合参与具有服务性质的旅游活动，而男性村民从事旅游有不务正业之嫌，因此，小庄村的男性村民逐渐退出了社区的民族旅游接待活动，转而选择外出从事其他副业。村庄内的土族妇女却逐渐成为社区旅游的主要参与者，参数人数持续增加。

基于以上分析，作者对小庄村民族旅游不同参与阶段内社区参与的性别构成进行整理，并利用曲线模拟不同阶段性别参与规模的变化，发现小庄村妇女民族旅游参与规模的阶段性特征表现为一条上升曲线，而男性村民参与规模的阶段性特征则呈一条近 S 形的波动曲线。

三、社区妇女参与旅游业的收益特征

小庄村妇女的旅游收益与其参与旅游业的方式、参与时间和她们的年龄具有相关性，并呈现出一定的自身特征。

（一）旅游收益与参与方式

小庄村妇女旅游收益的多少与其参与旅游业的方式有着密切联系。作者运用德尔菲法对土族妇女的不同旅游参与方式进行赋值，其中土族农家院为 4 分、农家院租赁为 3 分、分类参与方式为 2 分、其他参与方式为 1 分；随后利用 SPSS17.0 软件对被调查妇女旅游收益与参与方式的关系进行相关分析，分析结果如表 2-8。

表 2-8 小庄村被调查妇女旅游收益与参与方式的相关分析

皮尔逊相关系数	0.789**
Sig (2-tailed)	0.000
N	130

** 在显著性水平为 0.01 的情况下，存在显著性相关（双尾检验），全书同

结果显示，土族妇女旅游收益和参与方式呈现显著相关，皮尔逊相关系数为 0.789，表明两者之间存在很强的正相关关系（皮尔逊相关系数＞0.7）。随着旅游参与方式分值的增加，土族妇女的旅游收益也相应增加，即以土族农家院为参与方式的妇女所获旅游收益较高，而以农家院租赁、分类参与、其他参与为社区旅游参与方式的妇女，其旅游收入依次递减。

（二）旅游收益与参与时间

根据小庄村妇女参与旅游业的实际情况，作者将其参与旅游时间分为五个时段：3年以下、3～6年、7～10年、11～15年和15年及以上。对社区妇女进行调查，初步分析了不同参与时间妇女的构成情况，其中参与时间为3年以下的妇女比例为18.5%，3～6年的妇女比例为31.5%，7～10年的妇女比例为30.8%，11～15年的妇女比例为13.1%，15年及以上的妇女比例为6.2%。

通常情况下，个体旅游参与能力会随着参与旅游时间的增长而不断提升，而经验和能力的增长则有助于旅游经营状况的改善，因此，作者假设小庄村妇女旅游收益的多少与其参与民族旅游时间具有一定关联。为了测量这种关系，作者首先对五个参与时间进行赋分，其中3年以下为1分、3～6年为2分、7～10年为3分、11～15年为4分、15年及以上为5分，随后利用SPSS17.0软件对被调查妇女的旅游收益与参与时间进行相关分析，结果见表2-9。

表2-9　小庄村被调查妇女旅游收益与参与时间相关分析

皮尔逊相关系数	0.469**
Sig (2-tailed)	0.000
N	130

从相关分析的结果（表2-9）可以看出，小庄村妇女的旅游业收益与其旅游参与时间之间的皮尔逊相关系数为0.469，说明两者之间存在中等程度的正相关关系（0.4＜皮尔逊相关系数＜0.6），即小庄村妇女的旅游收益会随着她们参与社区旅游时间的增长而不断提高。其中，经营土族农家院的旅游社区妇女较早参与社区旅游接待活动，在长期的经营中她们和有关部门及一些旅行社建立了良好关系，积累了丰富的旅游参与经验，从而确保了自家的客源，她们的旅游收益也相对较高。

（三）刺绣收入与妇女年龄

传统的土族刺绣花色艳丽，图案精美，受到许多游客的欢迎。每年4～10月小庄村的旅游旺季期间，亦是土族刺绣品热销的时间；而传统刺绣是土族妇女所擅长的技艺，在刺绣成为旅游商品之后，许多妇女更积极地参与到刺绣制作中，因此，刺绣收入成为小庄村妇女旅游收益的重要组成部分。其中，部分社区妇女以刺绣制作与销售作为主业，因而刺绣是她们最主要的旅游业收益来源。盘绣是土族刺绣的代表性绣品，售价也远高于普通绣品，销量可观。然而，由于盘绣做工相对复杂，耗时长，因而对制作人员的技艺要求也较高，所以，盘绣通常由村庄中有丰富刺绣经验的年长妇女制作，相比之下，青壮年妇女在技艺上有所欠缺，能够熟练制作盘绣的人数有限。因此，作者认为刺绣收入与当地妇女的年龄间具有相关性。

根据预调查所了解到的情况，作者将小庄村妇女的刺绣收入分为四个档次，分别是年收入 500 元左右、1000 元左右、2000 元左右、3000 元左右。在被调查的 130 名妇女中，年刺绣收入为 500 元左右的妇女占被调查妇女的 12%，1000 元左右为 32%，2000 元左右为 37%，3000 元左右为 19%。其中，大部分被调查妇女的刺绣收入水平处于 1000～2000 元。随后，对不同收入段进行赋分，其中刺绣收入 500 元左右为 1 分、1000 元左右为 2 分、2000 元左右为 3 分、3000 元左右为 4 分。并利用 SPSS17.0 软件对刺绣收入和被调查妇女年龄进行相关分析，分析结果见表 2-10。

表 2-10　小庄村被调查妇女刺绣收入与年龄相关分析

皮尔逊相关系	0.714**
Sig (2-tailed)	0.000
N	130

从分析结果中可以看出，刺绣收入与被调查妇女的年龄间存在显著相关，二者的皮尔逊相关系数为 0.714，表明刺绣收入与被调查妇女的年龄之间存在较强程度的正相关关系（皮尔逊相关系数 > 0.7），即随着受访妇女年龄的增加，其刺绣收入越高，反之，则越少。

四、社区妇女参与旅游业的年龄特征

目前，小庄村中各个年龄段的妇女均参与了社区旅游，其中又以已婚妇女为主，考虑到法律规定和当地风俗中的女性适婚年龄问题，作者认为参与旅游业的妇女在年龄上必然具有一定特点。作者根据小庄村受访的参与旅游业妇女的年龄信息绘制了其内部的年龄构成图（图 2-5）。

从图 2-5 中我们可以看出，小庄村参与旅游业的土族妇女年龄主要集中在 30～44 岁，处于 18 岁以下、45～59 岁与 60 岁及以上三个年龄段中的土族妇女相对较少，其中又以 60 岁及以上妇女最少。因而小庄村参与民族旅游的受访妇女以中青年的已婚妇女为主，她们在年龄上基本呈"中间大、两头小"的正态分布。这与当地以土族农家院为主要参与方式的社区旅游参与途径有关，这些已婚妇女需要在家庭中照料老人和孩子，因而无法外出务工；同时，她们又希望改善家庭的经济条件，社区旅游给予她们不离家的创收机遇。

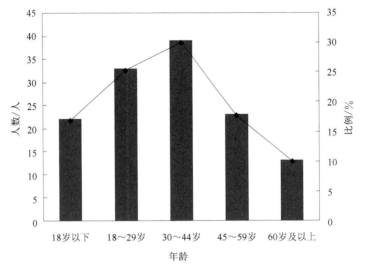

图 2-5　小庄村被调查参与旅游业妇女的年龄构成

第五节　小庄村妇女参与社区旅游业的障碍因素

在参与社区旅游的过程中，民族社区妇女获得了自身发展的机遇，但她们的旅游参与活动并非一帆风顺，也不可避免地会遭遇来自多个方面的困难。对这些困难进行分析，有利于深入了解民族社区妇女的旅游参与，并为提高她们的旅游参与水平提供参考。

本节以小庄村妇女对自身旅游参与中的障碍认知为出发点，归纳总结出民族社区妇女参与社区旅游业的障碍因素，并利用参与性乡村评估，获得她们所表述的参与旅游业障碍因素的排序状况。

一、障碍因素的获取

作者利用半结构访谈法初步获得小庄村妇女参与社区旅游业的障碍因素，随后运用参与式乡村评估法中的对比排序矩阵法对相关的阻碍因素进行分析。对比排序矩阵旨在比较相似问题或冲突间的重要程度问题，比较结果可以为个体或组织的决策提供相应依据。在本节中，运用该方法的具体操步骤如下。

第一，阻碍因素的确定。通过半结构式访谈获得小庄村妇女参与旅游经营所遇到的障碍因素，并对这些因素进行归纳整理，总结出以下主要因素：缺少投入旅游经营的资金；个人能力有限（主要指民族歌舞表演能力和交际能力）；自身文化水平的限制；在家庭中没有决策权；家庭在村庄中位置偏僻，从而影响游客到访；村庄内部竞争过于激烈；家庭劳动繁重，没有充足的时间从事旅游接待；其他因素，包括没有停车场、缺少人手等。

第二，将访谈所得的旅游参与阻碍因素按照相同顺序在矩阵的 X 和 Y 轴方向上分别列出。

第三，矩阵比较中访谈对象的选择。访谈对象分为两组，分别是以土族农家院方式参与社区旅游业的社区妇女和以农家院租赁、分类参与方式、其他参与方式参与社区旅游业的妇女。

第四，阻碍因素比较。由每一组参与旅游业妇女在阻碍因素矩阵中进行两两因素间的比较，比较障碍因素自身而言的严重程度，依次类推，直至把所有的阻碍因素全部比较一次。

第五，确定得分。根据每一组参与旅游业妇女所认为的阻碍因素严重程度进行结果统计，其统计根据矩阵左侧第一列中的每个因素在矩阵对角线右侧部分出现的次数，出现次数越高表明因素的阻碍作用越大，因此，将阻碍因素出现的次数作为因素的得分。

第六，对各个阻碍因素的得分进行排序，并将排序名次填入相应因素的得分栏中，进而在对比矩阵中展示各个因素的重要程度。

第七，分别向参与矩阵比较的两组社区妇女展示障碍因素得分的统计结果，和她们进行结果的讨论，并询问她们是否同意最终的排序结果。

二、障碍因素的比较

其中，以土族农家院方式参与到社区旅游中的社区妇女（以下简称第一组）的障碍因素排序结果见表 2-11。

从表中可以看出，该组妇女参与社区旅游阻碍因素的严重程度排序结果如下：缺少资金、竞争激烈、劳动繁重、无决策权、位置限制、其他因素、文化水平、能力限制（从高到低）。

旅游开发中的西部民族社区妇女：参与与改变

表 2-11　小庄村第一组受访社区妇女的对比排序矩阵结果

问题	缺少资金	能力限制	文化水平	无决策权	位置限制	竞争激烈	劳动繁重	其他因素	得分	排序
缺少资金	—	缺少资金	缺少资金	缺少资金	缺少资金	缺少资金	缺少资金	缺少资金	7	1
能力限制	缺少资金	—	文化水平	无决策权	位置限制	竞争激烈	劳动繁重	其他因素	0	8
文化水平	缺少资金	文化水平	—	无决策权	位置限制	竞争激烈	劳动繁重	其他因素	1	7
无决策权	缺少资金	无决策权	无决策权	—	无决策权	竞争激烈	劳动繁重	无决策权	4	4
位置限制	缺少资金	位置限制	位置限制	无决策权	—	竞争激烈	位置限制	其他因素	3	5
竞争激烈	缺少资金	竞争激烈	竞争激烈	竞争激烈	竞争激烈	—	竞争激烈	竞争激烈	6	2
劳动繁重	缺少资金	劳动繁重	劳动繁重	劳动繁重	位置限制	劳动繁重	—	劳动繁重	5	3
其他因素	缺少资金	劳动繁重	其他因素	无决策权		其他因素	劳动繁重	—	2	6

表 2-12 是以其他三种方式（农家院租赁、分类参与方式、其他参与方式，见图 2-1）参与社区旅游业的妇女（以下简称第二组）的旅游参与阻碍因素的排序结果。从表中可以看出，第二组妇女参与社区旅游业阻碍因素的严重程度排序结果为：缺少资金、无决策权、位置限制、能力限制、竞争激烈、劳动繁重、其他因素、文化水平（从高到低）。

表 2-12　小庄村第二组受访社区妇女的对比排序矩阵结果

问题	缺少资金	能力限制	文化水平	无决策权	位置限制	竞争激烈	劳动繁重	其他因素	得分	排序
缺少资金	—	缺少资金	缺少资金	缺少资金	缺少资金	缺少资金	缺少资金	缺少资金	7	1
能力限制	缺少资金	—	能力限制	无决策权	位置限制	能力限制	能力限制	能力限制	4	4
文化水平	缺少资金	能力限制	—	无决策权	位置限制	竞争激烈	劳动繁重	其他因素	0	8
无决策权	缺少资金	无决策权	无决策权	—	无决策权	无决策权	无决策权	无决策权	6	2
位置限制	缺少资金	位置限制	位置限制	无决策权	—	位置限制	位置限制	位置限制	5	3
竞争激烈	缺少资金	能力限制	竞争激烈	无决策权	位置限制	—	竞争激烈	竞争激烈	3	5
劳动繁重	缺少资金	能力限制	劳动繁重	无决策权	位置限制	竞争激烈	—	劳动繁重	2	6
其他因素	缺少资金	能力限制	其他因素	无决策权	位置限制	竞争激烈	劳动繁重	—	1	7

综合以上阻碍因素的共同特性，作者将其进一步归纳为经济因素、家庭因素、个人因素、外部环境因素与其他因素五个类别，并逐一进行分析。

（一）经济因素

从两组妇女旅游参与障碍因素的排序结果可以看出，缺少资金是阻碍小庄村土族妇女的旅游参与和发展的首要因素。小庄村地处西部乡村，当地经济发展水平相对落后，这使得个体旅游参与的资金来源和基础十分有限。一定程度上，区域经济的基础决定着民族地区旅游发展与外界的联系程度、本地客源的旅游消费能力以及投资规模等。在民族旅游发展初期，旅游参与被小庄村妇女看作是一种"投资少、收益高"的创收渠道，但随着当地旅游的不断发展，各项旅游接待项目逐步增加与完善，旅游参与的竞争也日益激烈。在诸多因素的影响下，社区妇女参与旅游业所需的资金成本越来越高。

以土族农家院为参与方式的社区妇女通常较早参与社区旅游业，或在社区旅游开发之前拥有较好的经济基础，但随着竞争的日益激烈和游客需求的更新，她们也不得不面临资金投入日益增加的问题，比如更新接待设施，扩大经营规模，增加宣传投入等。而对于以其他方式参与式社区旅游的妇女而言，她们的旅游收益相对有限，因此，资金缺乏是更为严峻的问题。目前，由于参与方式、个人能力、社会资源等方面的差异，社区参与旅游业的妇女内部存在旅游收益水平的两极分化现象。加之当地政府、银行及社会资本投资民族旅游发展的资金十分有限，这使得资金缺乏成为小庄村妇女参与社区旅游所面临的首要困难。

（二）家庭因素

由于受到传统家庭分工中的"女主内、男主外"的思想影响，小庄村妇女的家庭和社会地位偏低，这致使她们在家庭中缺少决策权，上述两组参与旅游业的妇女在参与过程中都或多或少受到了该因素的限制。

在第一组社区妇女的旅游参与阻碍因素排序结果中，缺少决策权的阻碍因素排在第四位。如经营土族农家院的 XYX 谈道："我们一边和男人打仗，一边搞旅游……""老人们不理解，把媳妇们骂得很难听……""我家掌柜的在外工作但他从来不支持我搞旅游，说我这是瞎胡闹，他挣的钱我一分都没用，我自己到处借的钱搞起来的……"；XYX 还说道："为了搞旅游我家掌柜的把我打得都记不清了，我公公婆婆天天骂我，当时村子上想打我的人很多，说我把他们家的女人带坏了，甚至村里说我死了不让进祖坟，我当时差点就离婚了，死的心都有了。"可见，在小庄村妇女参与社区旅游的过程中，她们遭遇了秉持传统性别分工观念的家庭和社区的阻挠，特别是在初期，她们的旅游参与行为并未获得家人和村民的理解与支持。

对第二组参与社区旅游业的妇女来说，没有决策权是仅次于缺少资金的阻碍因素，经济因素和家庭因素的双重制约很有可能形成"马太效应"，即经济因素的限制导致没有决策权，没有决策权就会减少社区妇女的参与机会，参与机会的减少又会影响到个人的旅游收益，最终又循环影响到妇女在旅游参与方面的资金投入，形成一个非良性循环，如图2-6所示。但是，总体来说，随着小庄村民族旅游的逐步发展，当地参与旅游业的妇女获得了超越以往的可观收益，这使得她们在家庭中的地位有所提高，她们在旅游参与和家庭事务中的决策权也会随之增加。

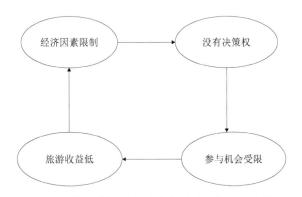

图2-6　限制小庄村土族妇女参与旅游业的"马太效应"

（三）个人因素

影响小庄村妇女参与社区旅游业的内部阻碍因素，主要指妇女自身因素，包括能力限制、家庭劳动繁重、文化水平三个方面。

根据小庄村妇女的旅游参与实践及其表述，能力限制因素中的"能力"是指参与旅游业妇女的民族歌舞表演与个人交际能力。民族歌舞表演是小庄村民族旅游接待中的重要项目，因此，该方面能力对于参与接待的妇女而言显得尤为重要。而且，以家庭为单位的旅游经营方式要求家庭成员在这方面具有一定的优势，特别是女性家庭成员，存在着撑起整个家庭旅游接待活动的情况。如受访者提到："我们庄子上的女人现在厉害了，只要折腾点［旅游活动］，家里的光景就好些……""后来搞农家院的都是村子里能干些的女人""搞农家院家里必须有一个精干的女人，能说能干、能唱能跳"。

在小庄村，以土族农家院为参与方式的妇女通常较早参与到社区旅游中，而早期参与社区旅游的妇女多在民族歌舞和交际方面具有特长和优势。因此，从排序中可以看出该因素对第一组参与旅游业妇女的参与活动几乎没有影响，而对第二组参与旅游业妇女来说则是排序较为靠前的阻碍因素。

家庭劳动繁重也是阻碍小庄村妇女旅游参与发展的个人因素之一。在传统的家庭分工中，村庄妇女主要承担家务劳动以及部分农业劳动，因此，即使是在参与社区旅游业以后，她们依然在这些传统劳动上耗费大量时间。例如，由于小庄村的民族旅游旺季和当地农忙时节存在重叠，参与旅游业妇女在承担日常家务劳动、旅游经营劳动的同时，还要从事繁重的田间劳动，这势必会挤压她们参与旅游业接待活动的时间。而且，参与旅游业妇女多为已婚妇女，她们在家中同时扮演妻子、母亲和儿媳的角色，承担照顾其他家人的职责，这也会影响她们的旅游参与活动。对第一组参与旅游业妇女来说，她们必须通过减少自己的休息时间来兼顾旅游参与活动、农业劳动和家庭照料职责；对第二组参与旅游业妇女来说，在遇到家庭劳动与旅游接待相冲突的情况时，就有可能放弃旅游接待活动。

文化水平因素在两组参与旅游业妇女的排序中较为靠后，她们认为较低的文化水平对她们的旅游参与活动没有过多影响，至少阻碍作用并不大。通常文化水平意味着知识积累，而知识积累对于个人发展具有重要推动作用。而两组土族妇女的选择表明她们在现有的旅游接待活动中并未因为文化水平低而遭遇较大困难，也说明她们目前的旅游参与活动仍处于较低层次，基本停留在旅游接待服务上，而这些服务活动对个体文化水平的要求相对较低；她们目前也没有期望和能力参与到社区整体旅游规划、开发与管理等较高层次的活动中。

（四）外部环境因素

影响小庄村妇女社区旅游参与和发展的外部障碍因素包括竞争激烈和家庭位置限制两个方面。

在小庄村进入社区旅游的大众参与阶段后，村庄内参与旅游业的人数大大增加，同时社区内外同质产品也出现了快速增长，但由于客源市场规模并未出现相应增长，从而引发了社区内外的激烈竞争，甚至发生恶性竞争的情况，进而影响了社区妇女的旅游收益。其中，社区外部同质产品包括周边村庄的土族民族旅游开发，以及外部投资且颇具规模的土族风情园。这些风情园紧邻村庄入口，分流了社区的大量游客，特别是团队游客，这给小庄村社区居民的家庭旅游接待带来了较大冲击。对于这种现象，有村民形象地描述道："我们克服各种困难把饭做熟了，稠的却被他们（指外部投资的土族风情园）捞走了。"

位置条件也是影响小庄妇女社区旅游参与的因素之一。由第四节的分析可知，小庄村妇女的旅游接待活动集中在以村庄主道路为轴线的核心区，而核心区以外的外围区大多是村庄中位置较偏僻的区域，在这些区域中从事旅游接待的家庭较少；受到位置偏僻的限制，在外围区域开展旅游接待活动的妇女收益偏低，因此多选择将自家院子出租给未来经营者，获得相对稳定的租金收入，但也因此退出了社区旅游参与。

（五）其他因素

影响小庄村妇女参与社区旅游业的其他因素包括缺乏人手、无停车场等。缺乏人手指家庭内部缺少能够协助妇女参与旅游业的成员，从而影响自家的旅游接待；由于小庄村现有游客多以省内回头客为主，而这些游客的出行方式多是自驾游，需要接待户提供停车场地，因此，没有停车场成为部分妇女参与社区旅游业的障碍因素之一。

第六节　小庄村社区旅游参与的女性化

一、旅游参与主体和方式的女性化

在小庄村的旅游发展历程中，社区土族妇女一直是社区旅游的主要参与者，大多数土族妇女都直接或间接参与到旅游接待活动中。通过对小庄村土族妇女民族旅游参与状况的分析，作者认为，在小庄村参与旅游业的整个过程中，妇女处于重要地位，部分妇女还起到关键带头作用；而男性参与者则是跟随妇女带头人参与其中，且男性村民在后期逐步退出。总之，妇女是小庄村参与社区旅游的主力，整个社区的旅游参与主体呈现出女性化特点。

乡村传统社会架构将女性定位在家庭领域，经常与照顾者、家庭服务者的身份联系在一起，这就导致了在个体收入来源日益多样化的今天，男性村民可以外出谋出路，而社区妇女，特别是已婚女性则需要为了父母和孩子留守家中。对社区妇女个体而言，她们既受到传统观念的影响，同时也渴望进入市场经济，因此，就目前的状况来说，社区旅游为村庄女性在留守家中和经济创收之间做出合乎实际的选择提供了解决途径。

作者对小庄村村民的民族旅游参与方式进行了调查，结果显示，当地村民的旅游参与方式主要包括：土族农家院经营或租赁、歌舞表演、婚礼表演、民族工艺展示、刺绣加工与销售、盘绣加工与销售、导游讲解、轮子秋表演、帮工等。随后对这些参与方式中的村民性别构成进行对比分析，结果发现，村庄妇女是以上各类民族旅游参与方式的主要参与者。

这些参与方式大多同家庭生活、细致的个性，以及服务性工作相关联，这也正是民族传统文化和社会性别分工赋予村庄妇女的角色定位；在社区中，无论是厨房、刺绣场所还是舞蹈表演场，都是社区妇女的"主场"，男性给自己的定位是四方天下，而这些民族旅游参与方式不在他们的"正业"范围内。因此，作者认为，小庄村的民族旅游参与方式中亦存在女性化特征。

二、社区旅游参与阶段中的女性化趋势

小庄村妇女的旅游参与规模随着阶段变化而呈上升曲线发展趋势，而男性村民的参与规模则基本呈 S 形曲线发展趋势。在不同的社区旅游参与阶段，小庄村男性和女性的参与人数存在差异。在社区旅游参与的萌芽阶段和个别参与阶段，男女参与的数量均衡，其中男性以年轻人为主。而在组织参与阶段，参与社区旅游业的妇女数量逐渐增加，并超过男性参与者，主要原因是烦琐重复性的旅游接待工作与社区妇女的日常生活共性较多，因此她们也认为自身更擅长该类活动，从而表现出明显高于男性的积极性。

在社区旅游参与的大众参与阶段，男性参与者较少，社区妇女逐步成为社区旅游参与的主体。究其原因，随着社区旅游的进一步发展，竞争日益激烈，收益出现下滑，同时男性也受到传统思想的影响，难以长期从事持续性的、烦琐重复性的旅游接待工作，逐渐脱离了社区旅游接待活动；而社区妇女受到传统性别观念的影响，重视家庭，因此她们需要兼顾家庭与经济收益。基于此，作者认为在小庄村的旅游参与阶段中存在女性化趋势。

三、社区妇女的旅游参与特征

作者从空间与人口社会学特征维度出发，对小庄村不同性别村民参与社区旅游业的特征进行了分析，结果进一步显示村庄妇女是社区民族旅游的主要参与者；同时，小庄村妇女的旅游收益与其参与时间及经营方式存在正向相关性，刺绣收入与妇女年龄呈正相关关系。小庄村参与社区民族旅游的土族妇女在年龄上呈现正态分布的特征，以30～44岁年龄段的妇女为主。

空间上，小庄村男性村民的活动范围大大超出了社区妇女，社区妇女的活动范围集中在社区内部，这体现了传统家庭分工和女性家庭角色的影响，同时也是社区旅游作用的结果。刺绣传统上就是土族女性的专属获得，因而属于女性化的旅游参与活动，且遵循"熟能生巧"的规律，因此，刺绣收入与妇女的年龄成正相关关系。30～44岁的社区妇女多已成家，并生儿育女，是家庭劳务的主要承担者，同时又需要肩负起改善家庭经济状况的责任，因而她们是家庭旅游经营的主要负责人，其活动范围被限制在家庭和社区范围中。

四、社区旅游参与女性化的原因

当采食型社会转变为食物生产型社会时，家庭和外界完全分隔成为家庭领域与公共领域。家庭领域指在家中或与家庭密切相关的范围；公共领域的内容包括政治、交易、战事和工作，这些活动往往能获得更高的声望，通常男性活跃在这些公共领域，而女性则留守在家庭领域中。即使在未婚或未生育之前，女性能够与男性一起活跃在这些公共领域，但在生育和哺乳之后，大多数女性往往回归家庭，或在不脱离家庭角色的公共领域内活动，但重心已经转移到家庭领域。也就是说，不同性别的角色是由社会文化而非生物特性所决定的，从而产生了社会性别；而劳动如何分化则被用来显示社会性别的差异，当社会文化发生改变，人们的性别角色也随之发生变化。因此，作者认为社区旅游参与女性化特征产生的原因如下。

一方面，虽然传统的"男主外，女主内"将女性定位在家庭领域，但是随着社会经济的发展和家庭生计的需要，这种定位观念开始出现一定的松动，在民族社区乡村内，妇女能够参与不妨碍家庭角色的工作。而社区旅游恰恰为妇女在社区内部实现就业，进入公共领域，获得更多经济收入、更高社会地位和更好的自我发展提供了合适的途径。因此，社区旅游给予当地妇女兼顾家庭和公共角色的选择。

另一方面，社区旅游的服务性质（重复性与琐碎性）与女性主导的家庭领域的活动具有较高的一致性，声望效益较低。因而，男性在经历社区旅游初期和中期的开创局面阶段后，便开始退出社区旅游发展，转而开拓新领域，或追求旅游与政治、外部贸易等方面的结合，而不是全身心留守在家庭领域中。但社区女性则被认为更加擅长旅游服务工作，又需要照料家庭，所以在社区旅游中的参与更加稳定。

五、妇女参与社区旅游业面临的障碍

通过半结构式访谈法，作者获得了当地社区妇女参与旅游经营的基础性障碍因素：缺少资金、竞争激烈、劳动繁重、无决策权、位置限制、文化水平、能力限制、其他因素。其中，缺少资金是两类旅游参与方式妇女共同面临的首要障碍因素，表明位于西部地区的民族旅行社区，资金获取渠道较为单一，个体发展难以获得充分的资金支持。

对于以土族农家院为主要参与方式的妇女来说，竞争激烈、劳动繁重、无决策权及位置限制在障碍因素中排在前列。首先，当地经营土族农家院的社区居民较多，经营产品同质性高，彼此之间竞争激烈；其次，她们由于传统家庭角色定位的限制，对旅游经营投入的精力有限，而且不能完全按照自己的想法安排经营活动；最后，她们还认识到独特的空间位置对于土族农家院经营的优越性。

对于其他三种旅游参与方式的妇女，无决策权在障碍因素中排名第二，表明她们受到传统家庭角色的束缚更多，导致其不能全身心投入旅游参与活动；位置限制、能力限制及竞争激烈也是她们较为主要的阻碍因素。能力限制方面，这些妇女认为歌舞表演、导游讲解、刺绣等能力对自身的工作至关重要，因此认为自己还需要在这些方面不断提升；激烈的竞争主要来自外来个体经营者、外来公司及政府开办的更加先进规范的旅游经营场所，这些强势经营主体在社区旅游中的介入，使得她们感受到很大的竞争压力。

第三章

民族旅游社区妇女的行为模式：
基于时间利用考察

时间利用行为指个体如何在各类活动中分配时间。人们的时间利用行为会受到多种因素的影响，包括政治、经济和社会因素，而在特定区域内，一些地方性因素会占据主导地位。在西部民族乡村地区，随着旅游产业的快速发展，当地社区经历了由封闭生活社区到开放商业社区的转变过程，社区居民的生活也发生了巨大变化，因此，旅游参与已成为影响当地居民时间利用行为的重要因素。作为社区旅游的参与主体，社区妇女的日常生活也不再紧紧围绕家庭和农业，她们需要花费更多的时间在旅游接待活动中，因而其时间利用行为比其他居民所受的影响更为深远和持久，并和当地未参与旅游业的妇女形成鲜明对比，但现有文献却对该方面的关注不足。

本章从时间利用角度探讨旅游参与对东道主妇女行为方式的影响，以期直观地认识旅游发展对当地居民日常生活产生的效应，揭示旅游业参与实践对妇女行为的塑造，以期深入认识民族社区妇女如何在日常生活中与旅游产业互动，进而为民族旅游社区的健康发展提供参考。本章以四川省桃坪羌寨为例，利用时间日志作为工具收集当地妇女的时间利用数据，依据当地实际进行归类整理，提取出民族社区妇女的活动分类表，为社区旅游与东道主妇女行为模式的实证研究提供较为确切的规范参考。以参与旅游业与否作为标准来区分民族旅游社区的妇女群体，有利于更加细致地分析旅游开发对社区妇女行为产生的影响，且妇女群体内部的时间利用行为差异能够更充分地体现旅游开发对妇女生活的现实效应。

第一节 基础理论

一、时间利用概念

随着各国居民对生活质量、经济水平和幸福感水平与日俱增的关注，国民生产总值（gross national product，GNP）在经济福利测量中的作用开始受到质疑，学者和政府致力于为生活幸福寻找更加丰富多样的社会测量指标。幸福与个体的生活息息相关，但它却是一种抽象概念，因此，关于"幸福"的测量一直以来都是人们非常关注的问题。Garhammer（2002）认为主观的幸福感和客观的生活条件一样都能够用时间利用来测量。时间利用调查（Time-use Survey，TUS）收集特定调查区域内特定人群各类活动的时间分配数据，并对这些数据进行总结、对比等分析，进而反映出人们日常生活规律和行为方式，也能反映出社会发展水平及其变迁轨迹（安新莉，2004），因此受到学者和政府的广泛关注。目前，时间分配方式已成为一种至关重要的社会测量指标，关于时间利用的研究致力于探究人们的时间分配方式，在个体和群体的物质福利与幸福感评估方面有着非常重要的应用（Gershuny, 2011）。

二、时间利用研究的发展

时间利用研究始于 20 世纪 20 年代，发展成熟于 20 世纪中后期。有学者将时间利用研究的发展分为初始、发展和应用三个阶段（安新莉，2004）。

初始阶段主要指 20 世纪 20 ～ 50 年代。这一时期，苏联、美国、日本等国家进行一些独立和不定时的时间利用调查，调查重点内容为各类活动所耗费的时间长短或出现频率。这一阶段时间利用调查的特点是调查对象较为单一，主要是工人、学生或家庭主妇等，调查方法采用简单的调查问卷，研究内容集中在各类活动持续时间或频率方面。

发展阶段是自第二次世界大战之后至 20 世纪 80 年代末。基于计算机技术和统计方法的快速发展，时间利用调查的规模逐渐扩大。随着抽样调查方法的应用和访问、数据汇总处理等技术的逐渐成熟，一些国家政府的统计部门参与到国民时间分配的研究中。

应用阶段指自 20 世纪 90 年代至今。时间利用调查技术日趋成熟，调查频率趋于稳定，应用领域也不断拓展。欧盟（European Union，EU）多国、日本、澳大利亚、加拿大、美国等发达地区与国家已完成多次时间利用调查，一些发展中国家也开始进行时间利用调查，以期改进本国无酬劳动和非正规就业的统计。例如，亚洲的老挝、印度、菲律宾、韩国、蒙古国等 8 个国家；拉丁美洲的古巴、墨西哥和多米尼加 3 个国家；非洲的马里、摩洛哥、尼日利亚和南非等 6 个国家。

通过比较各国已经完成的时间利用调查，安新莉（2004）指出各国的时间利用调查在组织方式、数据收集方法、时间间隔、活动分类、目标人群等方面存在如下差异。

（1）根据调查组织方式不同，时间利用调查可以单独进行，对 24 小时进行全时记录；也可在多目标调查中采用限时记录方式进行数据收集。

（2）数据收集方法：根据调查访问和数据记录方式不同，分为实地观测与回访相结合法、回访与反推记录法、个人日记录、回访与个人日记录结合法。

（3）调查的时间段间隔分为开放式（对调查时间段没有限制）和固定调查时段（分为 10 分钟、15 分钟、30 分钟或 1 小时不等）。

（4）活动统计试行分类标准：联合国时间利用活动统计分类标准（International Classification of Activities for Time-use Statistics，ICATUS）、欧盟时间利用统计活动分类（EU Classification of Activities for Time-use Statistics）和本国时间利用调查活动分类 3 种。无论何种活动分类标准都详尽列出了人们的各种生活活动。ICATUS 设置了 5 个级别的活动类别和 6 位数据代码，其中一级大类有 15 个。

（5）调查日抽样：各国普遍采用一周随机抽取一个工作日和一个休息日进行数据记录，但由于经费、人员等条件限制，有些国家一年仅随机调查一周，有些则一年调查四周，每个季度调查一周。

（6）选取样本人群：根据调查目的的不同，时间利用调查人群的选择可以分为，排除 6 岁以下人口的家庭成员或随机抽选合格的家庭成员、排除 10 岁以下人口或 15 岁以下人口后的家庭成员或随机抽选合格的家庭成员 3 种。

1995 年第四次世界妇女大会《行动纲领》建议，联合国统计机构及各国官方统计机构应加强合作，改进女性与男性对经济贡献的统计，生产不应仅以货币价值为衡量标准，还应包括非正规部门的生产与家庭生产。随后，时间利用调查因为在改进妇女无酬劳动和非正规就业测量中的特殊作用而受到国际社会的普遍关注，可见时间利用对于促进妇女获得工作和生活中的公平待遇具有关键意义。

目前，国内外时间利用研究在内容上有较多重叠，如时间利用理论及方法研究，单一地区、单一活动类型的时间利用研究；相比之下，国内时间利用研究活动类型单一，以休闲活动和生活活动为主，对于居民的整体时间利用状况研究较少，且案例地多集中于较发达地区的城市，如北京、大连、杭州等，缺乏对乡村地区居民的关注。针对单一群体的研究，国外十分关注时间利用的两性差异、无酬家务劳动及其对家庭分工的影响（Robinson et al.，1977；Fisher et al.，2007），而国内关注的群体则局限于老年人、学生、城中村流动人口等，较少运用性别视角来研究时间利用中的两性差异与妇女行为，这与国际社会时间利用研究出现错位，缺乏足够的女性关怀，无法给中国妇女的无酬劳动和非正规就业带来有效帮助。

三、时间利用调查的活动分类

时间利用的活动统计分类是其研究的重要组成部分，是开展时间利用实证研究的前提和分析基础。准确的活动分类能够确保时间利用调查的真实有效，明确的活动分类才能清晰地反映个体的时间利用情况。

国家统计局参考联合国和欧盟统计局（Statistical Office of the European Union，Eurostat）的时间利用的统计标准，并结合我国的实际，制定了适用于中国的《时间利用统计的活动分类》标准。该标准根据活动性质的不同，将我国居民的全部活动分为 9 个大类、61 个中类和 113 个小类。其中 9 个大类的名称分别为个人活动、就业活动、家庭初级生产经营活动、家庭制造和建筑活动、家庭服务经营活动、为自己和家人最终消费提供的无酬家务劳动、照顾家人和对外提供帮助、学习培训、娱乐休闲和社会交往。

Bhat 和 Koppelman（1993）依据活动性质提出日常活动分类法，包括生活活动（maintenance activity）、工作活动（subsistence activity）和休闲活动（leisure activity）。生活活动指在日常生活中购买或者消费物品 / 服务以满足家庭、个人的身体或者生理需要的活动；工作活动指工作或者与工作相关的活动，它为生活活动和休闲活动提供必要的资金支持；休闲活动是指为了满足文化或者心理需求而进行的社会娱乐和消遣活动。

本章基于国家统计局的按活动类型划分的人均活动时间 ① 进行基础的时间利用统计，同时也依据 Bhat 和 Koppelman 的日常活动分类法梳理多种活动，从而进行大类的分析。

第二节　研究设计与案例地

一、研究方法

时间日志法是本章的重要研究方法，它将个体在特定期限里每个时间段内的活动安排以日志形式记录下来（表 3-1），并根据活动性质将这些时间内开展的活动分解成多种多样的时间利用活动类别，它能够提供一连串活动的时间序列信息，详细展示个体行为的时间特征，可直接用于一系列的行为分析。群体时间日志的获得能够反映群体的生活方式、生活状态等信息，很多国家十分重视时间日志在居民日常生活测量中的重要作用，现已被广泛采用。

表 3-1　时间日志调查表

	时间段	您正在做什么？（主要活动）	您还在做的事？（次要活动）
上午	0：00～00：20		
	00：20～00：40		
	……		
下午	12：00～12：20		
	12：20～12：40		
	……		

本章运用半结构访谈对熟悉当地情况和沟通能力较强的 20 位参与旅游业女性，15 位未参与旅游业女性进行了访谈。主要访谈内容包括：旅游淡旺季和农业忙闲时节的活动变化、周际活动变化、主要活动、个人和家庭时间利用评价、收入来源、旅游开发态度及其他相关内容，这为研究提供了更加全面而充分的资料。

---

① 　国家统计局办公室. 2012-05-18. 安新莉等：2008 年时间利用调查结果简介. http://www.stats.gov.cn/ztjc/ztfx/grdd/200811/t20081121_59037.html.

二、数据获取

（一）量表设计

考虑到旅游参与可能是影响当地参与旅游业妇女时间利用结构和分布的主要因素，研究以参与旅游业与否作为划分依据，将当地妇女分为参与旅游业妇女和未参与旅游业妇女两组进行时间利用行为调查，并在两者之间进行对比研究。研究量表共设计 A、B 两种类型调查问卷，其中 A 类针对参与旅游业妇女，B 类针对未参与旅游业妇女。

A 类问卷内容主要包括四个部分：第一部分是参与旅游业妇女的人口学和社会学特征；第二部分是关于民族社区妇女的旅游参与情况；第三部分是参与旅游业妇女对本社区民族旅游发展的态度；第四部分是参与旅游业妇女的活动日志表。B 类问卷主要内容有三部分：第一部分是未参与旅游业妇女的人口学和社会学特征；第二部分是未参与旅游业妇女对当地民族旅游发展的感知；第三部分是未参与旅游业妇女的活动日志表。其中，活动日志表的设计以一天 24 小时（0：00 ～ 24：00）为期限，以 1 小时为单位，请受访者如实填写相应时段内的主要活动内容、次要活动内容等（表 3-1）。

（二）数据来源

调研小组于 2012 年 7 ～ 8 月对四川省阿坝藏族羌族自治州（以下简称阿坝州）理县桃坪乡桃坪羌寨村的妇女进行了为期 24 天的调查，共发放问卷 250 份，回收有效问卷 226 份，有效率为 90.4%，其中 101 份问卷的调查对象为参与旅游业妇女，125 份问卷的调查对象为未参与旅游业妇女，样本的基本特征见表 3-2。同时，采用时间日志法对被调查妇女在一天 24 小时内的活动进行记录，较为详细地了解了样本的时间利用情况。

在研究调查的实施期间，当地高山峡谷地带的季风降水影响了游客的到访率，因此，以旅游业为主要生计的参与旅游业妇女未处于繁忙时期；同时当地的农业收获季节也已基本过去，以农业为主要生计的未参与旅游业妇女也未处于农忙时期，表明二者的时间分配处于相对对等状态。因此，本章中两类群体的时间利用状态具有可比较性，且代表该时期各自的平均水平。

表 3-2　被调查妇女的基本特征

特征	类别	参与旅游业妇女		未参与旅游业妇女		总体样本	
		人数 / 人	比例 /%	人数 / 人	百分比 /%	人数 / 人	比例 /%
年龄	18 岁以下	0	0.00	5	4.00	5	2.21
	18 ～ 29 岁	17	16.83	24	19.20	41	18.14
	30 ～ 44 岁	37	36.63	46	36.80	83	36.73
	45 ～ 59 岁	40	39.60	41	32.80	81	35.84
	60 岁及以上	7	6.93	9	7.20	16	7.08
文化水平	小学以下	12	11.88	19	15.20	31	13.72
	小学	24	23.76	36	28.80	60	26.55
	初中	39	38.61	24	19.20	63	27.88
	高中及以上	26	25.74	46	36.80	72	31.86
婚姻状况	未婚	7	6.93	19	15.20	26	11.50
	已婚	91	90.10	103	82.40	194	85.84
	其他	3	2.97	3	2.40	6	2.65

（三）数据说明

由于文化水平和活动性质的限制，被调查妇女无法在活动进行过程中同步填写时间日志表，因此调查人员采用回忆记录的方法。考虑到被调查者对于活动的记忆清晰度，时间日志调查选取调研开展日的前一日作为数据填写基础，如调研开展日是 7 月 18 日，则时间日志表所填内容为受访者在 7 月 17 日 00：00 ～ 24：00 期间进行的活动。已有时间利用研究表明，让受访者回忆不超过两天的活动是可行的，若回忆昨天的活动则更佳（Robinson and Godbey，1997）。

由于耗时过于短暂的活动难于被受访者清晰回忆或精确计算，作者仅对耗时超过 20 分钟的活动予以记录；而在时间利用调查结果的统计分析中，则以 1 小时为基本计算单位。针对单位时间内同时进行的活动，我们利用算数平均法。例如，单位时间 60 分钟内某妇女同时进行看电视和洗衣服两项活动，在数据录入时，记为该妇女看电视 30 分钟，洗衣服 30 分钟，因此，单个样本在单位时间内各项活动的耗时总和为 60 分钟，从而缩小计算过程可能导致的误差。

本章所用的分析数据是单位时间内某项活动耗时的样本均值（即用某群体所有样本在单位时间内某项活动中的总耗时 ÷ 该群体样本的总人数）和 24 小时内某项活动耗时的样本均值（即用某群体所有样本在一天内某项活动中的总耗时 ÷ 该群体样本的总人数），因此，每个数值代表的都是样本的平均水平。在时间利用结构和时间利用与特征间关系的分析中，为了精确参与旅游业妇女和未参与旅游业妇女之间的总体结构差异，时间单位采用每人每天 / 分钟；而在时间利用分布分析中，需要着重分析当地妇女的各类活动耗时在全天不同时点的分布情况，时间单位采用每人每小时 / 分钟。

三、桃坪羌寨概况

桃坪羌寨位于四川省阿坝州的理县。理县位于阿坝州东南部，东邻汶川，西南连小金，西接马尔康，北依茂县、黑水，西北靠红原。古称禹贡，1946 年更名为理县，一直沿用至今。县境东西长 85.8 千米，南北宽 79.3 千米，地跨岷江上游支流杂谷脑河两岸。疆域面积 4318.36 平方千米。县内辖 5 镇 8 乡，属藏、羌、汉等民族聚居地，根据第五次人口普查数据，全县总人口 44863 人（截至 2016 年年末）。县城所在地距省会成都 210 千米，离阿坝州首府马尔康 150 千米。国道 317 线贯穿理县全境，成为当地通往西北地区方便、快捷的重要通道[①]。

理县境内动植物资源、矿产资源、水能资源、旅游资源十分丰富，丰富的自然资源，奇异的山水构成了理县迷人的风光和无数处具有浓烈神奇色彩的自然景观；居住在这里的藏羌民族，以其古老淳朴，底蕴深厚的藏羌文化，形成独具特色的人文景观。

（一）桃坪羌寨基本情况

桃坪羌寨位于岷江支流杂谷脑河畔的 317 国道旁，是桃坪羌族自治乡下辖自然村落，东距汶川县城约 20 千米，西距理县县城约 40 千米，距离省会成都约 163 千米。寨子所在地区属于岷江上游的高山峡谷地带，平均海拔为 1500 米，气候四季分明，降水主要集中在 5～9 月，全年日照时间较长，昼夜温差大。

桃坪羌寨始建于西汉武帝元鼎六年（即公元前 111 年），至今已有 2100 多年的历史。据史籍记载，桃坪羌寨是西汉王朝下设广柔县的重要隘口和防御要塞。"桃坪"在羌语里称"切子"，据寨中老人介绍说，桃坪羌寨最早的时候叫"赤溪寨"，因为寨子旁边的增头沟里有红色石头映着溪水呈现出红色而得名，后来又改称为"赤鸡寨"。到了明清时期，有陶朱二氏族迁居至此，这里又被人们称为"陶朱坪"，因为这两个氏族在这里遍植桃树，又更名为"桃子坪"。至民国年间，当地建立乡级联保制，

---

① 　理县政府网. 2017-03-10. 基本县情. http://www.ablixian.gov.cn/zjlx/jbxq/.

定名为"桃坪"，一直沿用至今。

桃坪羌寨属于自然村落，与孔地坪村、谢溪沟村等共同组成桃坪村，隶属桃坪乡，乡政府所在地位于该村附近。目前，桃坪羌寨共有 98 户人家，总人口 496 人，其中 99% 的居民都是羌族。羌族，自称尔玛，是中国西南的一个古老民族，主要聚居在四川省阿坝州东部，绵阳市的北川县、平武县等地，现有人口约 30 万。羌族至今仍保留着原始宗教，盛行万物有灵、多种信仰的灵物崇拜。

（二）桃坪羌寨旅游发展概况

桃坪羌寨的建筑具有浓郁的羌民族风格，是羌族民居的典型代表，是至今为止世界上保存最完整和最原始的羌寨建筑文化艺术"活化石"，因此被誉为"世界羌文化遗址""东方神秘古堡"等。目前，桃坪羌寨景区初步形成老区文化旅游、新区休闲旅游、食宿和娱乐为一体的旅游分区格局。

早在 20 世纪 90 年代初，一些美术学院的学生、摄影爱好者及户外爱好者被当地浓郁的羌民族风情所吸引，来到这里写生、考察、采风和游览。1995 年 7 月，在桃坪乡政府的组织下，寨中居民成立了理县第一个以宣传和弘扬羌族文化为目的的文化活动中心，并邀请阿坝州各级领导前来参观桃坪羌寨，在当时引起了不小的反响。

桃坪羌寨正式发展旅游是在 1996 年 9 月，当时的寨子已小有名气，但游客并不多。而附近的"米亚罗—古尔沟"风景区通过举办"红叶节"，吸引了较多游客，桃坪羌寨位于成都至"米亚罗—古尔沟"风景区的必经之路上。随后，当地社区居民开始参与旅游业，对进入寨内参观的游客收取一定门票，并开展旅游接待活动。考虑到桃坪羌寨内完好地保存了风貌独特的羌族建筑，又有着浓郁的民族风情，理县政府决定对其进行开发。1998 年，理县政府介入了桃坪羌寨的旅游开发，并组织成立桃坪羌寨旅游开发管理会和旅游开发公司。2000 年，游客开始大量涌入桃坪羌寨，同年，理县政府通过招商引资，引入九寨天堂温泉酒店有限责任公司、理县米亚罗桃坪景区管理局、大九寨国际旅游开发有限责任公司（以下简称"大九旅"），三方共同组成桃坪羌寨旅游发展有限公司，对寨子实施进一步的旅游业开发（王汝辉，2009）。

2002 年 12 月，桃坪羌寨被四川省人民政府批准为"省文物保护单位"。2004 年，桃坪羌寨由外来投资商加州集团接手管理和联系客源。同年，为了解决旅游发展规模扩大和保护民居建筑风貌的矛盾，理县政府决定在寨外选址修建新区，将老寨以实体博物馆的形式进行保护。2006 年桃坪羌寨被评为全国重点文物保护单位，加州集团和大九旅两家投资商联合组建了桃坪羌寨旅游开发有限责任公司，其中加州集团占 51% 的股份，理县政府占 39% 的股份（其中 20% 以分红形式反哺给当地居民），大九旅占 10% 的股份。该公司在开发老寨的同时，积极开展新区建设，征地 130 亩，加州集团投入 1400 万，理县政府投入 270 万，大九旅投入 100 万。2007 年桃坪羌寨景区全年共接待游客 15 万人次，门票收入达到 200 多万元，同年，桃坪羌寨与"藏羌碉楼"决定联合申报世界文化遗产，并被列入世界文化遗产申报的预备名单。接踵而至的荣誉使得桃坪羌寨的名声大噪，到访的游客与日俱增。参与旅游业也成为寨内居民的主要谋生手段，全寨从事旅游经营的居民户高达 90% 以上，经营项目主要包括导游讲解、食宿接待、销售手工艺品和土特产、歌舞表演等。

羌寨新区建设于 2006 年开始，截止到 2008 年汶川地震前，大多数房屋仍然在建设装修中，只有少数几家开始接待游客。桃坪羌寨距离汶川县城仅 20 千米，因此地震对其旅游发展的影响较大。新区建筑损毁严重，随后加州集团撤资，桃坪羌寨的旅游开发几乎陷入停滞状态。值得庆幸的是，桃坪老寨的绝大部分建筑都保存完整，未出现严重的住房坍塌，也无人员伤亡，地下水网保存完好，这为桃坪羌寨的旅游后续发展保留了良好的条件。

在地震后的两年中，游客量较少。随后，灾区重建启动，国家文物局拨款 8000 万用于老寨修复，理县政府积极争取到湖南对口支援 1.3 亿多元援建羌寨新区。随着灾后重建工程的顺利开展，游客数量有所回升，其中 2011 年共接待游客 6.3 万人次。2011 年羌寨新区建成，新区占地面积为 120 亩，投入资金达 1.5 亿元，建筑面积为 45000 平方米，主要包括古羌文化演艺中心、古羌历史博物馆、古羌文化传习所、古羌文化展示传播中心、萨朗歌舞广场、释比文化祭坛、古羌石碉楼、羌族文化景观小区、旅客接待中心等。

2012 年 6 月，当地政府设立景区管委会管理景区，与村民达成新区房屋赔偿和购买协议，新区房屋问题基本得到解决，但是村民内部仍然存在争议。目前桃坪羌寨老区作为参观区，单张门票定价 60 元，现属于试行期，因此对团体游客实施半价 30 元，新区和老区都有村民进行接待活动①。

---

① 资料来自桃坪羌寨景区统计资料、实地调研和访谈。

第三节 桃坪羌寨妇女时间利用的分析背景

在对当地社区妇女的时间利用进行分析之前，需要对其日常活动内容进行分类，并了解她们参与旅游业的基本特征和生产方式的转变，以便于更好地理解她们的时间利用行为。

一、社区妇女时间利用的活动分类

本章使用的时间利用活动分类综合参考了 Bhat 和 Koppelman（1993）提出的生活活动、工作活动、休闲活动日常活动分类法和国家统计局所使用的《时间利用统计的活动分类》，同时考虑了调查对象和调查时段的特殊性。作者将当地妇女的全部活动划分为 6 个大类、39 个中类和 84 个小类。6 个大类的代码和名称分别为 1−生活活动，2−农业劳动，3−其他生产劳动，4−家务劳动，5−休闲活动，6−旅游业劳动。其中将家务劳动作为与旅游业劳动、农业劳动和其他生产劳动并列的一种生产劳动单独列出，是由于此前国内研究对于妇女无酬家务劳动的关注不足和家务劳动在本章研究对象生活中的重要性；此外，本章的 1、2、3、4、5 大类的活动主要参考国家统计局标准（有所删减，详见表 3-3）。

表 3-3 桃坪羌寨妇女时间利用统计的活动分类简介

代码	活动名称	解释说明
1	生活活动	指满足个人生理需要且无法由他人代替完成的活动
11	睡觉休息	包括夜间睡眠 / 必要睡眠、小睡、生病休息或卧床
111	夜间睡眠 / 必要睡眠	指夜间或白天为满足生理需要所进行的长时间睡眠
112	小睡	指打盹、午睡或闭眼休息
113	生病休息或卧床	由于身体不适而引起的睡觉或停止其他活动的行为
12	用餐及其他饮食活动	包括用餐（含工作餐）、喝水或喝饮料、吃零食
121	用餐（含工作餐）	指吃正餐、快餐等，包括用餐时喝水或饮料
122	喝水或喝饮料	指非用餐时间的喝水、喝饮料、饮酒、喝茶、喝咖啡等
123	吃零食	指非用餐时间食用小食品、水果、干果、糖果等
13	个人卫生活动	包括日常个人卫生活动、洗浴活动、修饰性个人卫生活动、其他个人卫生活动
131	日常个人卫生活动	指如厕、刷牙、洗脸、洗手、洗脚等
132	洗浴活动	指淋浴、盆浴、桑拿等
133	修饰性个人卫生活动	指化妆、美容、剃须、美发、修甲等
134	其他个人卫生活动	如自我按摩、穿换衣服等

代码	活动名称	解释说明
14	宗教活动	指宗教信徒在宗教场所或非宗教场所举行的各种宗教活动。
15	其他活动	除以上活动之外的生活活动
160	相关交通活动	与本类活动相关的交通活动（如乘车、骑车、步行前往餐馆、茶馆、咖啡厅等）
2	农业劳动	指以获得收入为目的、从事的农业和其他初级生产经营活动
21	农作物种植、收获及后期处理	包括采购种子、播种、收割、土地平整、产品存贮、出售等
22	田间管理	包括除草、除虫、施肥、灌溉等
23	牲畜饲养	包括对牲畜、家畜、家禽的喂养、繁殖、产品存贮处理、出售等
24	其他农业劳动	与农业相关的其他劳动活动
25	相关交通活动	与本类活动相关的交通活动（如步行、乘车前往田地、农贸市场等）
3	其他生产劳动	以获得收入为目的从事的旅游业、农业以外的生产劳动活动
31	商品零售	包括日用品及食品零售、其他商品零售
311	日用品及食品零售	包括食品饮料、日化用品的上门推销、定点、沿街零售叫卖等
312	其他商品零售	包括其他商品的上门推销、定点、沿街零售叫卖等
32	药材采售	包括药材采集、药材销售
321	药材采集	指当地居民以获得收入为目的到田野、山脉等地方采挖药材的活动
322	药材销售	当地居民以销售本地特色药材谋生的活动，如销售虫草、天麻等
33	单位就业	指在正规部门从事有报酬的就业活动。正规部门指法人单位、准法人单位、非营利机构和政府部门
34	其他就业	如运输客货、个体户等
4	家务劳动	指为自己和家人最终消费进行的准备食物、清理住所环境、整理衣物、购物等无酬家务劳动
41	准备食物、饮料及相关的清理活动	包括准备食品或饮水、就餐服务及餐后整理
411	准备食品或饮水	指整理、清洗食物以备烹饪，烹饪饭菜，准备茶水饮料，为婴幼儿预备食品等
412	就餐服务及餐后整理	指准备就餐用具、清理餐桌、清洗和整理餐具、清洁和整理厨房等
42	住所及周边环境的清洁整理	包括住所的室内清洁、户外清洁
421	室内清洁	指对住所内卧室、厕所、厨房的清洁保洁，如扫地、吸尘、清洗地板、整理衣物、物品打包、地板家具打蜡等
422	户外清洁	指清理户外垃圾、整理和清扫庭院、自家门口空地等
43	洗衣、整理衣物	包括洗衣刷鞋、衣物的保养、整理和存贮、缝补衣物和手工刺绣及编织
431	洗衣刷鞋	指手工或使用洗衣机清洗衣物、晾晒和回收衣物、鞋子保养和清洗等

代码	活动名称	解释说明
432	衣物的保养、整理和存贮	指保养衣物和整理衣物及衣物存贮空间的清理等
433	缝补衣物和手工刺绣及编织	指裁剪自制衣物、缝纫、缝补衣物、绣花、织毛衣等
44	购买商品及服务	包括购买家庭的消费品及耐用品、赴专门机构办理特定服务
441	购买家庭的消费品及耐用品	指去商店、厂家等购买家庭所需消费品及耐用品
442	赴专门机构办理特定服务	指去银行、法律机构等办理业务，赴美容店、理发店理发、美发、美容，赴医院看病、按摩、治疗等
45	照顾家人	指给家人提供的无酬照料与帮助活动
451	照顾未成年家人	指辅助未成年人进食、吃药、穿衣、清洁身体、生病护理等
452	教育未成年家人	指教育辅导孩子、为孩子提供阅读或其他帮助，同孩子一起玩耍等
453	看护孩子	指监护留意玩耍的小孩，保证孩子所处环境的安全等活动
454	陪伴未成年家人外出	指陪孩子到居住场所以外的场所开展活动，如游乐场、学校等
455	对成年家庭成员的生活照料	指针对成年家庭成员提供的生活照料，如辅助其吃饭穿衣、洗澡洗脸等
456	对成年家庭成员的医疗护理	指辅助成年家庭成员吃药，给其提供肢体按摩、物理性治疗等医疗治理活动
457	陪同成年家庭成员外出活动	指陪成年家庭成员到居住场所以外的地方进行活动
458	对其他家庭提供的无偿家务帮助	指对自己家庭成员以外的其他人员提供的无偿帮助，包括看护孩子及宠物、接送人及物品、购买或整修物品等
46	其他活动	除以上活动之外的家务劳动
47	相关交通活动	与本类活动相关的交通活动
5	休闲活动	指由个人自由支配的休闲娱乐活动和社会交往活动
51	使用媒体的活动	阅读书籍/报纸期刊/其他材料、看电视、观看收听光盘节目、听广播、收听其他音频设备、利用计算机技术阅读和收看收听节目、使用互联网
511	阅读书籍	如阅读小说、散文集等
512	阅读报纸期刊	如阅读时政报纸、娱乐杂志等
513	阅读其他材料	如阅读各类使用说明、介绍等材料
514	看电视	包括听电视
515	观看收听光盘节目	如观看 VCD、DVD、录像带与收听 CD
516	听广播	如收听音乐电台、交通电台等
517	收听其他音频设备	指收听 MP3、录音带、MD 等音频设备
518	利用计算机技术阅读和收看收听节目	指利用未上网的计算机进行阅读、收听和观赏
519	使用互联网	指互联网冲浪，包括在线阅读、收听、观赏以及上传、下载文件和供个人娱乐的网络游戏，但上网工作、学习、购物和办理网上银行等业务的活动不在此类（这些活动应分别归入生产劳动活动、学习培训等类别）
52	体育锻炼与健身活动	包括走路跑步、跳舞和健身、其他运动

代码	活动名称	解释说明
521	走路跑步	指散步、长跑、慢跑和登山等
522	跳舞和健身	指在室内外进行的跳舞、跳健身操、做操、瑜珈等
523	其他运动	以上两种以外的球类运动、水上运动、冰上运动等
53	业余爱好、游戏和消遣活动	包括棋牌游戏、计算机游戏、群体性游戏、艺术活动
531	棋牌游戏	指打麻将、玩扑克牌和棋类游戏
532	计算机游戏	指单机游戏（不包括网络游戏），包括玩游戏机
533	群体性游戏	如跳集体、唱卡拉 OK 等
534	艺术活动	指进行文学创作、书法活动、影视戏剧等艺术表演和绘画、摄影等视觉艺术活动
54	外出参观、看电影与演出	到村子以外的地方参观游览、观看电影、现场演出、体育比赛等活动
55	社会交往	指交谈、聊天、走亲访友、接待客人和阅读书写个人信函等
551	交谈与交流	如面对面交谈、打电话、发短信、网络交流（QQ、MSN）等
552	阅读信件和写信	指阅读信件、回信、收发电子邮件等
553	其他社会交往活动	指共同参与或一起主办各类聚会、婚礼、葬礼等
56	其他活动	指除以上活动之外的休闲活动
57	相关交通活动	与分类活动相关的交通活动

桃坪羌寨作为少数民族旅游社区，当地参与旅游业妇女的旅游业劳动具有特殊性；加之旅游发展对当地妇女时间利用行为具有重要影响，她们的旅游业劳动分类就显得更为重要，因此，作者通过实地观察，依据当地妇女的旅游参与实践整理出其旅游业劳动活动分类（表 3-4）。

表 3-4　桃坪羌寨妇女旅游业劳动的活动分类简介

代码	活动名称	解释说明
6	旅游业劳动	指以从游客身上获得收入为目的从事的旅游生产活动
61	就餐服务	为了接待游客就餐进行的预订、接送、采购、烹饪、厨房整理等活动
611	餐厅采购	为保证餐厅正常运营而购买食材、调料、厨具等
612	餐前准备	包括预订、点餐、择菜洗菜、炒菜等
613	餐中服务	包括上菜摆桌、撤盘子、上酒等
614	餐后整理	收拾餐桌、洗刷碗筷、打扫厨房等
62	住宿服务	为接待游客住宿进行的预订、接送、采购、打扫、清洗等活动
621	旅馆采购	为保证旅馆正常运营而购买布草、洗漱用品等
622	服务住宿	包括预订、安排房间、房间清扫、被褥清洗等

续表

代码	活动名称	解释说明
63	接待管理	为接待游客食宿而进行的管理活动（一般用于规模较大的接待点管理人员）
631	人员管理	包括招聘员工、分配工作、结算工资等
632	财务管理	包括资金运转、账目整理等
633	客户管理	包括招徕客人、客户关系维护等
634	其他管理工作	包括宣传营销、决策制定等
64	歌舞表演	为满足游客观赏、参与需求而进行的歌唱舞蹈表演及其准备活动
65	民居参观	将自家所有的房屋作为接待场所来满足游客对特色建筑的游览需求，收取门票并提供有偿讲解服务
66	土特产和工艺品销售	为满足游客购物需求而进行的采集当地生长或产出的产品
661	水果零售	特指在当地水果收获季节，针对游客消费群体，并以自家果园所产水果为主要销售商品的水果销售活动
662	药材销售	针对游客消费群体，以当地所产动植物药材为销售商品的销售活动（多数为附带销售商品）
663	工艺品制作与销售	为满足游客购买和观赏的需要而进行的工艺品采购、销售和生产活动
67	游览向导服务	由于羌寨的复杂格局，游客无法靠自身顺利参观，需要由熟悉寨子结构的人引路，只收取向导服务费
68	景区工作	受雇于景区，为到景区旅游的游客提供服务的活动
681	售票	受景区雇佣向游客出售景区门票
682	导游讲解	受景区雇佣为游客提供讲解服务
683	清洁人员	受景区雇佣维护景区卫生、清洁
69	相关交通活动	与本类活动相关的交通活动

二、社区妇女的旅游参与特征

（一）参与方式

桃坪羌寨妇女参与旅游业的方式较多，主要包括家庭食宿接待、土特产和工艺品销售、手工艺品制作与销售、民族歌舞表演、民居参观、导游讲解、厨师、帮工等。

其中最主要的形式为家庭食宿接待和土特产及工艺品销售，原因是这两种参与方式具有以下特点：其一，对于场地要求较低，只需具备接待游客的房屋和摊位，而这是寨中大多数居民都具备的条件；其二，资金投入额度灵活，资金充裕可以开展较大规模的旅游接待活动，资金缺乏则可以选择小规模经营；其三，产品经营模式相对简单，对于专业知识要求不高，经营家庭食宿接待的居民大都自己包揽老板、财务、厨师（以家常菜为主）、服务员等多重职责，而从事土特产及工艺品销售的居民也都集采购、销售、财务等角色于一身，其产品大都就地取材或从成都市场批发，并无复杂的销售渠道及模式。

其他参与形式对于参与者自身能力和经营设施的要求较高，如手工艺品制作及销售耗费时间较多，而且要求具备制作技术并保证品质；民居参观的经营者主要是历史上寨子首领的后人，拥有独具特色的房屋，并且要担负讲解工作，因而还具有较强的语言表达能力；景区的导游讲解工作需要通过考试获得，寨中从事这份工作的大都是年轻人，且具备较高的文化水平和较强沟通能力。

（二）参与时间

桃坪羌寨妇女的旅游参与时间主要集中在"3年以下"和"10年以上"（表3-5），其次是旅游参与时间为"3～6年"的妇女占到23.76%，她们的参与时间属于中期，参与时间为"6～10年"的妇女占到11.88%，其旅游参与时间属于中长期。这一方面说明在桃坪羌寨的整体旅游开发历程中妇女的高度参与，另一方面说明寨里更多的年轻妇女正积极地参与到旅游业发展中。

表 3-5　参与旅游业妇女的旅游参与概况

特征	类别	人数 / 人	比例 /%	类别	人数 / 人	比例 /%
参与方式	家庭食宿接待	33	32.67	导游讲解	5	4.95
	土特产和工艺品销售	15	14.85	厨师	2	1.98
	手工艺品制作与销售	8	7.92	帮工	5	4.95
	民族歌舞表演	1	0.99	水果零售	23	22.77
	民居参观	2	1.98	其他	7	6.93
参与时间	3 年以下	32	31.68	6 ～ 10 年	12	11.88
	3 ～ 6 年	24	23.76	10 年以上	33	32.67
个人旅游年收入	0.5 万元以下	23	22.77	1.5 万～ 2 万元	12	11.88
	0.5 万～ 1 万元	32	31.68	2 万元以上	17	16.83
	1 万～ 1.5 万元	17	16.83			
收入满意度	很满意	4	3.96	不满意	53	52.48
	满意	25	24.75	很不满意	5	4.95
	一般	14	13.86			

（三）旅游收入

作者对参与旅游业妇女的个人旅游年收入进行了调查，结果显示，个人旅游年收入在"0.5 万元以下"和"0.5 万～1 万元"两个收入段的妇女分别占 22.77% 和 31.68%，所占比例较高；而个人旅游年收入在"1 万～1.5 万元""1.5 万～2 万元""2 万元以上"收入段的妇女则分别占 16.83%、11.88% 和 16.83%，比例较低（表 3-5）；不同旅游年收入段的参与旅游业妇女的比例基本呈金字塔式结构，个人旅游年收入较多的妇女所占比例小，而大多数妇女的个人旅游年收入偏低，说明参与旅游业妇女内部个人旅游年收入差距较大，多数妇女所获收益有限。

此外，作者还就参与旅游业妇女对于目前旅游收入的满意程度进行了调查，对于目前旅游收入状况表示满意的妇女仅占 28.71%，未达到参与旅游业妇女总样本数的三分之一；多达 57.43% 的参与旅游业妇女对目前旅游收入表示不满意或很不满意（表 3-5），表明大多数参与旅游业妇女的旅游收入并不能满足她们的需求，她们认为桃坪羌寨景区的旅游发展现状与此前相比存在更多问题，若加以改善能够给当地人带来更多收益，因此她们对于旅游收入有更高的期待。

三、社区妇女的生产方式

在开发旅游之前，桃坪羌寨社区居民大都以农牧业为主要生产方式，妇女也主要从事家务劳动和农业劳动，而在发展旅游之后，当地妇女的生活状态和生产方式都发生了变化，这些变化将会给她们的行为方式带来极大的影响。

家庭主要收入来源是反映家庭成员从事行业和家庭经济状况的重要指标。根据表 3-6 可知，66.34% 的参与旅游业妇女的家庭主要收入来源是旅游业，其次是农牧业和副业；而有 47.17% 的未参与旅游业妇女的家庭主要收入来源为农牧业，其次是外出打工和副业；表明参与旅游业妇女的家庭主要收入来源已经和未参与旅游业妇女截然不同，旅游业成为她们和家庭赖以生存的产业，旅游参与实践正在真实地改变着她们的生活。

表 3-6　被调查妇女的家庭主要收入来源

类别	参与旅游业妇女		类别	未参与旅游业妇女	
	人数 / 人	比例 /%		人数 / 人	比例 /%
农牧业	16	15.84	农牧业	59	47.17
旅游业	67	66.34	副业	28	22.64
副业	15	14.85	外出打工	33	26.42
其他	3	2.97	其他	5	3.77
合计	101	100	合计	125	100

第四节　桃坪羌寨妇女的时间利用行为

本节以参与旅游业妇女和未参与旅游业妇女间的对比为主线进行时间利用分析，具体从时间利用结构和时间利用分布两个方面展开，以期深入理解旅游参与对民族旅游社区妇女时间利用行为的影响。

一、社区妇女时间利用结构

参与旅游业妇女的旅游业劳动时间为每人每天 381.98 分钟，占其全天时间的 26.53%，在所有劳动类型中比例最高；未参与旅游业妇女的家务劳动为每人每天 225.38 分钟，占其全天时间的 15.65%，是其日常生活中耗时最长的劳动类型。说明旅游业劳动已经成为参与旅游业妇女最主要的劳动活动，而未参与旅游业妇女的最主要劳动类型依然是传统的家务劳动（表 3-7）。

表 3-7　社区妇女的单日时间利用情况

活动类型	参与旅游业妇女（每人每天 / 分钟）	未参与旅游业妇女（每人每天 / 分钟）
旅游业劳动	381.98	0.00
农业劳动	29.01	99.23
其他生产劳动	3.56	66.35
家务劳动	160.5	225.38
总体劳动	575.05	390.96
生活活动	629.9	675.38
休闲活动	235.05	373.65

参与旅游业妇女的农业劳动时间为每人每天 29.01 分钟，仅占其全天时间的 2.01%，未参与旅游业妇女的农业劳动时间为每人每天 99.23 分钟，占其全天时间的 6.89%；表明和未参与旅游业妇女相比，农业劳动在参与旅游业妇女的时间利用结构中所占比例极少。同时体现出，当地社区内参与旅游业妇女传统的生产方式和时间利用方式都已经发生改变，她们不再是整天围着家庭和田地转的农村妇女，而是积极投身社区旅游的新型妇女，她们获得了为家庭收入做出更多显著贡献的发展途径。

参与旅游业妇女的劳动时间为每人每天 575.05 分钟，而未参与旅游业妇女劳动时间为每人每天 390.96 分钟，两者之间相差每人每天 184.09 分钟；参与旅游业妇女和未参与旅游业妇女的休闲时间分别为每人每天 235.05 分钟和每人每天 373.65 分钟，相差每人每天 138.60 分钟；未参与旅游业妇女的生活活动和休闲活动占据全天时间的比例为 72.85%，远远超过一半，而参与旅游业妇女的这一比例仅为 60.06%，这说明相对于参与旅游业妇女，未参与旅游业妇女拥有更多的个人生活必须时间和可自由支配时间。可见，在参与旅游业之后，桃坪羌寨中参与旅游业妇女的劳动量大大增加，每天耗费更多的时间进行劳动活动，从而导致其每天的生活时间和休闲时间受到不同程度的挤压，原本轻松的生活因为旅游参与而变得十分忙碌。

参与旅游业妇女的旅游业劳动时间和家务劳动时间分别为每人每天 381.98 分钟和每人每天 160.5 分钟，分别占其全天时间的 26.53% 和 11.15%，分别占其单日劳动总时间的 66.43% 和 27.91%（图 3-1），说明旅游业劳动和家务劳动是参与旅游业妇女所承担的最主要劳动类型，参与旅游业妇女在担起家庭中大量的旅游业劳动之后，其家务劳动量并没有得到相应的减轻。作为未参与旅游业妇女最主要的劳动活动，家务劳动耗时是其全天劳动总时间的 57.65%，但这一耗时量仅占未参与旅游业妇女全天时间的 15.65%。即未参与旅游业妇女在总体劳动时间远远低于参与旅游业妇女的情况下，家务劳动耗时和参与旅游业妇女的差异不大，这更加突显了参与旅游业妇女劳动负荷的沉重。

总体来说，桃坪羌寨参与旅游业妇女在参与到旅游业中后，不仅承担起家庭中大量的旅游劳动，并给家庭带来可观的经济收入，但是家务劳动依然由她们负责，她们没有时间和精力从事其他自由活动，需要牺牲生活必需时间和休闲时间来确保完成肩负的多种劳动，时间压力较大。

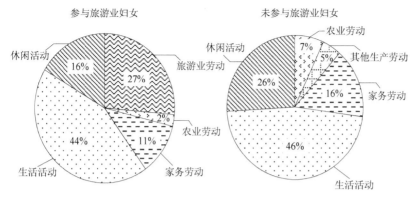

图 3-1　社区妇女的时间利用结构

二、社区妇女时间利用分布

通过桃坪羌寨妇女的单日时间利用结构分析可知，参与旅游业妇女的总体劳动时间比未参与旅游业妇女每天多 3 个多小时，其生活时间和休闲时间也少于未参与旅游业妇女，这种结构上的巨大差异必然会在二者的劳动活动、生活活动、休闲活动的时间利用分布中体现出来。

（一）总体劳动、生活和休闲活动的时间利用分布差异

参与旅游业妇女和未参与旅游业妇女的劳动时间利用曲线总体都呈 M 形，但参与旅游业妇女的曲线始终高于未参与旅游业妇女。在 0 ～ 13 点时间段，二者的劳动时间利用曲线波动趋势基本相同，其中在 0 ～ 7 点期间出现重合，随后，二者的劳动时间利用曲线呈增长趋势，但未参与旅游业妇女的增长速度明显缓于参与旅游业妇女，且两者的差距在 6 ～ 13 点时段持续扩大（图 3-2）。根据实地访谈与观察，在 7 点之前，参与旅游业妇女和未参与旅游业妇女承担的主要劳动都是与早餐相关的家务劳动，7 点以后游客抵达社区，参与旅游业妇女进入高强度的旅游业劳动高峰，而该时段内未参与旅游妇女的劳动量相对较小，即使是家务劳动、农业劳动等主要劳动的耗时也远低于参与旅游业妇女。

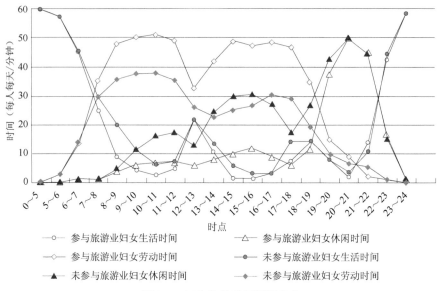

图 3-2　妇女单日时间利用分布

在 12～13 点属于午餐时间，参与旅游业妇女和未参与旅游业妇女的劳动曲线同时出现下滑，参与旅游业妇女的劳动耗时下降幅度明显，未参与旅游业妇女下滑幅度较缓，因此，此时未参与旅游业妇女与参与旅游业妇女的劳动耗时较为接近；该时段内，参与旅游业妇女的生活利用曲线提升明显，其用餐集中在该时段，从而导致其劳动耗时大幅下降。在 13～19 点期间，参与旅游业妇女的劳动时间利用曲线仍然高高在上，同未参与旅游业妇女的劳动时间利用曲线间的差距增大；未参与旅游业妇女的劳动时间利用曲线在 13～15 点出现低谷，虽然在 14～17 点有微小上升，但仍远低于其上午的高度，随后便迅速下滑，显然其劳动强度要远远小于参与旅游业妇女。

在 18～24 点，参与旅游业妇女的劳动时间利用曲线均迅速下滑直至完全消失，原因是进入夜间后，白天高强度的旅游业劳动随着游客量及游客活动的减少而迅速降低，劳累的她们将主要活动转变为休闲活动和生活活动；该时段未参与旅游业妇女的劳动时间利用曲线的下滑较为缓慢，且在 21～22 点超过参与旅游业妇女，她们的劳动以家务劳动为主，开展时间较为灵活，如她们会在晚间边看电视边洗衣服。

参与旅游业妇女和未参与旅游业妇女的生活时间利用曲线总体都呈现 W 形，基本趋势大体相同，0～7 点、12～13 点、17～19 点和 22～24 点的高峰点处出现重合状态，说明二者的生活总体规律基本一致。在

16～20 点的晚餐时段，未参与旅游业妇女的生活时间利用曲线始终位于高峰，而参与旅游业妇女的晚餐高峰集中在 17～20 点，并和未参与旅游业妇女重合，说明参与旅游业妇女旅游业劳动繁忙且持续时间长，需要压缩晚餐时间。在二者的生活时间利用曲线的低谷时段，单位时间内参与旅游业妇女的生活活动耗时均低于未参与旅游业妇女，表明参与旅游业妇女的生活时间分配较为集中，在进行其他活动时基本不开展生活活动，而未参与旅游业妇女的生活时间利用则较为随意，不会受到来自其他活动的高度限制。

参与旅游业妇女和未参与旅游业妇女的休闲时间利用曲线总体差异较大，且未参与旅游业妇女的休闲时间利用曲线位置始终高于参与旅游业妇女。其中参与旅游业妇女的休闲高峰出现在 13～17 点和 18～22 点两个时段。而未参与旅游业妇女的休闲高峰出现在 8～12 点、12～17 点、17～22 点，峰值高且持续时间长，相较于参与旅游业妇女多一个高峰时段，且 12～17 点的峰值远高于参与旅游业妇女。特别是在 8～12 点和 12～17 点，未参与旅游业妇女的休闲时间利用曲线远远高于参与旅游业妇女，在 12～16 点甚至超出了自身的劳动时间利用曲线，充分表明未参与旅游业妇女拥有充裕的时间开展休闲活动，而此时参与旅游业妇女则忙碌在旅游业劳动中，休闲时间较少。在 18～24 点，参与旅游业妇女和未参与旅游业妇女的休闲时间利用曲线的上升和下滑时点相同，并在 21～22 点间出现重合高峰，说明参与旅游业妇女在白天劳动负担较重的前提下，并没有减少夜间休闲活动进行休息，她们渴望通过休闲活动来释放压力。此外，由于大量的劳动活动，导致参与旅游业妇女的休闲时间利用曲线在 17～20 点的上升速度明显落后于未参与旅游业妇女。

总体来说，参与旅游业妇女和未参与旅游业妇女的劳动时间利用曲线走势均呈现 M 形；但参与旅游业妇女的劳动时间利用曲线远远高于未参与旅游业妇女，其中参与旅游业妇女劳动时间利用曲线的两个高峰时段持续时间和峰值较为接近，而未参与旅游业妇女劳动时间利用曲线的上下午高峰差异明显，下午的高峰持续时间明显缩短，且峰值出现大幅下降；表明和未参与旅游业妇女相比，参与旅游业妇女的劳动强度大且持续时间长，其劳动负担过于沉重，而未参与旅游业妇女的劳动活动则相对轻松。

参与旅游业妇女和未参与旅游业妇女的生活时间利用曲线的总体走势大致相同，但前者的生活时间利用曲线在下降和低谷段的数值均低于后者；说明参与旅游业妇女的劳动活动要求时间集中利用，以至于更大程度地压缩了她们的生活时间；而未参与旅游业妇女的生活时间分配较为自由。参与旅游业妇女和未参与旅游业妇女的休闲时间利用曲线差异较大，后者的休闲时间利用曲线在白天远远高于前者，但二者休闲时间利用曲线的夜间高峰较为相似；说明参与旅游业妇女受到白天高强度劳动的影响，不得不将休闲活动全部压缩到夜间，而未参与旅游业妇女的休闲活动安排则十分灵活。

（二）各项劳动活动时间利用分布差异

参与旅游业妇女的劳动活动包括旅游业劳动、家务劳动、农业劳动和其他生产劳动四类，未参与旅游业妇女分为家务劳动、农业劳动和其他生产劳动三类，因此，对于总体劳动时间利用分布的分析虽然可以体现两者劳动量的差异，但无法充分体现各项劳动活动时间利用的分布情况，可能会掩盖其内部各项劳动活动在时间利用分布上存在的差异。

作为参与旅游业妇女的主要劳动类型，旅游业劳动时间利用曲线高高在上，超过她们自身的其他劳动类型和未参与旅游业妇女的所有劳动活动（图3-3）。这一方面说明旅游业劳动在参与旅游业妇女的日常生活中占据了主角地位，改变了参与旅游业妇女的时间利用方式；另一方面进一步说明参与旅游业妇女的劳动时间要远远高于未参与旅游业妇女，突显了旅游参与给参与旅游业妇女的日常行为带来的改变。

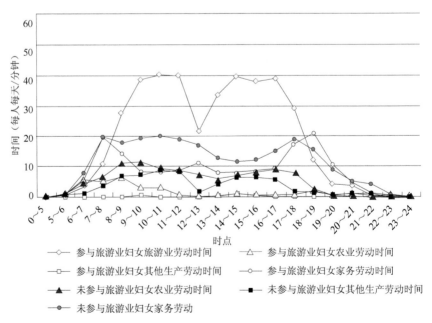

图3-3 妇女单日劳动活动时间利用分布

参与旅游业妇女的家务劳动时间利用曲线整体低于未参与旅游业妇女，且高峰主要集中在三餐时段，说明参与旅游业妇女在从事旅游业之后家务劳动有所减少，主要负责家庭餐饮。这一方面是由于旅游业劳动收益大且占用时间多，从而使得参与旅游业妇女更加高效地进行其他劳动活动；另一方面是由于家庭条件的提升，她们在家务劳动中获得了帮工和便捷产品的辅助，但并不意味着她们不再承担家务劳动。

　　其中在早餐时期，参与旅游业妇女的家务劳动时间利用曲线和未参与旅游妇女出现重合，说明参与旅游业妇女仍然承担着相当一部分的家务劳动，在晚餐时间参与旅游业妇女的家务劳动高峰比未参与旅游业妇女晚一个小时，紧接在旅游业劳动高峰之后，说明旅游参与使得参与旅游业妇女将晚餐时间推后，即使劳碌了一天仍然要承担家务劳动。未参与旅游业妇女家务劳动的时间利用曲线高于其农业劳动和其他生产劳动的时间利用曲线，在4～22点的清晨到夜间的时段内均有分布，说明家务劳动是她们的主要劳动活动，她们仍然扮演着传统妇女角色；同时，虽然未参与旅游业妇女的家务劳动持续时间长，但就其家务劳动量而言，同参与旅游业妇女相比差异并不明显。

　　和参与旅游业妇女相比，未参与旅游业妇女的农业劳动时间利用曲线位置较高且变化多，在4～19点都有分布，高峰时段和参与旅游业妇女的旅游业劳动高峰时段具有相似性，说明农业劳动在未参与旅游业妇女的日常生活中占有重要地位，是主要劳动类型之一。参与旅游业妇女的农业劳动时间利用曲线高峰主要出现在6～9点，即旅游业劳动高峰出现之前，随后迅速下滑，在12点以后基本与横轴呈现重合状态。说明和未参与旅游业妇女相比，农业劳动已经不是参与旅游业妇女的主要劳动类型，这是旅游参与给其生活带来的改变。

　　未参与旅游业妇女的其他生产劳动时间利用曲线总体低于其家务劳动和农业劳动的时间利用曲线，但高出参与旅游业妇女较多，说明未参与旅游业妇女通过从事其他生产性劳动来增加家庭收入；在实际调研中，作者也了解到大部分未参与旅游业妇女表示愿意从事旅游业，认为旅游业能够带来可观的收益，但由于自身及家庭条件的限制，她们无法参与其中，这说明旅游发展的正向经济效益获得了当地妇女的认可。参与旅游业妇女的其他生产劳动时间利用曲线基本与横轴重合，说明在旅游业劳动占用大量时间并带来较好收益的情况下，参与旅游业妇女没有时间和精力来进行其他生产劳动。

总体来说，旅游业劳动和家务劳动分别是参与旅游业妇女和未参与旅游业妇女的主要劳动类型，这体现了旅游参与给当地妇女生活带来的改变；参与旅游业妇女在旅游业作为主导劳动类型的前提下，家务劳动有所减少且耗时集中，此外，参与旅游业妇女在农业劳动和其他生产劳动上的耗时极少；未参与旅游业妇女的各项劳动活动时间的利用之间差异不明显，时间分配相对分散。

（三）参与旅游业妇女的时间利用分布

参与旅游业妇女的旅游业劳动时间利用曲线呈 M 形分布，峰值高且持续时间长，形成了以 12 ～ 13 点为界的上午和下午两个高峰，是参与旅游业妇女日间耗时最多的活动，且相应时段的生活时间耗时和休闲时间耗时极少（图 3-4）。表明参与旅游业妇女的日常活动围绕旅游业安排，旅游业劳动时间利用情况主导着她们的整体时间利用方式，其生活活动和休闲活动受到较为严重的挤压。

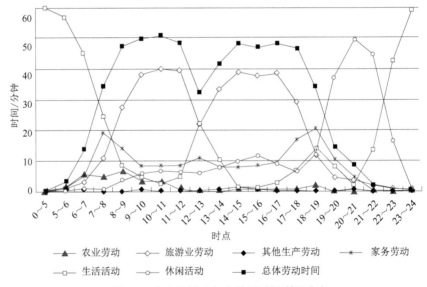

图 3-4　参与旅游业妇女单日时间利用分布

参与旅游业妇女的家务劳动、农业劳动及其他生产劳动的时间利用曲线远远低于其旅游业劳动；其中家务劳动高峰主要集中在早中晚三餐时段，她们较少在其他时段开展家务劳动；她们的农业劳动和其他生产劳动时间利用曲线基本与横轴呈重合状态。

参与旅游业妇女在参与旅游业以后，逐渐脱离了以家务劳动和农业劳动为主导的时间利用方式，她们日常各项活动的时间利用受到来自旅游业劳动的强力影响。表现为家务劳动量的减少及集中分布和农业劳动的低值分布；日间生活活动和休闲活动的大量减少，且二者的耗时高峰均出现在旅游业劳动高峰时段以外。

（四）未参与旅游业妇女的时间利用分布

未参与旅游业妇女的家务劳动时间利用分布时段较多，且曲线位置高于其他劳动类型，但对于其分布时段的其他活动的影响并不显著。农业劳动和其他生产劳动的时间利用曲线整体位置偏低，也难以主导其他活动。

然而，未参与旅游业妇女的休闲活动时间利用曲线总体呈连绵阶梯状，出现了上午、下午和晚间三个高峰，且高峰时段的耗时值不断上升；休闲高峰持续时间长，上午高峰低于其他两个高峰，但已超过农业劳动和其他生产劳动，略低于家务劳动；下午的休闲高峰远远超过家务劳动，甚至一度超过总体劳动；晚间的休闲高峰时段达到全天最高值（图 3-5）。以上情况表明，除了个人生活必需的活动以外，休闲活动在未参与旅游业妇女的日间和夜间活动中均占据了重要地位，并超越多种劳动活动，成为她们日常生活中的主要活动类型。

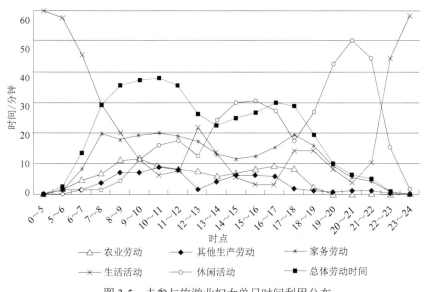

图 3-5　未参与旅游业妇女单日时间利用分布

总体上，未参与旅游业妇女的时间压力较小，她们的家务劳动虽然分布时段多，但并未成为主要活动；农业劳动和其他生产劳动的时间利用曲线的位置偏低，无法成为真正意义上的主导活动；鉴于休闲活动耗时出现多个高峰且峰值大，加之对其他活动影响较大，体现了休闲活动在未参与旅游妇女时间利用分布中的重要地位。

第五节　桃坪羌寨妇女时间利用结构的变化因素

一、个人特征

（一）年龄

在参与旅游业妇女中，18～29岁年龄段妇女的劳动时间最短，45～59岁年龄段的妇女劳动时间最长，30～44岁年龄段的妇女劳动时间也偏长，其次是60岁及以上年龄段的妇女。在未参与旅游业妇女中，60岁及以上的妇女劳动时间最长，18～29岁的妇女劳动时间最短（图3-6）。

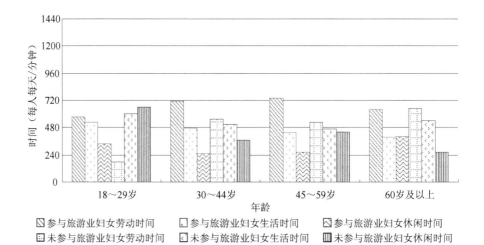

图 3-6　不同年龄段妇女的时间利用

不同年龄的参与旅游业妇女的时间利用差异较大，而不同年龄的未参与旅游业妇女内部的时间利用差异较小；参与旅游业妇女随着年龄的增长，劳动时间先增加后减少，相应的生活时间和休闲时间则是先减少后上升。而未参与旅游业妇女随着年龄的增长，劳动时间不断增加，相应的生活时间和休闲时间则不断减少。此外，需要注意的是，60岁以上的妇女参与旅游业的劳动量小于未参与旅游业的，表明年长的未参与旅游业妇女需要承担较多劳务，生活劳累；也体现出旅游参与在一定程度上减少了当地青壮年劳动力的外流，这使得部分老年人能够受益，免于承受大负荷的劳动。

（二）文化水平

不同文化水平的参与旅游业和未参与旅游业妇女的劳动时间利用曲线的总体变化趋势相同，都是随着文化水平的升高而不断减少的（图3-7），这说明文化水平越高则劳动时间越短。其中参与旅游业妇女的劳动时间利用曲线较为平缓，不同文化水平妇女间的劳动时间差异较小，这与旅游业接待服务的性质有关，同时也是由于目前简单旅游参与方式无法体现文化水平的优势，访谈中有一定量的参与旅游业妇女认为做旅游关键是脑子灵活，识字多用处不大；未参与旅游业妇女的劳动时间利用曲线出现急剧下降，主要是由于未参与旅游业妇女的职业选择与文化水平相关性较大，从事的职业类型较多，文化水平优势体现明显，访谈中有部分高文化水平妇女在县城或省城工作。

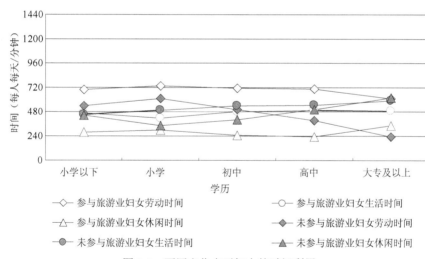

图3-7 不同文化水平妇女的时间利用

文化水平的提升在未参与旅游业妇女中的时间分配中体现出了明显优势，而在参与旅游业妇女中表现出一定的后发优势。原因如下：一方面未参与旅游妇女的择业范围灵活，较高文化的常规性优势得以明显体现；另一方面旅游接待需要服务人员直接参与其中，与游客面对面生产服务；加之，民族旅游社区的整体旅游参与层次较低，高中及以下的知识基础通常不能显著提高妇女自身的旅游参与水平，而达到大专及以上文化水平的妇女能够更加有效地将知识转化为旅游参与能力。

二、家庭经济水平

（一）家庭年收入

参与旅游业妇女的劳动时间随着家庭年收入的不断增加而平缓下降，家庭年收入在1万元以下的妇女的劳动时间最长，家庭年收入在5万元以上的妇女劳动时间最短；相反的，她们的生活时间随着家庭年收入的不断增加而上升，其休闲时间则呈现先上升后下降的状态（图3-8）。未参与旅游业妇女的劳动时间随着家庭年收入的增加而出现显著减少，休息和生活时间随着家庭收入的提高而增加，表明家庭经济条件的改善有利于减缓她们的生活节奏。

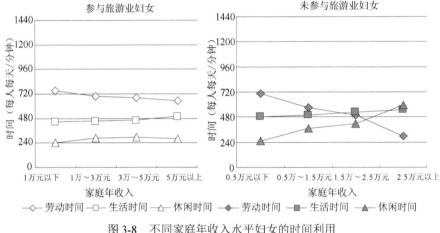

图3-8 不同家庭年收入水平妇女的时间利用

家庭年收入在1万元以下的妇女从事的旅游业劳动耗时长且收益低，其生活和休闲时间也最少。家庭年收入在1万～3万元和3万～5万元的妇女从事的旅游业劳动耗时相对较短且收益相对较高，这类妇女的生活时间和休闲时间也相对较高。家庭年收入在5万元以上的妇女劳动时间最短，生活时间最长，休闲时间也较短，她们在旅游业中消耗的时间较少，同时收益丰厚，但是她们选择将更多的自由支配时间用来休息而不是休闲，这表明她们的劳动强度较大。

家庭年收入的增长对于参与旅游业妇女和未参与旅游业妇女的时间利用方式都具有正向影响，但对于未参与旅游业妇女影响更为显著；参与旅游业妇女作为家庭旅游经营活动的主要承担者和家庭收入的主要贡献者，需要承担更多的劳动以保证收入和家庭生活，这导致其牺牲休闲时间和生活时间来完成大量劳动；而未参与旅游业妇女对家庭收入的贡献相对有限，其承担的劳动也以家务劳动为主，其时间分配相对轻松灵活。

（二）家庭主要收入来源

在旅游开发的过程中，基于参与旅游业与否的差异，寨子内居民的谋生方式发生了变化，有能力和资源参与旅游业的居民获得了更多的收入，而没有参与旅游业的人收入来源相对单一，进而导致二者的主要收入来源出现差异。因此作者在调查问卷设计过程中，针对参与和未参与旅游业妇女家庭收入主要来源问题的选项进行了区别设置，但这并不影响二者时间利用方式的对比。

在两类妇女内部，家庭收入来源为"其他"的妇女其时间利用结构与其他来源差异较大。但总体上，在不同家庭主要收入来源下，参与旅游业妇女间的时间利用差异较小，而未参与旅游业妇女间的时间利用差异较大；在不同家庭主要收入来源下，参与旅游业妇女的劳动时间均超过其生活和休闲时间，且存在较大差距，而未参与旅游业妇女的情况则不同，其劳动、休闲和生活时间相对接近，甚至出现休闲时间超过劳动时间的情况（图3-9）。这说明参与旅游业妇女的时间压力整体大于未参与旅游业妇女。

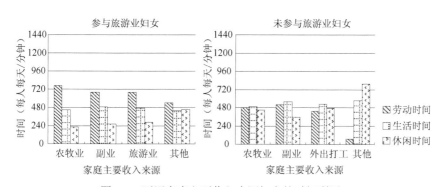

图 3-9　不同家庭主要收入来源妇女的时间利用

三、旅游参与特征

（一）参与旅游时间

在民族旅游社区，参与旅游业妇女的经验、人脉和资金往往会随着旅游参与时间的不断增长而增长，进而使得其经营状况得到改善，从而给妇女的时间利用方式带来变化，因此，作者尝试分析旅游参与时间是否会影响社区妇女的时间利用结构。

如图3-10所示，随着参与旅游时间的不断增长，参与旅游业妇女的劳动时间呈现不断降低的趋势，休闲时间则呈现不断上升的趋势，生活时间的变化趋势相对平缓。这一结果表明，参与时间的增加过程也是参与旅游业妇女积累参与经验和提升参与能力的过程，更多的参与经历使参与旅游业妇女获得了更有效率的参与方法和技巧；同时，随着参与时间的增加，妇女自身的年龄也日益增长，许多旅游经营事务可以交由子女或年轻员工处理，进而得到更多的自由支配时间，生活时间利用结构也趋于优化。

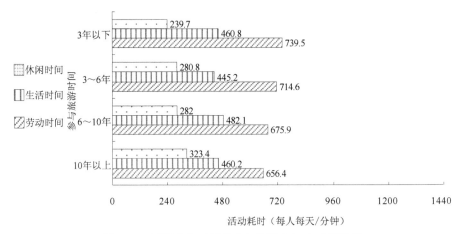

图 3-10　不同参与时间的参与旅游业妇女时间利用

（二）旅游参与方式

不同的旅游参与方式意味着妇女在旅游活动中从事不同的具体工作，进而影响她们的时间利用方式出现区别。作者根据实地观察和不同旅游参与方式的特点，将当地妇女的旅游参与方式划为五类，具体分类已在备注中说明。在分类的基础上，分析不同类型妇女的时间利用结构（图3-11）。

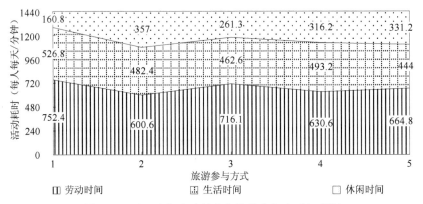

图 3-11　不同参与方式的参与旅游业妇女时间利用

1—其他，如景区售票员及清洁工等；2—厨师、帮工；3—土特产销售、工艺品销售、水果销售；
4—手工艺品制作与销售、导游讲解、民族歌舞表演；5—家庭招待所、民居参观

所有参与方式的妇女每天的劳动时间都在 600 分钟（即 10 个小时）以上，这说明目前社区妇女的多种旅游参与方式均存在劳动量偏大的问题；其中第 1 类参与方式的妇女劳动时间最长，达到每人每天 12.54 小时，生活时间最长，休闲时间最短；该类型以景区清洁工和售票员为主，她们的旅游劳动时间受到景区规章制度的约束，不能随意更改，除此之外，她们每天还要承担家庭中的其他劳动，如家务劳动和农业劳动，非常劳累。第 2 类参与方式的妇女劳动时间最短，休闲时间最长，主要是由于她们大都是家庭招待所雇佣的厨师和帮工，且居住在雇主家中，其劳动时间随游客数量而定，服务游客以外的时间都可以自由安排，也减少了承担自家其他劳动的时间。第 3 类的妇女劳动时间较长，休闲时间较短，该类以从事土特产与工艺品销售、水果销售的妇女为主，她们全天劳动的时间跨度大，且需要一直守在销售点，中午也没有休息时间，多数休闲活动是在旅游业劳动间隙进行。第 4 类旅游参与方式的妇女生活时间长，劳动时间偏短，休闲时间也较长，参观、食宿等服务则属于必选消费，意味着只要有游客就会有消费产生，而该类妇女所提供的服务是游客的备选消费，如导游讲解和歌舞表演，因此这类参与方式的妇女旅游业劳动灵活性较大，有较多的自由时间分配给生活和休闲活动。第 5 类的妇女劳动时间较长，生活时间最短，休闲时间较长，她们的旅游参与方式以家庭招待所和民居参观为主，她们的工作灵活性相对较小，需要参与人员一直处于接待和准备接待事宜的状态，在没有预定的情况下，她们的自由支配时间更多的是用于休闲而不是休息，便于及时察觉游客的需求，并为游客提供服务。

第六节　桃坪羌寨妇女的时间利用行为特征

　　已有研究表明，在中国的偏远地区，妇女在农业和非农业两个方面所承担的有酬和无酬劳动都有所增加，而劳务移民则是导致这一现象出现的决定性因素（Chang，2011）。桃坪羌寨所处区域位于高山峡谷地带，长期交通不便，加上人多地少，当地很多男性都选择外出务工赚钱，而老人、孩子和妇女则长期留守家乡，老人和孩子不具备正常劳作的条件，这就导致当地妇女成为家中的主要劳动力，她们不仅要照顾老人和孩子，而且需要承担其他家务劳动和农业劳动。在实际调研过程中，调研人员发现目前寨内活跃的都是妇女的身影。妇女拥有社区旅游发展所必需的家务技能和温馨形象，在当地旅游业中具有不可替代的优势（赵捷，1994），从而促使当地妇女广泛地参与到社区旅游中。在桃坪羌寨景区，门口等待客人的是妇女，寨子里引导客人的是妇女，身穿漂亮民族服饰讲解的是妇女，羌寨妇女参与到社区旅游的各种接待活动中，所以她们是当地社区旅游业的主要参与者，而男性在游客接待活动中的参与相对有限。显然，桃坪羌寨存在演变为"妇女旅游社区"的趋势。一方面，这种情况提升了当地社区妇女在家庭中的地位，促进了妇女的独立自主及其传统家庭角色的转变；另一方面，这也导致她们肩上的负担不断加重，也凸显了她们旅游参与层次偏低。

总体上，当地社区妇女在旅游参与中占据主导地位，但整体旅游参与层次有限，因而当地社区旅游业需要通过培训和教育等形式为社区居民提供帮助，以提升他们的参与能力和水平。同时，通过科学规划和宣传促销，提升地方旅游的产业发展水平，以吸引男性劳动力回归社区，促进当地社区性别均衡，进而促进社区旅游业的良性发展。

一、社区妇女生产方式的转变

在西部社区旅游的发展中，当地妇女扮演了十分重要的角色，她们积极参与到系列旅游接待活动中，并在旅游参与实践中实现自我改变。在开发旅游业之后，参与旅游业妇女的旅游业劳动时间远远超过其农业劳动时间；同时她们的农业劳动时间远低于未参与旅游业妇女；表明相较于传统的农牧业，妇女更热衷与收益丰厚的旅游接待活动。此外，参与旅游业妇女所在社区的大多数耕地已经转变为旅游建设用地，因此，她们也面临着"无地可种"的现实情况。

可见，当地妇女的生产方式已经由农牧业变为旅游业，旅游业成为她们及其家庭的经济依靠，这种生产方式的转变是当地社会进步的表现，也是发展的必然趋势，但是随着周围同质景区的兴起，竞争变得激烈，当地参与旅游业妇女的旅游收入已经大不如从前，这也为社区旅游敲响了警钟。一成不变的旅游参与方式和开发理念并不能保证长久稳定的收入，社区需要不断地改善提升来留住现有客源并吸引新客源；当地社区的旅游参与方式、参与能力和参与水平都需要提升，进而保证当地社区旅游的可持续发展。

二、参与旅游业妇女承担"双重"劳动

促进社区经济发展是西部少数民族社区开发旅游的核心原因，桃坪

羌寨亦是如此。在旅游开发之后，桃坪羌寨居民的经济收入有了较大提升，作为旅游参与主体的社区妇女也获得了丰厚的个人收入，成为家庭收入创造者之一，为家庭经济状况的改善做出了自己的贡献。旅游参与使得当地妇女成为家庭经济价值的主要创造者，随之而来的必然是其家庭地位的提升和决策权的获得，这是旅游参与给当地妇女带来的积极影响。

然而，值得关注的是，旅游参与在给当地妇女带来可观经济收入的同时，并未给她们带来轻松的生活节奏，她们变得忙碌不已，除了要承担高强度长时间的旅游业劳动以外，还是无酬家务劳动的主要承担者，其生活时间和休闲时间受到不同程度的挤压。这证实了 Gentry（2007）针对伯利兹参与旅游业妇女的部分研究结果，她指出伯利兹的参与旅游业妇女同时承担旅游有酬劳动和家务劳动，她们肩负着"双工作日"的劳动。此外，桃坪羌寨的参与旅游业妇女中有相当一部分人认为，男人做不了细活，家务劳动由自己承担是理所应当的，表明她们依然受到"男主内，女主外"传统家庭角色思想的影响。

三、旅游业劳动主导参与旅游业妇女的时间利用

当地参与旅游业妇女的活动包括旅游业劳动、家务劳动、农业劳动、其他生产劳动、生活活动、休闲活动六类，其中旅游业劳动是除了个人必需的生活活动以外耗时最多的活动。作为参与旅游业妇女的主要劳动类型，旅游业劳动活动成为参与旅游业妇女在其他活动中分配时间的依据，是其生活的中心。

旅游业劳动的时间利用曲线高峰长达 9 个小时，有明显的上、下午高峰，是她们日间最主要的活动；在旅游业劳动的高峰时段内，其他活动的耗时较低，且时间利用曲线无高峰出现；在旅游业劳动的低谷时段，其他活动的时间利用曲线才出现高峰。表明旅游业劳动对于参与旅游业妇女其他活动的时间利用具有显著影响，是参与旅游业妇女时间利用分布的主要影响因素。

四、休闲活动主导未参与旅游业妇女的时间利用

当地未参与旅游业妇女的活动分为家务劳动、农业劳动、其他生产劳动、生活活动、休闲活动五类，其中休闲活动是除了个人必需的生活活动以外耗时最多的活动。在未参与旅游业妇女的总体劳动高峰时段，其休

闲活动的时间利用曲线依然出现高峰，并在夜间比参与旅游业妇女更早进入休闲高峰。这说明休闲活动是未参与旅游业妇女的重要活动，甚至超越了劳动活动，而参与旅游业妇女只有在劳动高峰结束之后才出现短暂的休闲高峰。此外，未参与旅游业妇女的休闲时间利用曲线与其生活时间利用曲线呈现出此消彼长的趋势，这说明休闲活动对其时间利用分布具有显著影响。

桃坪羌寨位于川西的高山峡谷地带，人多地少，男性大都外出务工，当地女性的劳动活动以家务劳动和零散的农业劳动为主，这些未参与旅游业妇女在家里主要负责家务劳动，而她们家务劳动大都可以与看电视、聊天等休闲活动同时进行，这也是导致未参与旅游业妇女休闲活动时间较多的原因。

本研究还发现，当地社区妇女的时间利用结构随着个人特征、家庭经济和旅游参与特征的不同而发生变化。在不同特征的妇女人群中，参与旅游业妇女的内部时间利用结构差异较小，未参与旅游业妇女内部的时间利用结构差异较大。不同旅游参与特征分析下，参与旅游业妇女内部的差异也较小。总体来说，劳动活动耗时多于未参与旅游业妇女，而生活活动和休闲活动耗时少于未参与旅游业妇女，表明参与旅游业妇女整体时间利用紧凑，劳动负担沉重。然而，参与旅游业妇女由于其旅游参与层次不高，主要从事初级的旅游接待活动，文化水平、家庭年收入、参与旅游时间和旅游参与方式等因素对她们的时间分配影响不够明显。

第四章

民族旅游社区妇女的心理结构：
基于场所意义考量

在人与环境的长期互动中，人赋予自身所处的环境以意义和价值，而后形成场所（Tuan, 1977）。场所意义是形成场所的重要因素，是居民对场所产生依赖和认同的重要原因，它能够影响人的态度、价值判断和行为。场所意义并非完全静止不变，它会随着时间、空间以及其他因素的变化而发生改变，旅游开发便是促使其发生改变的因素之一。同时，鉴于人与环境互动的经历具有多样性，人们对场所意义的感知也存在着性别和群体差异，如男性和女性，生活在不同社区的居民，会从自身的视角出发，赋予长期生活的环境以不同的意义和价值。

作为促进西部民族地区经济发展的有效途径之一，旅游开发促使当地社区由相对封闭的空间迅速转变为开放的空间，在这一转变过程中，当地居民的生活环境会随着游客自身及客源地文化的涌入，上级政府和企业的介入及外来经营者的进驻而不断变化，这种变化必然导致当地人不断地更新着所在场所的意义和价值。作为社区旅游业的主要参与者，当地社区妇女与外界产生了更为频繁紧密的接触，并开始赋予社区内的场所以新的意义。而场所意义的改变会影响当地社区妇女居民的生活态度、价值判断以及多种行为，从而影响社区旅游的发展。基于此，本章以贵州省肇兴侗寨和广西壮族自治区平安壮寨为例，分析当地社区妇女的场所意义构成，通过对不同商业化程度旅游社区妇女间的场所意义的探讨，考察旅游开发背景下妇女居民场所意义的变化，进而深入理解旅游开发中民族旅游社区妇女的心理结构，为民族社区旅游的和谐发展提供参考。

第一节　基础理论

一、场所与场所感

（一）场所

作为人文地理学的核心概念，场所（place）同时也是建筑学、环境心理学、社会学的重要研究对象。在人文地理学视角下，场所不仅仅是一个客体，它还是某个主观的客体。当它被某一客体视为一个有意义或具有感觉价值的中心时，当它附着了一个客体动人的感情时，场所就出现了（Pred，1984）。

关于场所的概念，目前学界存在多种说法，但现存的多数相关概念基本包括三个部分，即地理位置（location）、物质形式（material form），以及它所拥有的价值（value）和意义（meaning）（Gustafson，2002）。黄向和保继刚于 2006 年提出，狭义的场所概念应该只包含上述的三个基本部分，但他们将场所与场所环境（place and place context）看作广义的场所，该广义概念不仅包含了基本内涵，还包含了场所的外延；同时他们用图示的方法展示了广义场所、狭义场所和空间概念之间存在的包含关系（图4-1）。

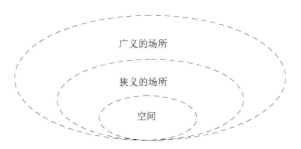

图 4-1　广义场所、狭义场所和空间三个概念关系（黄向和保继刚，2006）

（二）场所感

场所感，即一个人在特定环境中的某种经历，如激发起的情感，兴奋、欢快或愉悦的心情等所构成的对一个场所的感觉结构（Relph，1976）。场所感共包含两方面的含义：一是场所精神（spirit of place），它是场所本身具有的特征，场所精神是指一系列特征的集中表现，这些特征给某些场所赋予了某种特定的情感或个性；二是场所依赖（place attachment），是人与场所的情感连带归属和认同（Relph，1976，2007；Stedman，2003）。场所依赖被看作是地理学和心理学在旅游休闲研究中相互交融的新内容。场所依赖体现的是关于人与场所之间特殊的依赖关系，在概念形成和发展过程中先后出现恋地情结、场所感知和场所依赖三个概念。Tuan 认为地方与人之间存在着的一种特殊的依赖关系，并于 1974 年最先注意到了这种依恋关系，进而提出了"恋地情结"的概念；之后 Relph 于 1976 年提出场所感知（sense of place）概念，后来 Williams 和 Roggenbuck（1989）提出场所依赖的概念，即人与场所之间基于感情（情绪、感觉）、认知（思想、知识、信仰）和实践（行动、行为）的一种联系，其中，感情因素是第一位的。目前，场所依赖基本由场所认同（place identity）和场所依靠（place dependence）两个基本维度构成。其中，场所认同又被称为心理依附，是个体对一个特定地区所持有的一种态度、价值、思想、信念、意义、行为意图及特别的归属感；场所依靠则包含了社会与物理资源的可用性，也就是场所的功能性内涵。

（三）场所意义

在地理学、社会学、环境心理学等领域中，关于居住者如何对特定地方产生依附感（attachment），已积累相当多的研究。而人在对环境产生场所依靠及场所认同时，通常习惯性地赋予所处空间场所以意义（place meaning）。而使用者对特殊地方产生依恋的一个重要因素就是，场所对使用者有特殊的意义价值，而这些意义价值经常被赋予在场所物质特征中，使用者对特殊物质特征依恋的同时也受场所特色和特性的影响（Cheng et al.，2003；Smaldone et al.，2005）。场所意义主要来源于使用者对场所特征的情感、回忆和赋予在场所特征上的意义价值的结合体，并最终赋予场所重要的意义；意义和依恋是场所的属性特征，如果场所缺乏了意义就会削弱使用者的场所感和场所认同（Hull et al.，1994）。

二、场所意义相关理论

环境感知的研究得到了人文地理学、环境心理学以及社会科学领域学者的广泛关注。了解人的环境感知，有助于理解人与环境存在的心理联系，进而更好地解释人在特定场合下的态度倾向与行为选择（Pinheiro，

1998；Brown and Raymond，2007）。在环境感知的研究中，场所（place）及其相关理论的探讨成为重点。场所研究既关注人的场所感知及影响评价，同时又分析场所的内在构成，旨在深入理解人的环境感知行为（Altman and Low，1992）。Stedman（2003）指出，人通过活动和体验赋予环境空间一定的意义，反过来又依附于这种意义空间（场所）。人们对场所的意义感知会对人的态度、行为、身份认同乃至生活质量产生影响（Proshansky et al.，1983；Cheng et al.，2003；Rollero and De Piccoli，2010）。

场所是空间和意义的复合体（图4-2），空间具有相对稳定性，意义则具有附加特性。不同的人群活动于同一空间，可以赋予其不同意义，由此形成具有多重意义的空间（Manzo，2005）。场所的这种多重意义构成特征在现实观测中已经得到证实，有学者通过研究发现，开发活动中社区关切的内容与政府、专家、开发经营者及其他群体（如游客）之间往往存在差异，社区意图表达的语言也与上述群体有着明显区别（Brown et al.，2004）。因此，不同利益相关者拥有的场所意义在空间上存在差异、交叉或重叠现象。而在与社区相关的开发活动中，同一环境空间内不同的意义构成，可能引起开发活动中各种正面或负面效应的出现（Manzo and Perkins，2006）。由于这种多重意义空间及其内在规律的存在，对于不同群体的场所意义构成差异研究就显得十分重要。

图4-2　场所的构成要素

目前，民族旅游社区的快速发展正改变着社区居民给予社区空间的意义。就处于不同发展阶段的旅游社区而言，社区间及居民内部的场所意义差异不仅体现着社区的发展，更指示了社区居民的心理变化。基于此，考察社区居民的场所感知和他们对意义构成的认识对于社区开发及规划具有重要意义，进而能够促进社区旅游的可持续发展。鉴于女性在社区旅游中的关键作用及其自身的独特性，作者选择处于不同发展阶段的相似空间，即民族旅游社区，对其内部女性的场所意义感知构成进行分析。

第二节　研究设计与案例地

一、研究方法

要衡量场所意义的改变，可以从两个角度出发，其一是针对单个区域的时间序列分析，其二则是对比处于不同发展阶段的相似区域间的差异，基于研究素材的呈现性和调研技术的可操作性考虑，本章采用了后者。在分析过程中，主要运用了扎根理论、内容分析法等方法。

（一）扎根理论

扎根理论（grounded theory）是一种质性研究方法，由美国芝加哥大学的 Glaser 和哥伦比亚大学的 Strauss 两位学者在 20 世纪 60 年代共同发展出来。扎根理论运用系统化的程序，针对某一现象来归纳式地发展和形成理论，其主要宗旨是在经验资料的基础上建立理论。研究者在研究开始之前一般没有理论假设，直接从实际观察入手，从原始资料中对经验进行概括，然后上升到系统的理论。该方法是一种自下而上建立实质理论的方法，即在系统性收集资料的基础上寻找反映事物现象本质的核心概念，然后通过这些概念之间的联系建构相关社会理论。扎根理论方法的实施步骤如下（陈向明，1999）：

（1）对资料进行逐级编码，从资料中产生概念。

（2）在资料和概念间进行多次比较，考虑它们之间存在哪种关系以及如何把它们联系起来。

（3）简单描述已初步形成的理论，确定理论的内涵、外延，将理论返回到原始资料中进行验证，直至其可以解释大部分原始资料。

（4）对理论进行陈述。就已掌握的资料、概念、类属、类属的特性以及概念类属之间的关系展开层层描述，形成理论的建构及对研究问题的回答。

（二）内容分析法

内容分析法是一种对传播内容进行客观、系统和定量描述的研究方法，属于半定量的分析方法，界于定量与定性研究方法之间，能够找到与纯定性和纯定量方法不同的研究思路。内容分析法的实质是对传播内容所含信息量及其变化的分析，即由表征的有意义的词句推断出准确意义的过程，该方法主要以各种文献为研究对象。最早的内容分析法源于自然科学研究的方法，被社会科学借用以进行历史文献的量化分析。内容分析法可用于多种目标的研究工作，主要类型包括：趋势分析、现状分析、比较分析和意向分析等（孙瑞英，2005）。

二、数据获取与样本概况

调研人员于 2013 年 7～8 月在贵州省黎平县肇兴侗寨和广西壮族自治区龙脊梯田景区平安壮寨进行了为期 20 天的调研，调研主要针对当地社区妇女展开。共发放问卷 189 份，筛选出有效问卷为 179 份，问卷有效率为 94.65%；由于两个寨子的基础人口和当地参与旅游业的妇女人数存在差异，在最终的有效问卷中，肇兴侗寨妇女 125 份，其基本信息见表 4-1，平安壮寨妇女 54 份，其基本信息见表 4-2。

表 4-1　受调查妇女的基本信息（肇兴侗寨）

特征	类别	人数/人	比例/%	特征	类别	人数/人	比例/%
年龄	18 岁以下	13	10.40	家庭年收入主要来源	农业	53	42.40
	18～29 岁	41	32.80		旅游业、农业	45	36.00
	30～44 岁	49	39.20		其他行业	27	21.60
	45～59 岁	19	15.20	个人年收入	0.5 万元以下	58	46.40
	60 岁及以上	3	2.40		0.5 万～1 万元	33	26.40
文化水平	小学以下	17	13.60		1 万～2 万元	21	16.80
	小学	22	17.60		2 万元以上	13	10.40
	初中	62	49.60	个人年收入主要来源	旅游业	44	35.48
	高中	20	16.00		农业、旅游业	3	2.40
	大专及以上	4	3.20		农业	35	28.23
婚姻状况	已婚	109	87.20		旅游业、其他行业	4	3.23
	未婚	13	10.40		其他行业	39	31.45
	其他	3	2.40	旅游接待时间	1 年以下	21	16.98
家庭年收入	1 万元以下	36	28.80		1～3 年	47	37.74
	1 万～3 万元	64	51.20		3～6 年	33	26.42
	3 万～6 万元	20	16.00		6～10 年	12	9.43
	6 万元以上	5	4		10 年以上	12	9.43

肇兴侗寨受调查妇女以中青年为主，其中 18～29 岁和 30～44 岁妇女所占比例分别为 32.80% 和 39.20%，占到总样本的 70% 以上；年龄在 18 岁以下和 60 岁及以上的人较少；由于语言沟通问题，调研人员较少选

择 60 岁及以上老人进行调查。

在受教育程度方面，80% 的受调查妇女文化水平都在初中及以下，这与当地偏僻的地理位置和落后的经济发展状况有着密切关系；仅有3.20% 的受调查妇女接受了大专及以上的教育。受调查妇女中已婚比例达到了 87.20%，以农业为主要家庭收入来源的妇女占到 42.40%，将近一半，其次是同时依靠旅游和农业生存的，其比例达到 36.00%，表明目前当地妇女在社区旅游中的参与度有限，这与当地社区的旅游发展阶段不无关系；可以推断，农业依然是当地妇女主要的谋生手段。

在肇兴侗寨，个人年收入在 0.5 万元以下的受调查妇女居多，比例达46.40%，其次是 0.5 万～1 万元，占到 26.40%，表明当地妇女的收入水平偏低。在个人年收入主要来源方面，有 35.48% 的被调查妇女选择了旅游业，从她们有限的个人年收入可以看出，当地妇女的社区旅游参与水平还处于初级阶段，其在经验、方式和收益方面都有待提升。肇兴侗寨的受调查妇女中，旅游接待时间在 1～3 年的妇女人数最多，其次是参与 3～6年以上的妇女，接下来依次是参与时间在 1 年以下、6～10 年和 10 年以上的妇女。

表 4-2　受调查妇女的基本信息（平安壮寨）

特征	类别	人数/人	比例/%	特征	类别	人数/人	比例/%
年龄	18 岁以下	3	5.56	家庭年收入主要来源	农业	0	0.00
	18～29 岁	17	31.48		旅游业	38	70.37
	30～44 岁	22	40.74		农业、旅游业	14	25.92
	45～59 岁	10	18.52		其他行业	2	3.70
	60 岁及以上	2	3.70	个人年收入	0.5 万元以下	11	20.37
文化水平	小学以下	7	12.96		0.5 万～1 万元	14	25.92
	小学	8	14.81		1 万～2 万元	14	25.92
	初中	22	40.74		2 万元以上	15	27.78
	高中	12	22.23	个人年收入主要来源	旅游业	44	81.48
	大专及以上	5	9.26		农业、旅游业	8	14.81
婚姻状况	已婚	43	79.63		旅游业、其他服务行业	1	1.85
	未婚	10	18.52		其他	1	1.85
	其他	1	1.85	旅游接待时间	1 年以下	9	16.67
家庭年收入	1 万元以下	5	9.26		1～3 年	15	27.78
	1 万～3 万元	27	50.00		3～6 年	12	22.22
	3 万～6 万元	14	25.93		6～10 年	5	9.26
	6 万元以上	8	14.81		10 年以上	13	24.07

在平安壮寨，被调查妇女的文化水平以高中和初中为主，文化水平也偏低；婚姻状况中也以已婚妇女居多，占被调查妇女的79.63%。多数被调查妇女的家庭年收入基本在1万～6万元，在其家庭年收入来源中，70.37%的受访妇女家庭以旅游业为主要收入来源，表明她们或其家庭较多地参与到社区旅游中。

被调查妇女在不同个人年收入段分布较为均匀，其中以个人年收入在2万元以上的妇女最多，接近样本总量的1/3，说明当地的妇女个人收入水平相对较高。而在个人年收入主要来源中，高达81.48%的被调查妇女选择旅游业，一定程度上显示了社区旅游在当地妇女经济生活中的重要性，也体现了她们在社区旅游中的积极参与。就旅游接待时间而言，被调查妇女以参与时间在1～3年和10年以上的人数居多，接下来是参与时间在3～6年的妇女。

三、肇兴侗寨与平安壮寨概况

肇兴侗寨位于贵州省黔东南苗族侗族自治州黎平县境内，是肇兴镇的镇政府所在地。平安壮寨位于广西壮族自治区龙胜县境内，是和平乡下属的自然村落。两个寨子所在县的概况，寨子的基本情况和旅游发展概况将会在下文中具体说明。

（一）肇兴侗寨

肇兴侗寨位于黎平县城东南部67千米处，西距从江县城52千米，东南距广西三江县102千米。黎平县位于贵州省黔东南苗族侗族自治州南部，东毗湖南省靖州苗族侗族自治县和通道侗族自治县，南邻广西壮族自治区三江侗族自治县、融安县，西连黔东南州榕江县、从江县，北接黔东南州锦屏县、剑河县，是贵州东进两湖（湖南、湖北）、南下两广（广东、广西）的桥头堡。全县共辖5个街道、13个镇、7个乡、2个民族乡，县辖面积4441平方千米，人口55.68万人（截至2016年）[①]，是自治州内面积最大、人口最多的县。

县内聚居着侗、汉、苗、水等众多民族，其中侗族人口约占全县总人口71%，是全国侗族人口最多的一个县，也是侗族文化的主要发祥地之一，有"侗乡之都"的称号。目前，黎平县城正在创建"中国优秀旅游城

市"。随着全方位旅游宣传促销活动的开展，黎平知名度不断提升。2012年，黎平县各旅游景区景点接待海内外游客 387 万人次，其中海外游客 13.6 万人次，同比增长 15.6%，实现旅游综合收入 13.69 亿元，同比增长 16.4%。①

1. 肇兴侗寨基本情况

肇兴侗寨始建于南宋绍兴三十年（公元 1160 年），距今有 850 多年历史，截至 2012 年有 1012 户、4146 人，素有"侗乡第一寨"和"千家肇洞"之美誉。肇兴侗寨辖三个行政村，即肇兴侗寨村、中寨村、上寨村，总面积 0.32 平方千米，均为侗族，是世界上最大的侗寨。寨子坐落于山中盆地，四面环山，河流穿寨而过。寨中房屋为干栏式吊脚楼，鳞次栉比，错落有致，全部用杉木建造，建筑风格为硬山顶覆小青瓦，古朴而实用。

肇兴侗寨是全国最大而又最古老的侗寨，寨内分为"仁、义、礼、智、信"五个团，有五座鼓楼、五座花桥、五座戏楼，为当地一大奇观，早已蜚声中外。肇兴侗寨镇下辖村内有省级文物保护单位纪堂鼓楼，县级文物保护单位肇兴侗寨鼓楼，县级文物保护单位"过化"石刻。肇兴侗寨侗族风情浓郁，民俗活动丰富多彩，有祭萨节、芦笙节、泥人节、抬官节、踩歌堂等传统民族节日活动。

2. 肇兴侗寨旅游发展概况

肇兴侗寨属于旅游小城镇，是黔东南主要侗族文化旅游目的地之一，吸引着众多国内外游客到访。凭借寨内保存完好的侗族传统村落布局、质朴的侗族传统生活气息和以世界遗产侗族大歌为代表的侗族传统文化习俗，肇兴侗寨于 1993 年被贵州省文化厅命名为"鼓楼文化艺术之乡"。2001 年肇兴侗寨鼓楼群被列入"大世界吉尼斯之最"；2005 年 10 月，肇兴侗寨在《中国国家地理》、"选民中国"活动中被评为"中国最美的六大乡村古镇"之一；2007 年美国《国家地理旅行者》（*National Geographic Traveler*）和中国国家旅游局《时尚旅游》把肇兴侗寨评为全球 33 个最具诱惑力的旅游目的地之一；同年 6 月，肇兴侗寨又被建设部（现住房和城乡建设部）、国家文物局评为第三批中国历史文化名城。此外，肇兴侗寨还是中国首批十个民族民间文化保护工程试点单位之一，是中国侗族鼓楼文化中心和侗族风情旅游区的最早开放点。

肇兴侗寨的旅游业起步于 20 世纪 80 年代初，当时广西桂林旅游市场十分火爆。在大批游客涌向桂林的同时，以学者、专家、摄影爱好者等为

---

① 黎平县人民政府. 2014-04-12. 黎平概况（经济发展，人口民族）. http://www.lp.gov.cn/zjlp/lpgk/201610/t20161026_1234792.html.

主的小部分游客徒步自桂林途经广西三江县进入贵州，而肇兴侗寨是他们的必经之地。1986年肇兴侗寨组织队伍到北京参加侗文化展览，并赴法国等国家演出，这使得侗族的多部和声唱法震惊国外。20世纪80年代末，肇兴侗寨迎来众多法国、德国等欧洲国家的游客；1993年，法国国家电视台到肇兴侗寨拍摄节目，之后肇兴侗寨在海外引起轰动，当地的国外游客随之迅速增多，一度成为贵州省接待国外游客最多的景区。在2007年第13届CCTV全国青年歌手电视大奖赛中，肇兴侗寨的世纪风华侗族大歌队荣获贵州赛区选拔赛原生态唱法第一名；2008年，著名学者余秋雨来访并作演讲，他认为肇兴侗寨保留着完好的原生态文化，肇兴侗寨的侗族大歌和独特文化在国内受到关注。

在旅游开发前，肇兴侗寨人均年收入为1250元。在与政府和村民签订开发协议后，2003年贵州世纪风华旅游投资有限责任公司（以下简称世纪风华公司）进驻肇兴侗寨进行旅游开发，为肇兴侗寨旅游业的发展提供了较为专业的管理。2006年起，每座鼓楼公司给村民资源补助1万元，2007年增至2万元，以此类推，直到后来收门票后再按门票分红。目前公司有83名职工，其中有70人为当地居民。景区旅游服务和旅游基础设施的建设也解决了部分当地人的就业问题。2009年肇兴侗寨游客接待量6.3万人次，其中国际游客0.09万人次，旅游总收入341.52万元，占全寨总产值的20%。目前，全寨共有旅游经营户500户，占全村总户数的60%，户均年总收入3万元，人均年旅游纯收入800元（徐燕等，2012）。

2010年，肇兴侗寨接待的游客总人数为8.6万人次，比2009年增长31.36%，全年实现旅游总收入886.19万元，同比增长43.30%，人均旅游消费103.06元，同比增长25.52%。为了进一步开发肇兴侗寨，2012年黎平县投入8.29亿元全力打造肇兴侗寨景区。景区按4A级标准进入申报程序，改造了一批民居旅馆，且新的旅游停车场、表演场等建设项目已全面启动（徐燕等，2012）。2013年6月，世纪风华公司退出肇兴侗寨的旅游经营，由政府开始接手组建景区公司。但由于交通道路通行受阻，肇兴侗寨的旅游发展速度趋缓。

目前，肇兴侗寨社区居民参与旅游经营和服务以下面几种形式为主：餐饮服务、住宿服务、手工艺品加工和销售、民族歌舞表演及其他旅游服务等。从社区旅游发展现状来看，社区居民的参与主要体现在直接的旅游接待活动中，而在旅游决策管理、旅游规划等更深入的层面却较少参与。此外，部分社区居民参与了社区旅游设施的建设工作。但整体上，当地社区居民的生活发生了较大改变，部分社区居民还依靠旅游业走向了富裕。2014年1月，由黎平县肇兴旅游发展有限公司管理的肇兴侗寨景区对外开放运营。肇兴景区是黎平侗乡国家级风景名胜区的核心景区，景区以肇兴侗寨为核心，辐射周边堂安、纪堂、厦格、己伦、纪堂、登江、上地坪7个村寨及萨岁山及皮林容洞群，构成约38平方千米的侗族文化旅游区①。

（二）平安壮寨

平安壮寨地处龙胜县和平乡龙脊梯田景区内，距离龙胜县县城21千米，距离桂林市103千米。龙胜县位于广西壮族自治区的东北部，隶属于桂林市，东临兴安，南接灵川、临桂，西与融安、三江为邻，北毗湖南城步，西北与湖南通道接壤。县境南北最大纵距78千米，东西最大横距60千米，全县总面积2538平方千米，居住有苗、瑶、侗、壮和汉5个民族，共辖7个乡3个镇，119个行政村，总人口16.7万人，其中少数民族12.88万人，占总人口的77.22%。平安壮寨隶属于桂林市龙胜县，龙胜县县城距离桂林市区88千米，是大桂林旅游圈内的旅游大县之一，国道321线从龙胜境内通过，是湘西南、黔东南与四川进入广西的物资集散地。

县域内山峦重叠，是一个典型的"九山半水半分田"的山区县，平均海拔700～800米，年平均气温18.1℃，年无霜期317天，年均降水量1544毫米，冬无严寒夏无酷暑，属亚热带季风性气候，有丰富的林木和矿产资源。龙胜县旅游资源十分丰富，是大桂林旅游圈最重要的组成部分。有国家级森林公园、省级旅游度假区——龙胜温泉，"天下一绝"——龙脊梯田，岩门峡漂流，西江坪水库风景区，花坪国家级原始森林自然保护区；有浓郁民俗风情的龙脊壮寨、白面、细门瑶寨、银水侗寨等景点，以及古朴淳厚、风格独特的少数民族歌舞项目等②。

1. 平安壮寨基本情况

平安壮寨地处山梁上，占地约3万平方米，平安壮寨3条沟一共分为8个村民小组，191户，总人口约800人。其中，"七星伴月"景点附近的2条沟161户，713人。该地区自明代起历经千年形成了目前的森林-村寨-稻田-水流为一体的高山稻作梯田农业文化系统。村寨至今保持着传统的干栏式木楼，全杉木结构，是桂北地区典型的高脚干栏型建筑，"之"字形的石

---

① 人民网. 2014-01-24. 贵州省黎平县肇兴景区正式对外开放运营. http://travel.people.com.cn/n/2014/0124/c41570-24219417.html.

② 新华网. 2013-12-04. 龙胜各自治县概况. http://www.gx.xinhuanet.com/dtzx/guilin/longsheng/lsgk.htm.

板道路把全寨各户连接起来，寨子内外景色迷人（唐晓云和闵庆文，2010）。

平安壮寨是龙脊梯田景区的一部分，该景区属于国家 4A 级旅游区，是广西 21 个一级景点之一，在国内外享有盛名，总面积 66 平方千米，景区内的梯田面积约 3.8 平方千米，共分为平安北壮梯田和金坑红瑶梯田两个景区。其中平安景区包括平安、龙脊、黄洛、金江、金竹等行政村寨，基本均已被开发，而平安壮寨是龙脊梯田景区的核心区，开发较早，其基础设施与旅游接待设施都比较完备，接待能力也强于景区内其他村寨。

2. 平安壮寨旅游发展概况

有学者（唐晓云，2004；吴忠军和吴少峰，2014）将平安壮寨的旅游发展历程划分为五个阶段。

第一阶段，1985～1992 年，仅有少数有摄影家、画家、作家等到平安壮寨采风，当地并无接待设施，主要由村干部负责接待，普通村民未参与。

第二阶段，1993～1997 年，当地开始出现家庭旅馆，由村民自行经营，1993 年龙胜旅游公司投资修建了黄洛至平安的石板路，1997 年开始修建黄洛至平安的公路，1999 年该公路竣工，平安壮寨的旅游开始进入迅速发展阶段（吴忠军等，2012）。1995～1997 年景区开始向游客收取门票，门票 3 元 / 人，门票收入按人口分配到户，当地居民主要从事家庭旅馆接待。

第三阶段，1998～2000 年龙脊梯田风景区成立，由龙胜县旅游总公司负责经营，向旅客收取门票 20 元 / 人，其中门票收入的 20% 返还给平安壮寨，居民的旅游参与方式包括家庭旅馆接待、旅游小卖部经营、帮助游客背包、担任摄影模特、导游讲解、民族歌舞队、销售旅游纪念品、旅游种植（如景区园艺）等。

第四阶段，2001～2006 年，景区改由桂林龙脊温泉旅游有限责任公司负责经营，门票提升至 30 元 / 人。2001～2002 年平安壮寨居民仅从景区门票收入中获得 5 万元的分红。2003～2004 年，平安壮寨从景区门票收入中获得 15 万元，当地社区居民以家庭为单位加大了旅游投入，同时外地投资者也开始进入景区进行旅游经营(吴忠军和叶晔，2005)。2006 年，景区接待人数达到了 23.70 万人次，营业收入 1125 万元。

第五阶段，2007 年至今。以 2007 年龙脊风景名胜区管理局和桂林龙脊旅游有限责任公司成立为标志。由于龙脊旅游管理的强度加大，2006 年 2 月 28 日温泉、龙脊分开经营。2007 年接待旅游 32 万人次，景区门票收入 1276 万，其中平安壮寨从中获得 73 万，占其中的 3.7%（吴忠军等，2008）。2008 年接待游客 30 万人次，旅游收入 1189 万元，2009 年接待游客 37 万人次，旅游收入达 1849 万元，2010 年接待游客 41 万人次，旅游收入 1895 万元，2011 年接待游客 50 万人次，旅游收入 2810 万元，门票收入 2365 万元，平安壮寨从中获得 115.5 万元，占 5% 左右（吴忠军和吴少峰，2014），2012 年接待游客 57 万人次，门票收入 3200 万元（程坦，2014），2013 年接待游客 40 万人次（唐晨铭，2015）。目前景区是 4A 级景区，门票价格 80 元 / 人，寨内共有农家旅馆 120 家左右（吴忠军和吴少峰，2014）。

第三节　肇兴侗寨与平安壮寨旅游商业化程度的测量

场所意义并非完全静止不变，它会随着时间、空间和人的心态以及其他因素的改变而不断发生变化。目前，我国少数民族地区旅游业的快速发展直接带来了当地社会经济的加速变迁，深刻改变着当地社区居民的日常生活，同时也不可避免地影响着当地居民对于社区空间的情感，和他们赋予社区空间的意义。经济状况的改变是影响社区居民场所意义最为关键的因素，而作为体现民族旅游社区经济状况的重要指标，旅游商业化无疑是其中值得关注的因素之一。基于此，本节将探讨民族旅游社区的旅游商业化程度，进而在此基础之上探寻不同旅游商业化程度的民族旅游社区中，当地妇女间的场所意义差异。

一、旅游商业化

在西部民族地区的经济发展策略中，旅游业成为许多社区的不二选择，提高旅游商业化水平亦成为社区旅游规划开发中的常用方案，在这样的背景下，许多民族旅游社区开始出现过度商业化问题。陈一帆（2002）指出景区过度商业化的突出表现是“商铺林立，自然风景区呈现城市化倾向”。保继刚和苏晓波（2004）认为，在一个旅游景区中，有多少店铺是服务于当地居民，有多少店铺是服务于游客，在一定程度上体现了当地的旅游商业化程度。

随着旅游商业化的火热，人们也逐渐意识到虽然旅游商业化使得当地居民生活得以改善，政府财政收入不断增加，景区知名度持续提高，但古村镇旅游商业开始泛滥，破坏了当地丰富的历史文化价值与建筑艺术价值，降低了游客体验质量，使古村镇旅游的可持续发展受到严重威胁；随后，旅游商业化逐渐成为学术界研究的热点。有许多学者指出，旅游开发使古村镇陷入了"过度商业化"的局面（周建明和詹雪红，2005；庄秀琴和郑海涛，2006），或出现"商业化氛围过浓"的问题（王莉和陆林，2003）。

目前，许多传统村落古镇，包括民族村落，在进行旅游开发时，第一步就是把沿街房屋变成面向游客的旅游商铺；还有相当一部分的旅游地将当地居民外迁，改变原有房屋的建筑结构，把旅游地变成游客的地盘（苑焕乔，2015）；更有一些景区大肆建设，比如修建大型索道缆车、玻璃栈道和娱乐设施。以上行为往往会迅速瓦解旅游地原有的社会传统和结构，并组合出一个规模可观的旅游社区，使当地社区丧失自身特色，沦为旅游开发背景下的城市商业区，这不利于当地旅游社区的可持续发展。在本章的案例地肇兴侗寨和平安壮寨中，同样面临旅游商业化带来的问题。

保继刚和苏晓波（2004）指出，旅游商业化在旅游业快速发展的中国已经成为一个很突出的问题，尤其是在民族地区，由于民族文化的脆弱性，商业化已经成为民族地区发展旅游业的必然。他们提出，旅游商业化既不同于过度商业化，也不是具体的文化或者仪式的商业化，是对目的地某种特定商业现象的描述，这种现象具有以下特征：商业功能的转化是由旅游推动的，大量商铺的顾客群体发生转变，面向游客的商铺数量比例很大，甚至超过面向本地居民的商铺，商铺商品的供给超过当地居民的购买力；旅游商品同质性严重，手工艺品减少，大规模生产的产品充斥市场。

徐红罡（2005）指出，旅游商业化不仅指遗产地商铺的增加，而且指在旅游目的地吸引物体系中，经济资本的比例逐渐增加，文化资本逐渐被经济资本取代的过程。李倩和吴小根（2006）则提出两个概念，其一，商业化是指古镇社会-文化资本向经济资本转化的过程，其二，过度商业化是旅游商业化的极端表现，即当旅游地商业化的发展超过"度"的限制时，旅游开发就会成为一种文化资本向经济资本的单向度转化。

二、社区旅游商业化调查

考虑到概念的可测量性和调查的可操作性，本章中遵循保继刚和苏晓波（2004）提出的旅游商业化概念，他们将旅游社区的门面划分为三类，分别是：面向居民的门面、面向游客的门面和同时面向游客与居民的门面。在实地调查中，作者对肇兴侗寨和平安壮寨两地的门面数量和顾客群体进行了初步观察，认为该分类方法可行。随后，为了准确反映当地门面的性质和顾客群体状况，调研人员在两个旅游社区展开了全面调查，主要是针对游客经常光顾的街道两旁的一层店铺进行调查，不涉及一楼以上建筑的功能，也不涉及小街小巷里的门面。① 商业店铺的顾客群体信息来自两个方面：其一，该店铺提供的产品类型，如住宿，初步判断主要面对外来游客；其二，该店铺经营者对其顾客群体的判断。需要说明的是，主要面向旅游者的门面，其顾客主体为旅游者，但不排除当地居民的消费；同理，主要面向当地居民的门面，其顾客主体为居民，但不排除旅游者的消费，具体结果见表 4-3 和表 4-4。

表 4-3　肇兴侗寨的门面类型

门面类型		门面数 / 个	所占比例 /%	总计 /%
面向居民的门面	居住用房	57	24.68	46.76
	居民服务	51	22.08	
面向游客和居民的门面	休闲服饰	14	6.06	27.70
	饮食小吃	11	4.76	
	零售点	29	12.55	
	药店诊所	6	2.60	
	饰品玩具店	3	1.30	
	公厕	1	0.43	
面向游客的门面	酒店旅馆	37	16.02	25.54
	酒吧茶吧	4	1.73	
	纪念工艺品销售	9	3.89	
	网吧 KTV	2	0.87	
	地方特产销售	2	0.87	
	民族服饰店	1	0.43	
	旅游服务	4	1.73	

表 4-4　平安壮寨的门面类型

门面类型		门面数 / 个	所占比例 /%	总计 /%
面向居民的门面	居住用房	0	0.00	2.04
	居民服务	1	2.04	
面向游客和居民的门面	零售点	1	2.04	4.08
	药店诊所	1	2.04	

① 就肇兴侗寨而言，寨内以一条主要街道和河流两侧的商铺最多，也是多数游客到访的地方；就平安壮寨而言，调研人员将景区在导览图中所绘制的主要游览街道作为调查范围。

门面类型		门面数/个	所占比例/%	总计/%
面向游客的门面	酒店旅馆	30	61.22	93.87
	酒吧茶吧	4	8.16	
	纪念工艺品销售	5	10.21	
	地方特产销售	1	2.04	
	保健店	2	4.08	
	旅游服务	4	8.16	

（一）肇兴侗寨的旅游商业化调查

肇兴侗寨的调查范围包括：镇子主街道和河道两旁的门面。从统计结果可以看出，在肇兴侗寨被调查的门面中，有46.76%的门面主要是面向当地居民的，27.70%是面向游客与居民的门面，仅有25.54%的门面是主要面向游客的。也就是说，目前肇兴侗寨共有74.46%的门面和当地居民的日常生活息息相关，并且，其中46.76%的门面顾客群体是当地居民，极少有游客光顾。

现在肇兴侗寨的门面主要面向当地居民，寨子作为周边村落的集镇所在地，其与当地人的生活联系十分紧密，本身具有一定的商业基础，而其对旅游业的依赖程度并不大，总体上旅游商业化程度偏低。这与肇兴侗寨目前的旅游发展状况相吻合，虽然景区具有一定名气，之前由公司负责管理，后由当地政府接手，但目前景区正在经历重新规划和建设阶段，日常管理和运营也未进入正规，因此，社区的旅游发展速度整体较为缓慢。

（二）平安壮寨的旅游商业化调查

在平安壮寨调查的范围主要包括：寨内两条游客经常光顾的街道，和寨子通往主要景点七星伴月山顶的道路两旁的门面，而过于偏僻的小巷及小的摊位并未计算在内。从当地的门面类型统计可以看出，平安壮寨中主要针对当地居民的门面用房仅有2.04%，同时面向居民和游客的门面用房有4.08%，而主要针对游客的门面却已经达到了93%以上。

调查结果显示，平安壮寨中主要街道的门面主要面向游客，而以当地居民为顾客群体的门面极少，可见社区内商业服务以旅游功能为主，社区经济对旅游业的依赖性很强。因此，可以判断当地的旅游商业化程度较高。这种情况相较于肇兴侗寨，平安壮寨的旅游开发起步较早，发展时间更长，当地社区居民也普遍参与到旅游接待活动中。

三、社区旅游商业化程度对比

数据统计显示，在肇兴侗寨，当地社区内门面以服务于居民的门面为主，比例为46.76%，其次是同时面向居民和游客的门面，比例为27.70%，而专门面向游客的门面所占比例最低，其比例为25.54%；而在平安壮寨中，社区内主要面向居民的门面极少，仅占2.04%，同时面向游客和居民的门面占4.08%，主要面对游客的门面则达到93.87%，这一比例是肇兴侗寨的3.7倍（图4-3）。以上分析表明，肇兴侗寨的旅游商业化程度远低于平安壮寨。

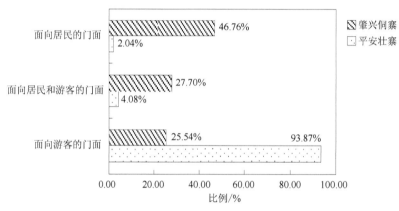

图4-3　肇兴侗寨与平安壮寨的旅游商业化程度对比

保继刚和苏晓波（2004）在对丽江古城的研究中指出：只要旅游者不断增长，如果没有行政干预，古城内主要街道建筑的一层门面将会转化为商铺，主要销售面向旅游者的商品，面向居民的门面将会逐步减少。可见，游客的数量和社区内面向游客的门面数量是一种正向关系，游客数量的持续增加会带来旅游门面的增长。

就肇兴侗寨和平安壮寨的商业化程度而言，平安壮寨目前趋近于旅游商业化的极端，需要外部力量，如政府、景区管委会或非政府组织（Non-Governmental Organizations，NGO）的介入，加以控制和调节，否则极有可能导致社区生活性的丧失，最终致使社区旅游无法实现可持续发展。而肇兴侗寨的临街门面主要服务于当地居民，其旅游商业化程度当前处于可控范围之内，社区建筑功能依然保持生活特性，居民生活也保持着较为完整的传统习俗，能够让游客感受到浓厚的生活气息。两个民族旅游社区间商业化程度的差异不仅是旅游发展状况的体现，同时也会影响社区居民日常生活和心理结构，并改变他们对自己生活场所的意义感知。在旅游商业化背景下来理解居民场所意义的感知，有利于认识旅游给目的地居民心理结构带来的影响，进而探索保持旅游社区生活特性以及传统习俗的有效途径，以期为社区旅游规划提供参考。

第四节　肇兴侗寨与平安壮寨妇女的场所意义结构

肇兴侗寨真正发展旅游业应该从 2003 年世纪风华公司的进驻开始，2013 年转由政府负责进行较大规模的开发，在这期间，社区居民参与规模一直有限，目前参与旅游业的居民仍然以镇子主街和河道两旁住户为主，且已经有外地经营者进入。而同样是在 20 世纪 80 年代被游客发现，平安壮寨经历了居民参与、政府介入、公司管理等发展阶段，社区旅游业发展迅速，几乎全寨居民都参与到社区旅游接待活动中，外来经营者在后期开始介入。可见，从社区参与经验和规模来看，平安壮寨居民拥有更为丰富的经验，且在旅游接待中的参与规模远远超过肇兴侗寨。

就旅游资源而言，传统民族建筑和习俗是肇兴侗寨的核心吸引物，当地居民的旅游经营活动包括餐饮住宿、工艺品销售和民族歌舞表演等，参与形式相对偏少，当地居民从旅游业中获得的收入相对有限。而梯田是平安壮寨的核心景观，并吸引着国内外游客的到来，当地居民的旅游经营活动以餐饮和住宿接待为主，还涉及工艺品和土特产销售、酒吧、民族歌舞表演、民族服饰出租和背包等，参与形式较为多样；但壮族文化则并非社区的主要吸引要素。在社区进行旅游开发之前，寨子居民依靠农业生存，而旅游业的发展给居民带来了巨大的旅游效益，寨子也从当地的贫困村一跃成为较为富裕的村寨。同时，肇兴侗寨的社区布局依然维持原样，房屋仍以干栏式木屋为主，核心景观依然保持传统功能，如鼓楼、风雨桥和戏台等；平安壮寨内的道路布局、房屋的规划建设、景观及其标识的设计以充分考虑游客需求为基础。

基于以上对比，结合区域概况、商业化程度分析可以发现，肇兴侗寨和平安壮寨同样是西部民族社区，并将旅游开发作为主要发展途径，二者之间存在一定的共性；然而，它们在旅游开发历程、社区参与现状、商业化程度、景观功能等方面均存在一定差异，而这种差异将会深刻影响当地旅游的参与主体——社区妇女的场所意义。因此，本章选择肇兴侗寨和平安壮寨作为案例地，运用扎根理论方法梳理两个村寨受访妇女的场所意义访谈；随后，运用比较研究的方法，探讨不同程度的旅游商业化程度下，社区妇女的场所意义是否存在差异和存在怎样的差异，进而判断旅游商业化对妇女心理结构的影响程度。需要说明的是，下文中所提及的村民，如无明确表述，则特指案例社区内的妇女。

一、研究内容建构的基本步骤

（一）访谈的实施

本章主要研究内容为场所特征和场所意义，调查对象是肇兴侗寨和平安壮寨内的妇女，主要资料收集方式为半结构式访谈。考虑到场所特征和场所意义词汇的本身过于专业，难以被社区居民所理解，因此在调研实施中进行了简化，具体来说，访谈围绕三个主题开展：您觉得村子里对您最重要的东西是什么？它对您来说重要的原因是什么？您对它有什么感觉？第一个问题对应场所特征内容，而后两个问题对应场所意义内容。

调查本身的目的是为了获得真实有效的研究资料，而过于专业的调查问题会直接影响受访者的理解和答案，进而导致调查资料本身的可信度和有效性大打折扣，因此将调查问题进行简化，或转化为受访者能够理解的语言就显得尤为重要。本章中专业问题的简化来源于已有文献中对场所特征与场所意义内涵的探讨，也是基于研究者自身研究经验和调查经验之上的思考。

（二）编码的信度

在扎根理论方法中，需要对编码结果进行信度考察，而多个编码人员的独立编码便是有效的考察方法之一。如果采用多组多人独立编码方式，信度可以通过衡量组与组之间编码结果的一致性程度来测量。本章采用两组四人独立编码的编码方式，在编码过程中，两组编码人员彼此独立，互不沟通，在完成编码之后，对两组的编码结果进行比较，并以两组间一级编码（或开放编码）结果的一致性程度来体现编码的信度。具体来说，计算信度的方法为："两组编码人员在资料中提取的节点的一致数量"除以"两组编码人员分别提取的节点数量之和"；信度计算公式为

$$信度 = \frac{2M}{N_1 + N_2}$$

其中，*M* 是编码决策过程中两组编码人员意见一致的节点数量。N_1 和 N_2 是两组编码人员各自进行编码获得的节点数量。本章中，两组编码人员意见一致的节点数量为 1398 个，而各自编码的节点数量分别为 1489 和 1543，最终计算出本章编码信度的计算过程如下：

$$信度 = \frac{2 \times 1398}{1489 + 1543} \approx 0.922$$

结果显示，本章的编码信度约为 0.922，说明两组编码人员对研究资料编码结果的一致性水平较高，同时也体现出本章的类目构建具有合理性。

（三）访谈内容的类目建构

基于两组编码人员一级编码的结果和编码信度的检验，作者进一步对编码获得节点进行梳理、比较和归纳，并最终得到两个社区内妇女的场所特征和场所意义类目，其中肇兴侗寨和平安壮寨妇女的场所特征具体类目分别参见表 4-5 和表 4-6；肇兴侗寨和平安壮寨妇女的场所意义的具体类目分别参见表 4-7 和表 4-8。

二、社区妇女的场所特征

（一）社区妇女的场所特征类目建构

通过对肇兴侗寨受访妇女的访谈文本进行扎根理论分析，获得了她们对社区场所特征感知的类目，共建构出肇兴侗寨的九大场所特征类目，共编码了 348 个词汇，详见表 4-5。

表 4-5　肇兴侗寨妇女的场所特征类目

类目	举例	频次	比例 /%
1. 房子和家		59	16.95
1.1 房屋	房子 / 木房子		
1.2 家、家庭	家 / 家庭		
1.3 家当	店铺 / 包 / 摊上的瓜 / 饭馆 / 家当 / 柴 / 大米 / 食物 / 猪牛		
2. 土地		21	6.03
2.1 土地	土地 / 田 / 农田 / 水田 / 梯田		
2.2 农作物	水稻		

类目	举例	频次	比例 /%
3. 人		18	5.17
3.1 人际	家人 / 小孩 / 人 / 朋友 / 邻居 / 亲人		
3.2 人情	亲情 / 友情 / 师生情谊		
3.3 个人生活	工作 / 生活习惯 / 打猎		
4. 民族特色		105	30.17
4.1 饮食	酸汤鱼 / 牛瘪 / 腌肉 / 米 / 油茶 / 糯米 / 血红		
4.2 歌舞	侗族大歌比赛 / 大歌 / 侗歌		
4.3 服装头饰	侗衣 / 侗布 / 民族衣服 / 民族头饰 / 刺绣 / 银饰		
4.4 乡土技艺	侗族蜡染技术 / 染液 / 机器 / 工艺		
4.5 古董	古董 / 工艺品		
5. 村子及建筑		71	20.40
5.1 古建筑	鼓楼 / 风雨桥 / 戏台 / 古建筑 / 寨门 / 传统民居		
5.2 村子	村子 / 寨子 / 镇子的建设 / 古城		
6. 地方宗教		1	0.29
6.1 宗教场所	萨岁山 / 土地庙 / 祭萨坛 / 圣母坛		
7. 自然环境		42	12.07
7.1 环境卫生	自然环境 / 环境空气 / 空气		
7.2 自然	山水 / 水 / 河 / 河道 / 山 / 村外的江 / 山 / 风景		
7.3 植物	花草树木 / 树 / 果树		
8. 基础设施		26	7.47
8.1 交通设施	道路 / 公路 / 交通 / 路 / 街道 / 主街道 / 古董街		
8.2 电力网络设施	电线 / 电 / 网络 / 电力		
8.3 教育设施	小学 / 中学 / 学校		
8.4 水利设施	自来水 / 巷子的排污管道 / 消防池 / 水塘		
8.5 服务机构	邮政 / 银行 / 球场 / 信用社		
8.6 行政机构	政府 / 派出所 / 村委会		
9. 节日风俗		5	1.44
9.1 民族节日	春节 / 中秋节 / 节日 / 踩歌堂		
9.2 家乡风俗	民俗风情 / 风土人情 / 风俗习惯 / 风俗		

通过对平安壮寨受访妇女的访谈文本进行扎根理论分析，获得了她们对社区场所特征感知的类目，共建构出平安壮寨的九大场所特征类目，共编码了150个词汇，详见表4-6。

表4-6 平安壮寨妇女的场所特征类目表

类目	举例	频次	比例 /%
1. 房子和家		14	9.33
1.1 房屋	房子		

类目	举例	频次	比例/%
1.2 家、家庭	家 / 家庭		
1.3 家当	店面 / 店 / 牲畜		
2. 土地		11	7.33
2.1 土地	自家的田地 / 田地 / 土地 / 田		
2.2 农作物	禾苗		
3. 人		22	14.67
3.1 人际	姐妹 / 亲人 / 孩子		
3.2 亲情	亲情		
3.3 个人生活	生活方式 / 生活习惯 / 视野		
4. 民族特色		21	14.00
4.1 民族饮食	红薯 / 小吃 / 菜（竹筒饭）/ 辣椒 / 茶叶 / 土酒 / 水		
4.2 民族歌舞	竹竿舞		
4.3 民族语言	壮语		
4.4 民间艺术	民族手工艺品 / 传统手工 / 民间艺术 / 瑶族服饰		
4.5 老故事	竹筒饭的来历		
5. 村子及建筑		3	2.00
5.1 建筑	建筑物 / 建筑格局		
5.2 村子	村子 / 寨子		
5.3 村子规划	规划		
6. 自然环境		34	22.67
6.1 自然	山 / 河 / 山泉水 / 泉水 / 水资源 / 天 / 地理位置		
6.2 环境	生态环境 / 环境 / 山上空气 / 空气 / 卫生环境 / 环保 / 原生态		
6.3 卫生	卫生 / 卫生条件		
6.4 植物	红豆杉 / 景点里的一草一木		
7. 基础设施		17	11.33
7.1 交通设施	交通 / 公路 / 路 / 交通道路 / 新路 / 房子下面的路		
7.2 教育设施	小学 / 学校		
7.3 行政机构	村委会		
8. 旅游业		18	12.00
8.1 旅游业	游客 / 旅游业		
8.2 旅游景点	梯田 / 九龙五虎 / 七星伴月 / 风雨桥		
8.3 收益	收入 / 村民的利益 / 钱		
9. 节日风俗		10	6.67
9.1 风俗	人情 / 风土人情 / 民俗风情 / 民风		
9.2 民族节日	节日（七月半）/ 火把节		

（二）社区妇女的场所特征类目整合

肇兴侗寨妇女的场所特征类目包括：房子和家、土地、人、民族特色、村子及建筑、地方宗教、自然环境、基础设施、节日风俗（如图4-4左侧部分）；平安壮寨妇女的场所特征类目包括：房子和家、土地、人、民族特色、村子及建筑、自然环境、基础设施、旅游业、节日风俗（如图4-4右侧部分）。两个村寨的场所特征类目间具有较多重合，同时也有自身特色，如平安壮寨妇女的场所特征中包含旅游业，肇兴侗寨妇女则没有，而肇兴侗寨妇女的场所特征中包括地方宗教，平安壮寨则没有。通过对以上场所特征类目的比较、梳理、筛选，形成最终的民族旅游社区场所特征类目分别是，房子和家、土地、人、民族特色、村子及建筑、自然环境、基础设施、旅游业、地方宗教、节日风俗十大类。

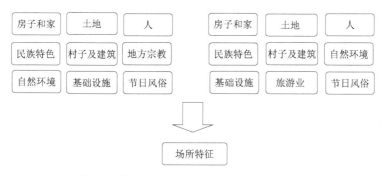

图4-4　肇兴侗寨和平安壮寨的场所特征类目

（三）不同社区妇女的场所特征对比

1.肇兴侗寨妇女的场所特征构成

在肇兴侗寨妇女提到的场所特征中，首先，出现频率最高的是"民族特色"，其所占比例达到30.17%。其一，社区妇女对本民族具有较高的民族认同；其二，由于当地旅游开发相对较晚，商业化程度偏低，当地社区居民依然保持着传统的生活方式，民族特色在当地人的日常生活中具有重要地位；其三，侗族大歌是肇兴侗寨名扬海内外的重要原因，加之游客对当地的花桥、鼓楼、戏台和特色饮食牛瘪、血红等叹为观止，使得当地社区居民十分看重本社区的民族特色。

其次，村子及建筑也是社区妇女提及频率较高的词汇。肇兴侗寨完整地保存了侗族的传统建筑，并在侗族村寨中独具特色，该寨分为"仁、义、礼、智、信"五个团，每个团相当于村民组织；在每个团内部，都有相应的鼓楼戏台和风雨桥，这些地方不仅是当地居民日常休闲、放松、聊天的地方，更是重大民族节日庆祝和开展集体活动的地方，所以对寨子的人来说，这些地方承载了当地人深厚的情感，同时也是具有纪念意义的场所，是民族和寨子的象征。

最后，肇兴侗寨妇女提及频率较多的是包括"房屋、家、家当"这样的词汇。对她们来说，房屋和家既是自己的财产和遮风挡雨的地方，更是一家人生活、相聚的地方，是自己的归属。有些妇女在访谈中提及自家的房屋是几代人的心血。

在肇兴侗寨，当地受访的妇女还提及了地方宗教，而在平安壮寨，相关词汇则没有出现。一方面，这与民族的信仰有关；另一方面，在旅游商业化程度较高的平安壮寨，地方宗教可能在社区旅游开发过程中被吞噬，而肇兴侗寨的地方宗教依然在当地人的生活中发挥作用。在平安壮寨，当地受访妇女较多提及了"旅游业"相关词汇，在肇兴侗寨则并未出现这种情况。平安壮寨的旅游发展时间较长，当地妇女普遍参与其中，旅游接待是她们日常生活中不可分割的一部分，这必然影响她们对于场所特征的关注；而在肇兴侗寨，参与旅游接待的妇女尚属少数，她们对于旅游业的认识还不清晰，因此，关注较少。

在肇兴侗寨，受访妇女提及"人"的类目所占比例不高，而在平安壮寨的妇女则更多地提到了有关"人"的类目。在肇兴侗寨，妇女大多反映的是和谐的人际关系，而平安壮寨妇女反映的则是，随着受到旅游开发负面影响的人际关系。据此可以判断，平安壮寨妇女较多表述"人"的类目的原因有两点，其一，旅游开发给当地社区的人际关系带来了负面影响，她们真切地感受到了这一点，因而较多地提到；其二，作为旅游经营者的妇女认识到，和谐的人际关系是一个地方发展旅游业的前提，恶劣的竞争环境，会导致游客的畏惧心理，从而影响对旅游地的印象，所以越来越多的妇女开始意识到人际关系的重要性。此外，平安壮寨受访妇女较少提及民族建筑，因为在平安壮寨内少有具有象征意义的民族建筑，特别是较少存在承办集体活动的建筑，比如肇兴侗寨的鼓楼，它不仅是侗族的象征，更是寨子举行集体活动的场所，这些场所对当地居民的生活具有重要影响。

2. 平安壮寨妇女的场所特征构成

根据两个社区妇女提及每个类目的比例，绘制出它们的场所特征对比图（图4-5）。结果发现，肇兴侗寨和平安壮寨妇女提及的场所特征存在显著差异。肇兴侗寨的妇女提及的频率较高的场所特征则是：民族特色（30.17%）、村子及建筑（20.40%）、房子和家（16.95%）和自然环境（12.07%）；而平安壮寨的妇女提及频率较高的场所特征分别是：自然环境（22.67%）、人（14.67%）、民族特色（14.00%）和旅游业（12.00%）、基础设施（11.33%）。虽然自然环境和民族特色都是两地居民提及频率较高的场所特征，但提及频率明显不同，表明两个寨子的妇女受访者对这些场所特征的关注程度存在差异。

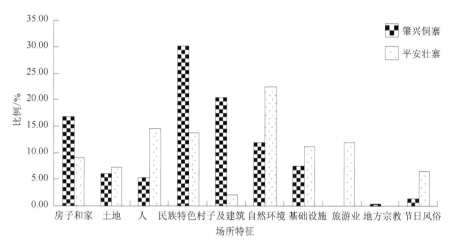

图4-5 平安壮寨和肇兴侗寨的妇女的场所特征

"自然环境"是平安壮寨的妇女提到最多的场所特征类目，该类目包括当地的环境、空气、卫生、植物等词汇。自然环境获得平安壮寨受访妇女较多关注的原因有三个：其一，是人类对环境的天然依赖；其二，涉及经济因素，她们十分认可旅游给自身带来的经济收益，她们同时意识到自然环境对于旅游发展的重要性，如有妇女说到"一个好环境可以给游客好的印象，游客自然也就多了"；其三，随着社区旅游的快速发展，游客大量涌入，当地有限的土地上建筑愈加密集，产生了超过当地自然环境承受范围的垃圾，影响了当地环境质量和日常生活，社区妇女也开始意识到环境问题的严重性。

在关于"人"的场所特征类目下，主要包括"人际、亲情、个人生活"等词语。这些词汇主要反映了两方面的内容，其一，当地居民提到亲人、村民间密切的关系；其二，也存在消极信息，即居民认为随着旅游开发的进行，当地人之间的关系日益疏远，比如有人提到："有些亲戚间为了生意，互相都不再说话了。"

在平安壮寨妇女提及较多的场所特征中，"民族特色"这一场所特征类目排名第三，较为靠前。当地妇女对本民族有较高的认同，她们十分关注壮族的民族特色，涉及内容包括民族特色饮食、文化、语言、工艺品等，旅游业类目被提及的频率排在第四位。作为高度商业化的民族旅游社区，当地妇女以从事旅游接待为生，她们的日常家庭生活、经济活动都与社区旅游紧密相连，甚至在她们提及其他类目时也经常谈及旅游业，如排在第一位的自然环境类目，充分体现了旅游业在当地妇女生活中的重要性。

三、社区妇女的场所意义

（一）社区妇女的场所意义类目

1. 肇兴侗寨妇女的场所意义类目

运用扎根理论对肇兴侗寨妇女的场所意义访谈内容进行分析，作者对 628 个词汇和句子进行编码，并归纳出当地妇女场所意义的类目：个人情感与态度、地方适应、地方特色、社会联系、个人生活、信仰、旅游业七类（表 4-7）。

表 4-7　肇兴侗寨妇女的场所意义类目

类目	举例	频次	比例 /%
1. 个人情感与态度		103	16.40
1.1 高兴的	自豪 / 心情好 / 开心 / 快乐		
1.2 担心的	担心 / 害怕		
1.3 留恋的	舍不得 / 依恋 / 离不开 / 想念 / 怀念 / 留恋 / 不吃会想 / 亲切 / 感情深 / 有感情		
1.4 抵触的	不方便 / 不安全 / 不干净 / 拥挤 / 乱 / 不满意 / 空虚 / 很闷 / 烂		
1.5 积极态度	支持 / 优越感 / 感兴趣 / 满足感 / 感觉好 / 喜欢 / 期待 / 爱护		
2. 地方适应		84	13.38
2.1 方便性	方便出行 / 近 / 方便		
2.2 习惯	习惯		
2.3 熟悉	家乡感 / 归属感 / 有家的感觉 / 感觉回到家 / 熟悉的味道		
2.4 保障	种田有饭吃 / 养家糊口 / 没有工资就只能靠田 / 收入之一 / 靠水吃水靠山吃山 / 活路需要 / 养鱼自给自足 / 靠田才能养活 / 稳定收入 / 种田才有吃有喝		
2.5 居所	住的地方 / 住在这 / 遮风避雨 / 自己的家 / 需要扩建改善提高 / 住在家舒服		
3. 地方特色		288	45.86
3.1 饮食特色	矿泉水 / 做菜用 / 人工做的 / 特产 / 味道特别 / 天然水 / 开胃 / 口味好 / 鲜美 / 可口 / 水里带热气 / 酸辣 / 好吃 / 味道好		

类目	举例	频次	比例/%
3.2 民族特色	区别于其他民族 / 城市里没有 / 代表民族的东西 / 非物质文化遗产 / 国家级遗产 / 精神食粮 / 民族特色 / 独特 / 独一无二		
3.3 服饰歌舞	传统服饰 / 天籁之音 / 游客会来看 / 做衣服的材料 / 好歌 / 好看 / 好听 / 隆重 / 热闹 / 甜美 / 衣服做得复杂 / 精致 / 专用场所		
3.4 环境好	绿色无污染 / 绿化 / 保持风格 / 没水难看 / 环境的一部分 / 原汁原味 / 风景好 / 环境好 / 山清水秀 / 环境舒适 / 清新舒服 / 空气新鲜 / 适宜 / 不冷不热 / 宜居 / 美丽 / 原生态 / 清清的 / 冬暖夏凉		
3.5 标志	标志 / 成功的象征 / 重要标志 / 侗家的象征		
3.6 政策好	政府引导 / 开放 / 我们的领导 / 求助 / 沟通渠道 / 政府要求 / 教育		
3.7 传统悠久	传统 / 老人都会做 / "80后"不会唱 / 以前老祖宗留下来 / 过节会穿盛装 / 传承文化 / 传统习俗 / 流传 / 现在的人都不会做 / 代代相传 / 一代传一代 / 从小传下来		
3.8 保护得好	保护环境 / 修缮鼓楼 / 要保护 / 保护得好 / 要修缮 / 保存好 / 保留 / 搞得好		
3.9 不足	容易着火 / 脏乱差 / 破坏风格 / 污染重 / 过度开发 / 断网 / 信号弱 / 卫生差 / 约束 / 交通不方便		
4. 社会联系		75	11.94
4.1 邻里生活	来往 / 聊天 / 搞活动 / 办红白喜事 / 商量事情 / 跳舞 / 乘凉 / 散心 / 唱戏 / 锻炼 / 活动 / 经常来玩 / 听歌 / 休闲 / 娱乐 / 回味 / 心情烦唱一唱 / 心情不好的时候来聊聊		
4.2 亲情	有亲人 / 亲情 / 家人		
4.3 友情	朋友		
4.4 民风	人和善 / 纯朴 / 踏实 / 热情 / 不争强好胜 / 淳朴 / 亲切 / 民风有改善 / 勤劳 / 人好 / 团结		
5. 个人生活		45	7.17
5.1 个人事件	办红白喜事 / 打水 / 搞活动 / 结婚穿 / 参与 / 寄东西 / 存取钱 / 学文化 / 收稻谷 / 捕猎 / 放谷子 / 手艺 / 自制衣服 / 演出 / 唱大歌 / 小时候玩 / 洗菜 / 业余爱好		
5.2 成长	伴着我成长 / 从小在这里长大 / 在这一辈子 / 住的时间长 / 在这里出生		
5.3 成就	费工夫 / 不容易 / 自己辛苦所得 / 自己修的 / 费劲 / 建楼房 / 学很长时间		
6. 信仰		20	3.18
6.1 宗教信仰	祭祖 / 神圣的 / 祭祀 / 宗教信仰		
6.2 精神追求	热爱 / 荣誉 / 依赖 / 伟大 / 幸福 / 希望和睦 / 品德 / 集体的东西 / 爱情 / 启发 / 争气 / 像生命 / 感激 / 向往 / 给我勇气 / 信心 / 感恩 / 吉祥		
6.3 传说	传说 / 萨岁是女英雄 / 牛郎织女		
7. 旅游业	游客会来看 / 吸引客人 / 让游客了解传统 / 有演出	13	2.07

2. 平安壮寨妇女的场所意义类目

运用扎根理论对平安壮寨妇女的场所意义访谈内容进行分析，对受访者表述的 271 个词汇和句子进行编码，梳理出她们的场所意义类目：个人情感与态度、地方适应、地方特色、社会联系、个人生活、个人与集体历史、信仰、旅游业八类。详细分类见表 4-8。

表 4-8 平安壮寨妇女的场所意义类目

类目	举例	频次	比例 /%
1. 个人情感与态度		36	13.28
1.1 积极态度	心情好 / 是生命的一部分 / 满足 / 很珍贵 / 重要		
1.2 依恋	依赖 / 依靠 / 想念		
1.3 消极态度	怕以后有污染 / 环境不好会影响游客心情 / 破坏了原来的美感 / 看着不舒服 / 不安全		
2. 地方适应		35	12.92
2.1 习惯	习惯了		
2.2 熟悉	有感情 / 家的感觉		
2.3 便利	路好交通就便利 / 住宿方便 / 游客方便进来		
2.4 保障	家里的水不花钱 / 能养活女儿，让女儿读书 / 山上种树可以盖房用 / 农民靠地生活 / 可以卖钱也可以用来自己吃 / 为了生活 / 只要有地就会有饭吃 / 出去就无法生存 / 没店就没有生存的根基 / 没钱没法生活 / 赖以生存 / 农民靠地生活 / 生活所需 / 房子可以租出去挣钱 / 自给自足		
2.5 居所	住着很舒服 / 房子有点小 / 砖房影响采光也影响视野		
3. 地方特色		57	21.03
3.1 特色	卖辣椒很有特色 / 干净，常喝 / 味道美 / 好吃 / 特别 / 漂亮 / 美丽 / 好看 / 比较精致 / 辣椒好吃，而且很香 / 瑶族特色 / 纯手工制作 / 有民族特色		
3.2 传统	这个表演是流传下来的，自己也会，游客会看这个表演 / 传统 / 过节活动		
3.3 代表	代表一个地方的生活 / 代表了民族特色 / 代表我的童年		
3.4 节日	壮族很重视的节日 / 很隆重 / 开发后节日不如以前隆重		
3.5 区位环境好	绿化环境 / 空气清新 / 风水宝地 / 原生态 / 自然环境好 / 空气新鲜 / 我们居住很集中，山和田围绕着 / 注重卫生 / 环保		
4. 社会联系		46	16.97
4.1 亲情	有亲戚在 / 是姐妹让我来这里工作的 / 亲情太淡 / 亲人在温暖 / 亲戚间不说话 / 对我有养育之恩 / 养育我们 / 关怀 / 关切		
4.2 人际往来	办酒席很热闹 / 邻里和谐对做生意好 / 相处很好		
4.3 民风	人情味淡 / 都是讲金钱 / 不如以前淳朴 / 不热情 / 被人忌妒 / 看不起 / 人际关系受到一定商业化影响 / 大家有意识保持民风 / 热情豪放 / 民风淳朴 / 要自觉 / 不抢客 / 人都很开朗 / 勤劳，不强买强卖 / 看钱不看人 / 姑娘小伙都喜欢喝酒 / 热情 / 人很和善 / 为了挣钱，人情淡		

类目	举例	频次	比例 /%
5. 个人生活		22	8.12
5.1 个人成就	费时费力 / 自己家建的 / 不容易 / 亲手做的 / 家里有织布机，自己经常做		
5.2 生意	接客人 / 背包 / 接待 / 可以卖钱 / 做生意需要 / 游客多收益好 / 有钱挣 / 游客来买能增加我的收入 / 有收益		
6. 个人与集体历史		10	3.69
6.1 个人历史	过去家里过得很艰辛		
6.2 集体历史	红豆杉种植时间长 / 以前没有自来水 / 以前非常艰辛，为了吃上热饭，才想到竹筒饭这种方法		
7. 信仰		3	1.11
7.1 祭祀	祭祀老人		
7.2 传说	有一棵神树		
8. 旅游业		62	22.88
8.1 旅游业基础	靠旅游业才能发家 / 景点特色 / 梯田没水会影响客流量 / 梯田发展了这儿的旅游业 / 交通好了方便游客进来 / 游客多收益好 / 要听组织安排，安排得当游客才会高兴 / 游客喜欢田地 / 梯田能吸引游客，自己才有生意 / 旅游的根基 / 没有梯田就没有游客 / 景点特色 / 梯田没水会影响客流量 / 七星伴月吸引客来 / 景区的发展需要和谐的东西 / 游客喜欢 / 有路才有发展 / 有水就会人多		
8.2 规划	规划乱 / 乱搭乱建影响整体景观 / 独特的风格 / 规划不合理 / 影响视野		
8.3 开发弊端	环境受到破坏 / 塌方会带来很大经济损失 / 客人都很害怕竞争 / 负面效应 / 垃圾堆放 / 乱搭乱建影响整体景观 / 住在下面，上面的人排污这里就很臭 / 会造成塌方，塌方会带来很大经济损失		
8.4 与旅游业联系	做不好会污染空气 / 好环境可以给人好印象，游客才会多 / 环境好客人就多，收入多 / 邻里和谐对做生意好 / 人都自觉，游客才不害怕 / 房子用来给游客提供住宿就会有收益 / 卖给游客很挣钱		

（二）不同社区妇女的场所意义构成差异

    通过比较肇兴侗寨和平安壮寨妇女的场所意义可以发现，两个社区中妇女场所意义的类目大致相同。不同的是，平安壮寨妇女提及了个人与集体历史类目，而肇兴侗寨的妇女则未提及。同时信仰和乡土信仰内涵存在交叉，通过对原始资料的再次阅读，将该类目概括为信仰。因此，通过整合两个社区妇女的场所意义类目，获得了本章最终的场所意义类目：个人情感与态度、地方适应、地方特色、社会联系、个人生活、信仰、个人与集体历史、旅游业。就场所意义的构成而言，肇兴侗寨和平安壮寨妇女间存在较多差异。

第一点是地方特色方面，这是两个社区妇女间差异最为明显的方面。肇兴侗寨妇女提到关于地方特色类目的比例达到了45.86%，接近其提及的所有场所意义的50%，而平安壮寨的妇女提及关于地方特色类目在其所有场所意义中仅占21.03%（图4-6）。肇兴侗寨和平安壮寨都属于少数民族聚居村寨，寨内具有浓郁的民族特色，如民族特色饮食、舞蹈、服装、手工艺品等。在平安壮寨，梯田超越壮族习俗成为社区核心旅游吸引物；而在肇兴侗寨，民族特色是社区重点推介的特色景观和核心的旅游吸引物。同时，社区旅游开发的逐步深入也意味着外来文化的广泛影响，民族文化会受到外部世界的冲击，甚至导致民族传统特色的丢失，从而使得当地居民对地方特色感知弱化，这一点在旅游商业化程度更高的平安壮寨更为明显，而肇兴侗寨由于开发较晚，目前处于旅游开发的起步阶段，民族特色依然与当地居民的生活紧密相连，总体保存完好。基于此，肇兴侗寨妇女对地方特色的关注远远高于平安壮寨。

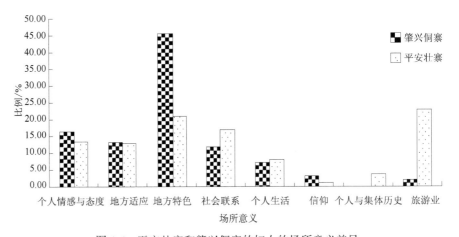

图4-6　平安壮寨和肇兴侗寨的妇女的场所意义差异

第二点差异体现在"旅游业"的场所意义类目上，两个社区妇女在该类目差异较大。"旅游业"在肇兴侗寨被提及的比例仅占2.07%，而在平安壮寨该类目的比例则占到22.88%，将近25%。这再次表明，旅游商业化程度不同，妇女对社区的场所意义的感知也存在差异。在平安壮寨，旅游业起步较早，当地妇女充分参与其中，旅游接待是她们赖以生存的活动，旅游发展改变了社区妇女的生活，社区妇女反过来也推动社区旅游的发展，二者息息相关。而在肇兴侗寨，社区旅游起步较晚，截至调研进行时期，当地妇女多数未参与到旅游业中，她们依然继续着传统生活，与社区旅游的联系并不紧密，因此，较少提及和旅游产业相关的场所意义。

第三点不同主要在于个人与集体历史方面。在旅游发展历程较长的平安壮寨，许多妇女通过参与社区旅游业获得了个人成长，通过对比参与旅游业前和参与旅游业后，她们认为自身的收入和素质都得到了很大提高；同时，她们意识到个人的成长同社区的旅游发展密不可分，并认可旅游发展给整个社区带来的改变，身为积极参与社区集体发展的一分子，她们对此感触颇深，也较多提及了该方面的内容，因此将该方面内容归纳为个人与集体历史。

第四点不同体现在社会联系上，相较于平安壮寨的妇女，肇兴侗寨的妇女提及的社会联系相关词汇较少，而且从该类目下的词汇构成显示，她们所描述的社会联系存在区别。平安壮寨社区妇女较多提及社会联系的原因有三点：其一，社区妇女普遍参与到社区旅游业中，也由于参与社区旅游业，她们的社会联系更为广泛，除了亲戚朋友以及村民以外，她们更结识了包括游客、官员、企业工作人员、媒体、学者在内的各类人员；其二，这种广泛的联系与她们的旅游经营息息相关；其三，值得关注的是，旅游开发使得原本和睦相处的社区成员关系恶化，彼此之间互助关系转变为竞争关系，影响了社区内部的信任与和谐，因此该方面被提及较多。而从肇兴侗寨受访妇女对社会联系的描述可以看出，她们的社会联系以亲戚朋友和社区内部成员为主，关系亲密和谐，而且联系方式也以日常交往为主，较少涉及个人经济利益，因而肇兴侗寨妇女提及的社会联系偏少。

就社会联系的具体表述而言，平安壮寨妇女提及的社会联系较多涉及了消极方面。其一，社区成员间竞争激烈，她们普遍反映自从开始发展旅游业后寨子里的人际关系变得疏远了起来，经常发生抢客的事件；其二，社区贫富差距拉大，有的人更是反映在这里赚的钱多会被人忌妒，赚的钱少又会被人看不起；其三，她们认为这种不和谐的关系会影响社区的旅游发展，她们提到这里经常发生抢客事件，游客经常受到惊吓，如果邻里关系好的话，游客就会对这里的印象更好，就会再来这里旅游。可见，旅游发展会影响村民间社会联系的融洽程度，改变她们判别社会联系价值的标准，即社区旅游中的种种问题引发了她们的社会联系矛盾，而她们之所以希望改善这种矛盾是因为现状会影响当地的旅游发展。然而，从肇兴侗寨妇女的社会联系表述中，我们可以看出，她们的社会联系处于相对积极的状态；她们更为关注人与人之间的紧密交往，特别是和社区内部成员的交往，她们与邻居及其他社区居民间关系较为和谐，并十分认可当地民风，这种融洽的社会联系促进了她们对所在社区的认同。

第五点差异表现在个人情感与态度方面。肇兴侗寨妇女对该方面的关注多于平安壮寨妇女，而且肇兴侗寨妇女的表达高兴和积极态度的词汇较多，极少提及负面词汇；而平安壮寨妇女则极少，她们的情感与态度表述以一些相对消极态度的词汇为主，更多地表达了她们的不满和担心。

第六点不同反映在信仰方面。肇兴侗寨的妇女对该方面场所意义的关注同样超过了平安壮寨的妇女。在肇兴侗寨，当地人信奉女神萨岁，社区内设有固定的祭祀地点，如萨岁坛，社区内至今仍然保留着相关的祭祀习俗；而且，社区妇女较多提及了当地人积极的精神追求，如对美好生活的向往等相关词汇。而在平安壮寨，社区妇女提到的只是信仰，诸如丧葬中的祭拜行为；她们较少提及神话传说，仅有个别妇女提及社区中的红豆杉具有神圣意义，但表述并不确切清晰。

最后一点差异体现在个人生活方面，虽然两个社区妇女给予该方面场所意义的关注程度相当，但在类目具体内容中存在区别。肇兴侗寨社区妇女所提及的个人生活类目包括了个人事件、成长和成就等，而平安壮寨社区妇女在个人生活类目下主要描述了个人成就和生意。从表述内容的对比来看，肇兴侗寨妇女更关注自己的生活和成长经历，而平安壮寨妇女则更看重自家的旅游经营状况，这种内容上的差别与两地的旅游商业化程度及旅游发展阶段有着必然联系。

（三）不同社区妇女场所意义的范畴差异

通过对八个大类进行综合分析，发现社区妇女所描述的场所意义类目存在进一步范畴化的可能性，因此，归纳出个体、社区、旅游业三个范畴，范畴与类目的对应关系详见表4-9。这三个大的范畴具有很强的统领性，能够将肇兴侗寨和平安壮寨社区妇女的场所意义的概念整合起来。

表 4-9 肇兴侗寨和平安壮寨妇女场所意义的范畴划分

研究社区	个体	社区	旅游业
肇兴侗寨	个人情感与态度	地方特色	旅游业
	个人生活	社会联系	
	信仰		
	地方适应		
平安壮寨	个人情感与态度	地方特色	旅游业
	个人生活	社会联系	
	个人历史	集体历史	
	信仰		
	地方适应		

结果显示，肇兴侗寨妇女提及的场所意义在个体、社区、旅游业三个范畴分布的比例分别是 40.10%、57.80%、2.07%；平安壮寨妇女提及的场所意义在个体、社区、旅游业三个范畴分布的比例分别是 35.50%、41.62%、22.88%，详见表 4-10。

表 4-10　肇兴侗寨和平安壮寨妇女场所意义的范畴结构　　　（单位：%）

研究社区	个体	社区	旅游业
肇兴侗寨	40.10	57.80	2.07
平安壮寨	35.50	41.62	22.88

　　从三个范畴的比例可以看出，社区范畴的场所意义在两地妇女提及意义中所占比例最高，但在肇兴侗寨，当地妇女表述的关于社区的场所意义达到了一半以上。总体上，两个社区的妇女对于所在社区均十分关注，但显然肇兴侗寨妇女对社区的关注程度更高。在肇兴侗寨，社区妇女的日常生活以社区为主要活动空间，较少走出社区，她们对于社区十分熟悉，她们关注社区的方方面面。结合肇兴侗寨社区妇女的表述，可以感受到她们对社区的认可与依恋，比如有人提到"侗歌是代表我们民族的东西，我们都会唱，从小就唱，是非物质文化遗产"，表达了她们对民族和社区的高度认可；而且，社区居民间的和谐融洽关系使得肇兴侗寨妇女对社区归属感保持着较强的感知水平，如由受访者提到社区成员经常在鼓楼下举办各种红白喜事，那时候邻居都会来帮忙，人们十分热情，寨子里还经常举办各种活动，人们都会去参加，所以整个社区的人都是团结互助的。相较于肇兴侗寨，平安壮寨社区妇女对社区的关注程度偏低，而且谈及内容也较多地涉及了负面情绪和信息，如前面所提到的竞争激烈、社区贫富差距拉大、影响旅游发展等问题。

　　在个人、社区、旅游业三个范畴中，两个社区的妇女提及个体的场所意义都排在第二位，但肇兴侗寨妇女的比例相对较高。肇兴侗寨妇女提及的个体范畴的场所意义包括：个人情感与态度、个人生活、信仰和地方适应四个方面，而平安壮寨妇女提及的个体范畴的场所意义则包括：个人情感与态度、个人生活、个人历史、信仰和地方适应五个方面。在个人情感与态度方面，肇兴侗寨社区妇女以积极态度和高兴情感为主，其中包括高兴的情感、依恋的情感和积极态度，约占 95%；而平安壮寨的妇女提到的关于高兴的情感词汇比例偏低，且消极态度等负面性的词语占到了 15%。肇兴侗寨妇女在地方适应中强调了熟悉和居所，更关注情感与生活，比如她们提到熟悉的味道、家的感觉、遮风挡雨和住在家里舒服等词汇；而在平安壮寨，妇女对地方适应则更注重的是便利与保障，更关注功能与效益，比如她们大量提及交通便利、子女上学、没钱没法生活等词汇。

在旅游业范畴上，由于肇兴侗寨的妇女并未普遍参与到社区旅游业中，所以当地的妇女在其场所意义中很少提及旅游业的内容。而在平安壮寨，当地社区妇女提及关于旅游业的场所意义比例达到了 **22.88%**，远超过肇兴侗寨；当地 80% 以上的社区妇女都参与到了旅游业中去，所以她们普遍都会提到与旅游业相关的场所意义。在长期的社区旅游发展过程中，参与旅游接待从一个创收手段演变为平安壮寨社区妇女日常生活的一部分，她们生活围绕游客展开，她们关注社区的旅游发展，关心景区的发展；在潜移默化中，她们赋予社区的场所意义已经随着社区旅游的发展和自身的旅游参与发生了变化。依据这种情况，可以判断，肇兴侗寨的妇女在未来的社区旅游发展中也会经历这种变化。

第五节　社区妇女场所意义对旅游商业化的响应

一、社区妇女场所意义的构成特点

通过对肇兴侗寨和平安壮寨妇女场所意义的分析，虽然二者的旅游商业化程度不同，但其场所意义结构具有共性，包括个人情感与态度、地方适应、地方特色、社会联系、个人生活、信仰、个人与集体历史、旅游业八个意义类目，它们附载于房子和家、土地、人、民族特色、村子及建筑、自然环境、基础设施、旅游业、地方宗教、节日风俗等 10 类场所特征之上。

通过进一步的梳理，可以将八个场所意义类目归为个体、社区和旅游业三个范畴，两个社区妇女对三个范畴的关注程度排序均为社区、个体和旅游业。然而从范畴构成比例来看，商业化程度不同的两个社区表现出了差异。肇兴侗寨妇女的注意力在三个范畴间的分配十分不均衡，她们对社区整体的关注最为强烈，其次是个体，而对旅游业的关注十分有限；平安壮寨妇女对这三个范畴的关注度相对均衡，她们对社区和个体的关注度均弱于肇兴侗寨妇女，但其对旅游业的关注度远远超过后者。

综合场所特征和场所意义来看，肇兴侗寨妇女对本民族及其文化的认同程度更高，她们更多地谈及民族特色，并描述特色的内涵与意义，平安壮寨妇女对本民族及其文化也有较高认同，但程度低于肇兴侗寨妇女。平安壮寨依靠梯田和自然风光吸引大量游客，当地妇女更关注与旅游业息息相关的环境风景、因旅游业而受损的社会联系；肇兴侗寨妇女在旅游业的参与十分有限，她们更强调对村子及建筑、房子和家的个人情感与态度，以及村子、建筑、房子和家给自身带来的地方适应意义，而在社会联系方面也多提及其正向积极意义。

肇兴侗寨妇女提及较少的是旅游业、地方宗教、节日风俗，平安壮寨妇女谈及较少的是地方宗教、村子及建筑和节日风俗，这其中存在共性，即地方宗教和节日风俗在妇女生活中的重要性有限，可以判断乡土信仰、集体性活动在妇女个人生活中的意义正在减弱；肇兴侗寨妇女对旅游业的关注不足源自于当下阶段其生活与旅游业的关联较少，而平安壮寨妇女对村子及建筑的有限关注则恰恰是聚焦于自身旅游参与、和村民间持续的竞争及传统建筑的改造所导致的。

二、旅游商业化对社区妇女场所意义的影响

旅游商业化程度分析显示，肇兴侗寨的旅游商业化程度偏低，而平安壮寨的旅游商业化程度存在过度问题，这必然会影响其内部妇女赋予社区及社区环境的意义。作者进而探讨了两个社区妇女在场所特征与场所意义上的差异，结果发现不同旅游商业化程度下，民族旅游社区的妇女所表述的场所特征和场所意义具有显著差异。

其中，旅游商业化程度较高的平安壮寨妇女在场所特征中更关注自然环境、人、旅游业、基础设施、节日风俗等，而旅游商业化程度相对较低的肇兴侗寨，其妇女相对更看重民族特色、村子及建筑、房子和家、地方宗教等场所特征。在场所意义方面，旅游商业化程度较高的平安壮寨妇女给予旅游业、社会联系、个人与集体历史更多关注，而肇兴侗寨妇女则强调地方特色、个人情感与态度、信仰的重要性；值得关注的是，在个人情感与态度方面，平安壮寨妇女表述的消极意义多于肇兴侗寨妇女。

总体来说，平安壮寨妇女对于旅游业及其相关内容的关注度较高，而肇兴侗寨妇女则对于民族传统和自身生活关注更多。长期的旅游发展使得原本封闭传统的平安壮寨转变成为具有一定知名度的民族旅游社区，旅游业成为寨子经济发展的支柱，更是当地社区妇女的主要生计，这深刻影响了平安壮寨妇女的场所意义认知。而肇兴侗寨的旅游业还处于起步阶段，当地的游客量有限，旅游设施也处于建设阶段，旅游业还未成为当地

妇女的主要生存方式，当地社区的生活成分更为突显，因此，当地社区妇女的日常生活并未受到旅游业的深度影响，民族传统特色明显，对旅游的关注也相对较少。

三、影响社区妇女场所意义的因素

基于以上分析，我们可以发现肇兴侗寨和平安壮寨妇女的场所特征和场所意义结构大致相同，差异存在于内部构成的比例，这种构成比例的不同主要来源于以下原因：

其一，旅游发展方面，不同的社区旅游发展阶段、旅游商业化程度会塑造妇女的场所意义。在旅游开发介入较晚，旅游商业化程度较低的肇兴侗寨，当地妇女对村子及建筑、房子和家的关注更多，她们强调个人情感与态度、地方适应这两个场所与人之间的基本重要关联意义；在旅游开发时间长，旅游商业化程度较高的平安壮寨，村子里的妇女对旅游业及其改变的人给予较多注意，相应地也更在意旅游业本身的发展和不断变化的社会联系的意义。

其二，就旅游参与方面来说，社区妇女群体自身是否参与旅游业，参与旅游业的程度如何与其自身的场所意义密切相关。在肇兴侗寨，多数妇女在作者调研期间尚未参与到旅游业当中，她们与游客的接触较少涉及经济和交易问题，多以观察、偶尔语言交流为主要接触方式，对旅游业的了解也多来自其他经营者、政府和电视等途径，因而，她们在社区内更为关注的是与其日常生活密切相关的场所，并赋予其更具生活化的场所意义，比如村子及建筑、房子和家；在平安壮寨，几乎家家户户的妇女都参与到旅游接待活动中，包括一些老年妇女和女童，她们熟悉游客这个群体，相对擅长与游客打交道，并希望从与游客的接触中获得收益，因此，她们更关注社区旅游业的发展，关注旅游业给社区环境和人际带来的影响，以及这些影响对社区旅游未来发展的不利效应，因为这些是依赖旅游业生存的她们更为关注的意义，是较为功利化的场所意义。

其三，社区景观方面，社区景观的改变会促使妇女场所意义发生变化。长期生活在社区内的妇女对社区景观十分熟悉，这些景观是其日常生活中的一部分，将她们与社区紧紧联结在一起，成为她们情感与意义的寄托，因而对她们来说，十分重要。平安壮寨和肇兴侗寨同样具有浓郁的民族风情，地处山地，干栏式建筑风格独特，传统上以梯田种植作物为生，两个社区的景观构成要素具有较强的相似性。但随着旅游的发展，两个寨子更具典型性的景观被挖掘并凸现出来，在旅游宣传中，平安壮寨以梯田和自然风光为主要特色，肇兴侗寨的建筑特色更为突出，这种社区景观的变化必然会影响当地妇女的场所意义。比如，随着旅游开发对梯田景观的重视和对传统民族建筑风貌的改变，使得平安壮寨妇女对民族和地方特色重要性感知的弱化，转而更为关注融合了山水风光和梯田景观的环境风景，并表达了对山水和梯田遭到破坏的担心；反之，肇兴侗寨妇女进一步强化了民族建筑、民族饮食等民族特色的重要意义。

第五章

民族旅游社区妇女的生活质量：
基于幸福感观点

目前，幸福感已从最初的思想讨论观念，逐渐向制度层面过渡，并成为政府可操作性的创新评价指标。中央电视台《CCTV 经济生活大调查》栏目（2011 ～ 2012 年）携手国家统计局、中国邮政集团公司、北京大学国家发展研究院、北京第二外国语学院中国闲暇经济研究中心，历时 4 个多月，分析未来中国人幸福感的需求走势，并进行了中国城市幸福感排名。提升国民幸福感已经成为政府新的发展理念，这不仅是一个民生建设和政策的议题，也涉及文化、心理、法制、制度等各个方面的内容。因此，幸福感是社会发展面临的越来越重要和政府越来越关心的一个问题。

进入 21 世纪以来，旅游已成为很多人生活当中的一部分，是创造幸福生活的一种重要途径，旅游产业也成为许多地区致富的快速通道。《国务院关于加快发展旅游业的意见》中指出要把旅游业培育成国民经济的战略性支柱产业和人民群众更加满意的现代服务业，其社会作用就是要推动社会进步，提高人民生活质量及其幸福感（马耀峰，2010），这其中自然也包括游客和社区居民。

目前，旅游研究中有关幸福感的探讨相对有限，就现有研究来看，研究对象主要针对游客（Lu and Hu, 2005），比如黄金周的"井喷"现象造成游客幸福指数的下降（张丽，2008；程平平和杨效忠，2014）；然而，学者们对于旅游从业者幸福感的关注不足。社区居民作为旅游从业者群体之一，提高其幸福感水平是地方旅游开发的重要目标。妇女居民是社区旅游的主要参与者，她们的日常生活与旅游参与实践密切相关，因而探讨其幸福感水平应更多地关注旅游扮演的角色。鉴于此，本章以四川省桃坪羌寨为例，分析西部民族旅游社区妇女的幸福感和人群差异；重点探讨旅游参与状况对妇女幸福感的影响，以期丰富旅游幸福感研究的相关理论，为民族旅游社区妇女的生活品质提升和社区旅游的和谐发展提供参考。

第一节 基础理论

一、幸福感

幸福感（well-being）在英文中有"良好的存在或状态""福祉"等含义，是积极心理学研究的核心命题之一，对人们的心理健康具有重要意义，其研究经历了三个重要的发展阶段（苗元江和赵姗，2009）：

20 世纪 60～70 年代，以 Diener（1984）为代表的学者开展了主观幸福感研究，其在整合情绪幸福感与认知幸福感概念模型的基础上构建了主观幸福感，形成了现代幸福感研究的主流。

20 世纪 80～90 年代，以 Ryff 等为代表的学者对心理幸福感的研究，提出了自我接受、机能自主、生活目的、人格成长、积极关系、环境控制等心理健康方面的概念，形成了积极心理机能模型（Ryff，1989a，1989b，1995；Ryff and Singer，1998）。

20 世纪 90 年代至今，以 Keyes 等为代表对社会幸福感的研究，提出了社会幸福感的基本理论等。总体来看，主观幸福感、心理幸福感和社会幸福感在概念意蕴上是独立的，在个体经验上是分离的（Keyes，1998；Keyes et al.，2002）。

二、主观幸福感

主观幸福感（subjective well-being）这个词最早出现于 20 世纪 50 年代后期，它是反映人们生活质量的一个重要指标，并被政府用于监控社会动荡，也是制定公共政策的参考。Andrews 和 Withey（1976）对主观幸福感的阐释具有里程碑的意义，他们认为，尽管人们生活在客观世界，但主要依据主观感受来评价生活质量的高低，因而主观幸福感是人们评判生活质量的重要指标。

此后，众多学者提出了自己的主观幸福感的概念，得到较多认可的是 Diener（1984）提出的定义，他认为主观幸福感是个体依据自定的标准对其生活质量的整体的评价，并指出主观幸福感具有三个特点：主观性、稳定性和整体性。

主观性。主观幸福感的评价主要依赖于个体的主观感受，根据评价者自己的标准进行衡量，在进行主观幸福感测量时，通常也依据主观测量方法。

稳定性。主观幸福感要测量长期而非短期的情感反应和生活满意度。已有研究表明，主观幸福感有跨情境的一致性。

整体性。幸福是综合评价，包括对情感反应的评估和认知判断。

Diener（1984）认为，主观幸福感包含两个主要成分：情感成分与认知成分。情感成分为个体在实际生活中感受到的情绪体验，分为正性情感和负性情感。正性情感包括诸如愉快、高兴、兴趣等情感体验；负性情感有忧虑、抑郁、悲伤等体验；体验较多的积极情感、较少的消极情感的个体无疑要幸福些。认知成分是指个体对自身生活质量的认知评估，即生活满意感，包括整体生活满意感知和具体领域的生活满意感，如工作、婚姻、健康等领域。

三、心理幸福感

从 20 世纪 80 年代开始，幸福感研究又分化出了新的研究方向，即心理幸福感（psychological well-being），该方向不同于主观幸福感的"快乐论"背景，而是从自我发展和实现角度来诠释幸福感。

相较于主观幸福感对整体生活满意度和快乐感的关注，心理幸福感更多的是探索人类发展的法则和存在的生命挑战等。早期心理幸福感的相关概念包括自我实现、整体机能、成熟等，它们对心理幸福感的实证研究产生的影响微乎其微。后期对于心理幸福感的概念，学者虽有诸多见解，但以 Waterman、Ryff 和 Ryan 提出的概念比较具有代表性（苗元江，2003）。

Waterman（1993）提出将幸福分成两种：一种是人格展现的幸福，是指个人全心全意地投入活动中时，意识到自己的潜能得以充分发挥，自我得以展开，进而有助于达成自我实现的体验，是实现自我的愉悦；另一种是尽情享乐的幸福，指在活动中体验到自己的生活或心理需要得到了满足。他认为这两种幸福都有别于主观幸福感，并对幸福感的实现和快乐进行区分，初步奠定了心理幸福感的概念框架，同时他对"人格展现活动问卷"量表的编制使得幸福感量表体系逐渐获得完善与发展。

Ryff 和 Keyes（1995）、Ryff 和 Singer（1998）从亚里士多德的理论出发，

探索了生活空间发展理论，他们认为幸福感应该被定义为"努力实现完美自我的潜力"，并且进一步界定了心理幸福感的概念，提出心理幸福感的六个维度——自我接纳、个人成长、生活目标、良好关系、环境控制、自主性；同时编制了心理幸福感量表，构建了心理幸福感的六因素模型，这对心理幸福感测量来说是一个重大提升。同时，Ryff 和 Keyes（1995）的研究发现，不同年龄段个体的总体幸福感水平大体相同，但内部各个因素的表现有所不同。以上学者从理论和操作两方面定义了心理幸福感。

而 Ryan 和 Deci（2000）提出了自我决定理论，该理论是将实现论作为幸福感的中心概念，将心理幸福感定义为自主需要、认可需要和关系需要这三种需要的满足，并认为这三种基本需要对人类而言至关重要，且能够促进人类的幸福感。同时，他们还指出，基本心理需要的满足是个体心理成长和拥有幸福感的必要条件，按照自我决定理论的预测，需要被满足的变化将会直接影响幸福感的变化。Ryan 和 Deci（2000）认为，基本心理需要的满足不仅能够提升个体的主观幸福感，也促进个体心理幸福感的增加；并根据自我决定理论演化出"主观活力量表""人格抱负指标""基本需要（关系、能力、自主）"等一系列测量幸福感的量表，其中包含独立自主、个人成长、环境控制、人际关系、生活目标及自我接受六个维度。

综上所述，心理幸福感是指人的心理机能处于良好状态，使人的潜能和各种价值得以充分实现，这与主观幸福感单纯的情感体验不同，具有延展性，能够持续影响个体的幸福体验。

四、社会幸福感

人的属性既有自然性，也有社会性，因此，谈论人的属性离不开社会环境。不同的社会环境下，人所受的影响也不同，对幸福的感受也会有非常大的差别。以往幸福感的研究局限在个人的视角，主观幸福感把快乐定义为幸福，侧重个人主观体验和感受，心理幸福感则把幸福感理解为人的潜能实现（苗元江和王青华，2009），这些都忽视了人与社会之间的关系及人在社会领域中的机能和挑战。世界卫生组织（World Health Organization, WHO）在"健康"的定义中强调了社会幸福感（social well-being）的重要性；哲学、社会心理学和文化分析等方面的观点也认为，社会幸福感和个人幸福感同样重要（吴淑凤，2006）。基于人与社会统一的思想，社会幸福感为幸福感研究提供了一个新的视角：在社会环境下探索人的良好存在状态，考察个人的社会关系和功能，能够反映人在公共领域所面临的社会挑战（陈浩彬和苗元江，2011）。

1989 年，世界卫生组织妇女大会将"健康"定义为"健康不仅仅是没有疾病或者病痛，而是身体上、精神上和社会上的完全良好状态"，强调了社会层面上个体完满状态的重要性。目前，学者们关于社会幸福感的概念并未达成一致，对于生活质量、物质生活等方面的测量指数也不尽相同，但 McDowell、Newell 和 Keyes 提出的概念获得较多认可（苗元江和朱晓红，2009）。

McDowell 和 Newell（1987）认为，社会幸福感是个体对自己与他人的相处，以及自己与社会组织等社会机构的联结程度的评估。社会幸福感不仅从个体对社会适应方面，还从社会联结反映的社会支持角度进行概念界定，社会适应包括社会关系满意度、社会角色扮演和环境适应，社会支持包括社会网络中与他人联结的数量和联结的质量。

Keyes（1998）将社会幸福感定义为个体对自己与他人、集体、社会之间的关系质量，以及对其生活环境和社会功能的自我评估，包含了社会整合、社会认同、社会贡献、社会实现和社会和谐五个维度。

近十多年来，乡村社区旅游开发成为西部旅游开发的重要内容。旅游开发一方面使得当地社区获得了经济和社会上的快速发展，另一方面，由于旅游开发导致乡村社会构成、价值观念的变化，对居民物质生活和精神生活两个层面均产生了深刻影响。从幸福感角度认识这种影响，不仅可以深化民族旅游影响研究，而且对乡村民族旅游和谐、健康发展有现实的指导意义。鉴于此，本章以四川桃坪羌寨妇女为调查对象，重点分析她们的主观幸福感和社会幸福感表现，并关注两种幸福感的人群差异。进而探讨旅游参与状况对当地社区妇女幸福感的影响，以期为相关理论的探索提供案例数据，进而促进西部民族地区社区旅游的可持续发展和当地女性生活品质的提升。

第二节　研究设计与案例地

一、量表选择

本章的调查问卷包括三部分内容：第一部分是当地妇女的人口统计

学信息；第二部分是妇女参与社区旅游业的情况，包括从事职业，参与时间和获得的旅游收入；第三部分是妇女的幸福感量表，包括主观幸福感和社会幸福感。其中，关于幸福感的量表部分采用五分制的利克特量表，要求调查对象用1（很不同意）、2（不同意）、3（一般）、4（同意）、5（完全同意）的等级方法来表明自己对量表表述的态度。

主观幸福感包括积极情感和消极情感两个维度，共计六个题项的表述，积极情感包括"我非常乐意去做一些事情""别人夸奖我，我会觉得很自豪""我的生活事事顺心、幸福满足"三个题项；消极情感包括"最近我的心情焦躁，坐立不安""最近我觉得生活没有意思，不开心""别人批评指责我，我会感到心烦"三个题项。

社会幸福感量表采用 Keyes（1998）用于美国中年人调查的"社会幸福感量表"（Social Well-being Scale）中15个测查社会幸福感的项目，分为五个维度，包括社会整合（包括"我觉得我们村子很安全舒服""当我有话说时，村里的人会听我说""我和村民的关系很好"三个题项）、社会认同（"我觉得人和人之间是相互信任的""我觉得人都是善良的""我觉得人都是自私的""我觉得现在的人不如以前诚实"四个题项）、社会贡献（"我能为社会做出贡献"和"我平常做的事情对村子的发展有好处"两个题项）、社会实现（"我们的生活会变得越来越好""社会是不断发展变化的""我觉得现在的社会很好"三个题项）和社会和谐（"我想更多地知道村子以外的世界""我能理解社会上发生的事情""我不知道未来社会会发生什么"三个题项）。

二、数据获取及方法

调查小组于2012年7～8月在四川省阿坝州的桃坪羌寨开展调研，并对当地社区妇女的主观幸福感和社会幸福感进行问卷调查，期间共发放问卷160份，回收整理后获得有效问卷154份，有效率为96.25%。

在数据分析中，本章主要采用交叉列联表分析（cross-tabs analysis）和聚类分析。交叉列联表分析是对不易量化的定性变量间的相依性或独立性进行统计分析的有力工具，用起来直观简单（杨宇，2009）。在实际问题的探讨中，研究者不仅需要了解单个因素的数据分布情况，更需要分析不同取值区间内多个变量的数据分布状态，以加深对多个变量间关系的研究，这种分析方法就被称为交叉列联表分析。交叉列联表主要承担两个分析任务：一是根据多个变量的样本数据产生多维交叉列联表，二是检验交叉列联表中的多个变量两两之间是否存在相关性。其优点在于，能够较好地反映拥有不同取值区间的两两因素间是否存在相关关系，以及这些因素与所观察现象之间的关联性（陈雪东，2002；唐玲，2012）。

目前，聚类分析在许多领域得到了广泛的研究，例如数据压缩、信息检索、模式识别，尤其是数据挖掘（游芳等，2009）。已有的聚类方法十分多样，如基于划分的方法、基于层次的方法、基于密度的方法和基于网格的方法等。本章依据主观幸福感和社会幸福感数据的特点选择聚类分析工具。对于主观幸福感采用基于二维气泡图的聚类分析，综合了基于密度和网络的方法，以主观幸福感的积极情感体验得分和消极情感体验得分为聚类依据，划分出社区妇女类型。就社会幸福感而言，利用快速聚类分析方法来细分不同妇女类型的特征。具体来说，以社会幸福感各个维度的得分为原点进行聚类，SPSS17.0 软件自动生成了聚类中心，在方法上选择了迭代和分类，最大迭代次数和收敛阈值标准按照系统默认。为了进一步检验分类效果，采用了方差分析（ANOVA）进行显著性检验输出。

三、案例地与样本概况

由于本章与第三章案例地相同，皆为四川省阿坝州的桃坪羌寨，相关概况已经在第三章中详细阐述，因此，本章不再对案例地进行描述。

（一）样本的基本信息

从调查对象构成上来看，年龄在 18 岁以下的受访者较少，仅占 1.95%，据实地观察，她们多在外求学或工作，30～44 岁的受访者占总体比例的 36.36%，45～59 岁的妇女占调查比例的 37.01%，其他各年龄阶段的妇女比例相对偏低。在文化水平构成上，受访妇女的文化水平主要集中在小学和初中，所占比例分别为 25.32%、31.82%，大专及以上文化水平的妇女仅占 12.34%，这与当地以往长期落后闭塞的社会经济发展水平有关。在婚姻状况方面，被调查对象以已婚妇女为主，所占比例高达 87.01%，这同受访者的年龄构成特征相一致（表 5-1）。

同时，在家庭年收入方面，有 11.69% 的受访者家庭年收入在 2 万元以下，46.75% 的受访者家庭年收入在 2 万～4 万元，占绝大多数，其次是 21.43% 的受访者家庭年收入在 4 万～6 万元，家庭年收入在 6 万元以上的妇女占 20.13%。受访妇女的家庭年收入情况和当地的经济发展水平密切相关，桃坪羌寨虽然地处川西山地，过去经济发展相对滞后，大多数家庭年收入偏低，但经过多年的旅游开发，社区总体经济情况有所改善，相当一部分妇女的家庭经济收入得到较大提升；同时，对于多数未参与到社区旅游中的家庭来说，他们的收入主要依靠农业和外出务工，无法从旅游开发中获得利益，其经济条件相对较差。

表 5-1　样本的基本信息

变量	项目	频数	比例 /%	变量	项目	频数	比例 /%
年龄	18 岁以下	3	1.95	文化水平	小学以下	20	12.99
	18～29 岁	27	17.53		小学	39	25.32
	30～44 岁	56	36.36		初中	49	31.82
	45～59 岁	57	37.01		高中	27	17.53
	60 岁及以上	11	7.14		大专及以上	19	12.34
家庭年收入	少于 2 万元	18	11.69	婚姻状况	未婚	16	10.39
	2 万～4 万元	72	46.75		已婚	134	87.01
	4 万～6 万元	33	21.43		其他	4	2.60
	多于 6 万元	31	20.13				

（二）样本的旅游参与特征

在桃坪羌寨受访妇女中，旅游工作形式为"其他"的妇女人数最多，该部分妇女属于无旅游工作或无固定旅游工作的人群，占总样本数的33.12%；在拥有固定旅游参与工作的妇女中，以旅游商品销售形式参与社区旅游业的妇女人数最多，占到总样本数的21.43%；其次为旅游私营业主，占总样本的20.78%，该类妇女人数也较多（表5-2）。在所有样本中最少的是私营雇工，其比例5.19%，这里的私营雇工主要是指景区保洁员、酒店餐馆的帮工；由于寨子景区规模不大，保洁员人数少，寨子中大规模私营者十分有限，相对的私营雇工就偏少，加之她们的工作繁忙，时间不固定，而调查需要一定的时间，因此问卷完成率偏低。

在参与旅游时间上，零星参与或未参与的妇女所占比例最高，为33.12%；在参与旅游业妇女中，参与时间多于 10 年和少于 3 年的妇女人数较多，分别占样本总体的24.03%和21.43%；参与时间在 3～6 年的妇女占13.64%，参与时间在 6～10 年的妇女人数最少，仅占7.79%。在旅游年收入方面，33.12%的受访者表示没有获得旅游年收入，她们都是零星参与或未参与旅游的妇女；17.53%的妇女获得0.5 万～1 万元的旅游年收入，获得1.5 万～2 万元旅游年收入的妇女最少，占9.74%。

表 5-2　样本的旅游参与特征

变量	项目	频数	比例 /%	变量	项目	频数	比例 /%
旅游工作形式	旅游私营业主	32	20.78	旅游年收入	无	51	33.12
	旅游商品销售	33	21.43		少于 0.5 万元	16	10.39
	旅游商品加工	13	8.44		0.5 万～1 万元	27	17.53
	私营雇工	8	5.19		1 万～1.5 万元	24	15.58
	景区雇员	17	11.04		1.5 万～2 万元	15	9.74
	其他	51	33.12		多于 2 万元	21	13.64
参与旅游时间	零星参与或未参与	51	33.12				
	少于 3 年	33	21.43				
	3～6 年	21	13.64				
	6～10 年	12	7.79				
	多于 10 年	37	24.03				

第三节　桃坪羌寨妇女的主观幸福感

本节所采用的主观幸福感量表包括两大维度，分别为积极情感和消极情感。主观幸福感的量表亦采用五级计分，所有项目均为正向计分，各维度得分是其所包含项目得分总和的样本均值；分数越高，表明该维度代表的情感程度越高。

桃坪羌寨社区妇女的积极情感均值为 11.05，消极情感均值为 8.66（表 5-3）。这表明，积极情感和消极情感相比，积极情感占主导。主观幸福感的消极情感内部差异性大，积极情感的差异性小。可见，桃坪羌寨妇女的主观幸福感处于中等偏上水平，积极情感得分高于消极情感。

表 5-3　桃坪羌寨妇女主观幸福感总体特征

变量	题项数	均值	标准差
积极情感	3	11.05	1.7630
消极情感	3	8.66	2.2075

在积极情感维度上，桃坪羌寨妇女普遍感到自身是幸福、满足的，得到别人的赞扬时心中是自豪的，在生活中有自己的兴趣爱好，生活是很惬意的；相反，桃坪羌寨妇女会因为邻里之间的矛盾纠纷而心烦意乱，对于平平淡淡的生活也会觉得枯燥乏味，心情焦躁。总的来说，桃坪羌寨妇

女的主观幸福感处于中等偏上水平，且积极情感体验较多。

一、个体特征与社区妇女主观幸福感

为了进一步探讨妇女主观幸福感的影响因素，作者利用 SPSS17.0 统计软件对可能影响妇女主观幸福感的人口统计学特征和旅游参与特征进行单因素方差分析。

（一）年龄

不同年龄阶段对幸福有不同的理解和定义。在调研过程中，将受访妇女分为"18 岁以下、18～29 岁、30～44 岁、45～59 岁、60 岁及以上"五个年龄段，分析中以年龄为因变量，对主观幸福感的两个维度积极情感和消极情感进行方差分析，结果如下。

从表 5-4 中可以看出，因素积极情感和消极情感的均方分别为 4.815、6.705，计算的 F 值分别为 1.562、1.381，显著性为 0.187、0.243，均大于显著性水平 0.05，因此，判断年龄对主观幸福感中的积极情感和消极情感没有显著影响。但年龄对情感没有显著影响并不代表不同年龄妇女的幸福感没有区别，所以为了清晰地比较不同年龄妇女之间主观幸福感的差异，作者对年龄和主观幸福感进行了均值的描述统计（表 5-4）。

表 5-4　年龄对妇女主观幸福感影响的方差分析

因变量	变量	平方和	df	均方	F	p
年龄	积极情感	19.262	4	4.815	1.562	0.187
	消极情感	26.821	4	6.705	1.381	0.243

由表 5-5 可得，积极情感随着妇女年龄的增长呈 U 形变化，在 18～29 岁年龄段为最小值，为 10.556，直到老年 60 岁时，一直保持上升趋势。从整个年龄变化上看，60 岁及以上的老年妇女体验到的积极情感达到最高值 11.909。在消极情感维度上，随着年龄呈现倒 U 形曲线变化，在 30～44 岁达到峰值，为 8.821，而 60 岁及以上的老人消极情感体验得分最低，为 7.182。

当地妇女主观幸福感随着年龄增长的变化情况较为符合人的社会化过程，人在少年阶段，主要是学习和自然成长阶段，相对无忧无虑，不用为生计奔波，所以积极情感体验较高，消极体验较低；进入青年时期，面临工作、家庭、社会各方面的压力，对人生开始有些迷茫，导致积极情感体验降低，消极体验上升；这种状态持续到三十而立，在这个时期，消极情感体验也达到最高值；60 岁及以上的受访者，获得了生活和经济上的稳定状态，能淡然看待事情的发展，品味其中的苦乐，珍惜自己拥有的东西，所以在积极情感上达到最高值。

表 5-5 主观幸福感的年龄差异

年龄	积极情感	消极情感
	均值 ± 标准差	均值 ± 标准差
18 岁以下	11.333±0.577	8.333±1.528
18～29 岁	10.556±1.761	8.704±2.284
30～44 岁	10.875±1.849	8.821±2.183
45～59 岁	11.263±1.706	8.789±2.281
60 岁及以上	11.909±1.640	7.182±1.722

（二）文化水平

通常情况下，一个人的文化水平越高，他对自己的消费水平、生活质量、经济收入、社会地位等各个方面的期望就越高，如果现实与期望之间存在较大的差异，那么主观幸福感就会降低（王玉琳，2010）。同样，不同受教育程度的妇女在主观幸福感的评价上也可能存在这样的差异。以受教育程度为因变量，对当地妇女的积极情感和消极情感进行方差分析，结果如表 5-6 所示。

表 5-6 文化水平对妇女主观幸福感影响的方差分析

因变量	变量	平方和	df	均方	F	p
文化水平	积极情感	5.247	4	1.312	0.413	0.799
	消极情感	19.142	4	4.785	0.975	0.423

从表 5-6 方差分析的结果上可以看出，变量积极情感和消极情感的 F 值分别为 0.413、0.975，显著性为 0.799、0.423，均大于显著性水平 0.05，由此表明文化水平对积极和消极情感均无显著影响。

从桃坪羌寨妇女主观幸福感的文化水平差异上可以看出，随着妇女受教育程度的提高，其积极情感、消极情感得分并非持续增加或降低，表明二者之间不是简单的正相关或负相关关系（表 5-7）。在积极情感维度上，随着受教育程度的提高，妇女的积极情感体验得分也越来越高。高中文化水平的妇女积极情感体验得分达到最高值 11.222，但是在大专及以上的妇女积极情感体验得分略有降低，这与当地的发展密切相关。桃坪羌寨属于西部民族乡村社区，当地经济社会发展相对落后，信息较为闭塞，高中文化水平妇女对于自身发展和生活品质要求较高，但在实际生活中受到当地环境限制，无法达到期望，一定程度上影响了她们对生活的憧憬，降低了她们创造生活的积极性。

表 5-7　主观幸福感的文化水平差异

文化水平	积极情感	消极情感
	均值 ± 标准差	均值 ± 标准差
小学以下	10.800±1.852	9.200±2.484
小学	11.077±1.660	8.410±1.983
初中	11.163±1.760	8.979±2.146
高中	11.222±1.867	8.333±2.184
大专及以上	10.684±1.887	8.263±2.579

在消极情感维度上，总体发展趋势是，受教育程度越高，她们的消极情感得分越低，但也存在个别特殊点的波动。受过初中教育的妇女，消极情感得分高于小学和高中教育程度的妇女。这可能与她们的旅游参与方式有关，在调研过程中，作者发现初中教育程度的妇女大多从事着旅游商品的销售及制作，她们提篮叫卖，流动性较强，虽然她们认为做旅游要比种地强许多，但却苦于没有资金开办旅店从而获得更多收入，这种比上不足比下有余的生活，让她们消极情绪激增，成为感觉不太幸福的一类人。

（三）婚姻状况

一个人的婚姻状况可以作为预测幸福的指标，在中国传统乡村社区，女人以家庭内角色为主，如妻子和母亲，她们担负着家庭日常运转的职责，因此，婚姻生活的幸福与否直接影响着妇女的精神状况和身体健康。作者以婚姻状况作为因变量，对桃坪羌寨的妇女进行方差分析，探讨婚姻状况对其主观幸福感的影响，结果如下。

在婚姻变量上，积极情感和消极情感相对应的 F 值分别为 1.522、0.187，显著性均大于 0.05（表 5-8），表明婚姻状况对积极情感和消极情感没有显著性影响，这可能与桃坪羌寨的环境变化、社会背景等因素有关。

表 5-8　婚姻状况对妇女主观幸福感影响的方差分析

因变量	变量	平方和	df	均方	F	p
婚姻状况	积极情感	9.645	2.000	4.822	1.552	0.215
	消极情感	1.856	2.000	0.928	0.187	0.829

从当地妇女主观幸福感的婚姻状况差异可以看出，已婚妇女在积极情感得分上高于未婚妇女和其他妇女，消极情感得分低于未婚和其他妇女，这与已有研究结论相吻合（表5-9）。Diener 和 Diene（1995）指出，婚姻提高了人们的主观幸福感，已婚妇女比男性报告更多的满足感；刘晓霞和邢占军（2007）关于中国城市妇女的研究结果表明，婚姻状况是影响城市妇女群体主观幸福感的重要因素，家庭生活对于她们来说十分重要。汪洁和郝麦收（2005）也认为，如果将亲情、爱情和财富排序，那么城市妇女会把爱情排在第一位。

表 5-9　主观幸福感的婚姻状况差异

婚姻状况	积极情感	消极情感
	均值 ± 标准差	均值 ± 标准差
未婚	10.380±1.500	8.690±2.473
已婚	11.750±1.803	8.380±2.192
其他	11.100±0.957	9.000±2.449

（四）家庭年收入

经济基础得以保证是人们获得幸福的物质保障，家庭收入的不断增加能够提升个体的生活水平和精神状态。在桃坪羌寨发展旅游之后，当地居民有了新的经济收入来源，各个家庭的收入也得以增加，这必然会促进当地居民生活水平的整体提升，并影响他们对于生活状态的评价。因此，作者以家庭年收入为因变量，对主观幸福感的两个维度积极情感和消极情感进行方差分析，结果如下。

表 5-10 的方差分析结果显示，显著性在积极情感维度上为 0.883，大于显著性水平 0.05，在消极情感维度上为 0.000，远远小于 0.05，因此认为家庭年收入对消极情感有显著性影响，对积极情感没有显著性影响。

表 5-10　家庭年收入对主观幸福感影响的方差分析

因变量	变量	平方和	df	均方	F	p
家庭年收入	积极情感	2.094	3	0.698	0.220	0.883
	消极情感	121.819	3	40.606	9.689	0.000*

注：*表示存在显著影响，显著性水平为 0.05，全书同

家庭年收入与积极情感呈现 U 形关系，家庭年收入在 6 万元以上的妇女积极情感体验得分最高，家庭年收入少于 2 万元的妇女次之，而积极情感体验得分最低的是家庭年收入在 2 万～4 万元的妇女；表明家庭年收

入与妇女的积极情感并不是简单的正相关关系，主观幸福感并不会随着收入的逐步增加不断提升。从消极情感维度上来看，2万～4万元家庭年收入的妇女消极情感得分最高，家庭年收入少于2万元的妇女次之，家庭年收入在4万～6万元的妇女消极情感最低（表5-11）。在收入与幸福感的关系上，学者众说纷纭。

表5-11　主观幸福感的家庭年收入差异

家庭年收入	积极情感	消极情感
	均值 ± 标准差	均值 ± 标准差
少于2万元	11.111±1.811	9.278±2.081
2万～4万元	10.958±1.902	9.444±2.245
4万～6万元	11.000±1.479	7.606±1.676
多于6万元	11.258±1.769	7.613±1.892

Diener等（1993）对美国居民的随机抽样调查发现，收入与主观幸福感之间的相关性未达到显著影响的水平；金江和张奎（2011）关于武汉城镇居民的研究结果表明，绝对收入对主观幸福感有显著的正向影响，而收入差距对主观幸福感有负向影响。本节中，家庭年收入和旅游社区妇女的主观幸福感并无显著关系；在差异表现中，家庭年收入最低的妇女积极情感体验较高，消极情感体验也较高，处于矛盾中；而家庭年收入最高的，其积极情感体验最高，但消极情感体验并非最低。

（五）主要收入来源

不同的收入渠道促使人们形成不同的生活方式和生活习惯，进而影响人们生活中的情感体验。桃坪羌寨妇女的收入来源包括农牧业、旅游业、副业、外出打工、其他这五种。作者以主要收入来源为因变量，探讨该因素和当地妇女主观幸福感之间的关系，结果如下。

从表5-12的方差检验的结果可以看出，主要收入来源对积极情感和消极情感的显著性分别为0.651、0.260，均大于显著性水平0.05，由此得出，收入来源对当地妇女的主观幸福感并无显著性影响。

表5-12　主要收入来源对主观幸福感影响的方差分析

因变量	变量	平方和	df	均方	F	p
主要收入来源	积极情感	7.798	4	1.949	0.617	0.651
	消极情感	25.929	4	6.482	1.333	0.260

为了进一步比较主观幸福感在主要收入来源上的差异，作者对五种

收入来源妇女的主观幸福感均值进行比较。从表 5-13 中可以看出，从事旅游业的妇女积极情感得分最高，消极情感体验得分也较高；表明这些妇女在旅游参与过程中，获得了丰厚的收入，生活水平和家庭地位不断提升，并获得自我成长和对环境的控制能力，因此，她们的积极情感体验高；同时，她们比其他收入来源的妇女面临更多新的问题和挑战，因此，其消极情感体验也偏高。以农牧业为主要收入来源的妇女的积极情感体验得分偏低，消极情感体验得分也最低，表明她们的日常生活仍然以传统的家庭和农业劳作为主，收入有限，生活虽然相对平淡，但容易满足。

表 5-13　主观幸福感的收入来源差异

主要收入来源	积极情感	消极情感
	均值 ± 标准差	均值 ± 标准差
农牧业	10.969±1.636	8.063±2.015
旅游业	11.400±1.856	8.988±2.346
副业	11.024±1.957	8.267±2.344
外出打工	11.294±1.611	8.353±1.967
其他	10.167±1.169	9.167±0.753

（六）旅游工作形式

在具体的旅游参与过程中，以不同方式参与旅游业的妇女，其获得的经济收入和价值体现存在差别，这种差别会导致她们的主观幸福感产生差异。由于桃坪羌寨妇女旅游参与形式较为多样，因此，作者对其旅游工作进行分类整理，最终归为六类。随后，以旅游工作形式为因变量，对桃坪羌寨妇女主观幸福感进行方差分析，结果如表 5-14 所示。

表 5-14　旅游工作形式对主观幸福感影响的方差分析

因变量	变量	平方和	df	均方	F	p
旅游工作形式	积极情感	8.538	5	1.708	0.538	0.748
	消极情感	51.870	5	10.374	2.198	0.058

在单因素方差分析中，旅游工作形式对积极情感和消极情感的方差检验的显著性分别为 0.748、0.058，均大于显著性水平 0.05。由此可判断，旅游工作形式在桃坪羌寨妇女的积极情感维度和消极情感维度上没有表现出显著的统计学差异。

在旅游工作形式变量上，妇女之间的积极情感和消极情感差异并不大（表 5-15）。从事旅游商品加工的妇女积极情感得分最高，随后依次是旅游私营业主、从事其他工作的妇女、旅游商品销售和景区雇员，积极情感体验得分最低的是私营雇工。在消极情感得分上，从事旅游商品加工的妇女得分最高，其次是景区雇员、旅游商品销售、旅游私营业主，最低得分的是从事其他行业的妇女。受访妇女均生活在桃坪羌寨，不管以哪种形式参与旅游业，她们都享受着旅游带来的经济利益、社会利益，以及自身获得的满足感；但同时，她们也都面临着旅游发展中的竞争加剧、景区管理、主客矛盾等问题，在应对这些问题的过程中，她们会感觉沮丧、压力大、迷茫、没有出路等。

表 5-15　主观幸福感的参与旅游工作形式差异

旅游工作形式	积极情感	消极情感
	均值 ± 标准差	均值 ± 标准差
旅游私营业主	11.125±1.862	8.750±2.328
旅游商品销售	10.879±2.103	9.030±2.518
旅游商品加工	11.615±1.387	9.769±2.127
私营雇工	10.647±1.356	8.500±1.604
景区雇员	10.875±1.579	9.176±2.128
其他	11.118±1.705	7.941±1.912

（七）参与旅游时间

参与旅游业能够提升社区妇女的整体幸福感，那么在旅游参与过程中，是否参与时间越长，主观幸福感就越高呢？作者将参与旅游时间划分为五个时间段——零星参与或未参与、少于 3 年、3～6 年、6～10 年、多于 10 年——并以此为因变量，对当地妇女的积极情感和消极情感进行方差分析（表 5-16）。

表 5-16　参与旅游时间对主观幸福感影响的方差分析

因变量	变量	平方和	df	均方	F	p
参与旅游时间	积极情感	32.211	4	8.053	2.687	0.034*
	消极情感	56.774	4	14.193	3.049	0.019*

从参与时间的方差分析结果来看，妇女的参与旅游时间对其积极情感评价的均方为 8.053，计算的 F 值为 2.687，显著性为 0.034，其显著性水平小于 0.05；妇女的参与旅游时间对其消极情感评价的均方为 14.193，F 值为 3.049，显著性为 0.019，其显著性水平小于 0.05。这表明参与旅游时间对羌寨妇女的积极情感和消极情感的体验均有显著影响。

从表 5-17 来看，从零星参与或未参与到多于 10 年，桃坪羌寨妇女的积极情感体验呈 U 形变化。其中，零星参与或未参与的妇女积极情感得分较高，参与时间少于 3 年的妇女积极情感得分最低，为 10.515，之后随着参与时间的延长，积极情感体验得分也越来越高，参与时间多于 10 年的妇女的积极情感体验得分达到最高值。由于参与时间和参与经验及人脉积累密切相关，因而对参与时间较短的妇女来说，由于缺乏经验和人脉，在旅游参与中并不顺利，进而导致她们的积极情感体验得分低。

表 5-17 妇女主观幸福感在参与旅游时间上的差异

参与时间	积极情感	消极情感
	均值 ± 标准差	均值 ± 标准差
零星参与或未参与	11.204±1.742	7.926±1.951
少于 3 年	10.515±1.603	8.848±2.167
3～6 年	10.556±2.229	9.444±2.175
6～10 年	10.583±1.929	9.750±2.454
多于 10 年	11.676±1.473	8.838±2.328

在消极情感上，随着参与旅游时间的增加，当地妇女的消极情绪体验得分也随之增长，在 6～10 年达到峰值，而在多于 10 年这个指标上略有下降。参与旅游时间的增长不仅会带来更多的经验和人脉，同时也会遇到更多更难的困境，同时由于自身的良好经营状况，以及对经营的高要求，这也使得社区间和居民间的旅游竞争成为她们生活的一部分，烦恼和担忧也随之而来。对参与旅游时间多于 10 年的妇女来说，自身的实力使得她们基本能够控制目前所面临的困境，应对能力得到提升，因此，心态相对平和。

（八）旅游年收入

和家庭年收入一样，旅游年收入的提高亦可以提高社区妇女的生活质量，同时，对于以旅游工作为主要谋生手段的妇女来说，其生活状态会受到旅游年收入更多的影响。作者在深入调查后，将旅游年收入划为 6 个水平：无旅游收入，少于 0.5 万元、0.5 万～1 万元、1 万～1.5 万元、1.5 万～2 万元和多于 2 万元，并以旅游年收入为因变量，与主观幸福感进行方差分析，结果见表 5-18。

表 5-18　旅游年收入对妇女主观幸福感影响的方差分析

因变量	变量	平方和	df	均方	F	p
旅游年收入	积极情感	5.098	5	1.020	0.319	0.901
	消极情感	74.099	5	14.820	3.243	0.008*

　　方差分析的结果显示，旅游年收入对社区妇女的积极情感的 F 值为 0.319，显著性为 0.901，大于显著性水平 0.05；而对其消极情感的显著性为 0.008，小于显著性水平 0.05。因此，旅游年收入对妇女的消极情感有显著影响，而对其积极情感没有统计学上的显著影响。

　　从旅游年收入的均值差异表上可以看出（表 5-19），随着旅游年收入的增加，积极情感和消极情感是波动变化的。旅游年收入在 1 万～1.5 万元的妇女，属于中等收入水平，她们的积极情感得分最高，消极情感的得分也最高。这说明她们对于现有的旅游年收入较为满意，但同时渴望更高层次的旅游收入，所以十分焦虑。旅游年收入少于 0.5 万元的妇女对于目前的收入情况十分不满意，因此其积极情感体验得分最低，消极情感体验得分也较高。旅游年收入在 2 万元以上的妇女，她们的积极情感体验得分较高，消极情感得分最低，她们的收入目前高出其他妇女，而且她们对目前的收入满意。

表 5-19　主观幸福感的旅游年收入差异

旅游年收入	积极情感	消极情感
	均值 ± 标准差	均值 ± 标准差
无	11.118±1.705	7.941±1.912
少于 0.5 万元	10.563±1.590	9.250±2.266
0.5 万～1 万元	11.074±2.111	9.111±2.154
1 万～1.5 万元	11.250±1.595	9.750±2.152
1.5 万～2 万元	11.000±2.000	8.800±2.704
多于 2 万元	11.000±1.732	8.048±2.085

二、社区妇女主观幸福感的人群分析

（一）社区妇女的人群划分

　　根据桃坪羌寨社区受访妇女的积极情感和消极情感两个维度的得分，计算得出两个维度相对关系的气泡图（图 5-1）。另外，在两个情感维度中，每个题项得分以 3 分作为理论中值；积极情感和消极情感维度各有三个问题，因此以9分作为理论中值，并据此画成虚线，作为分类的坐标轴。

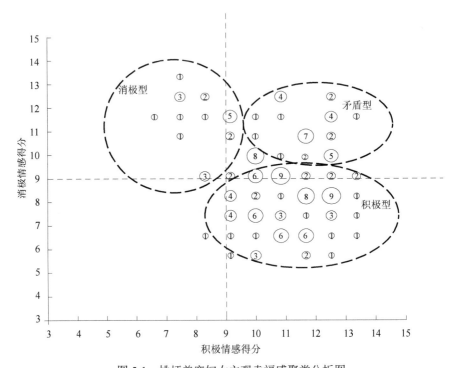

图 5-1　桃坪羌寨妇女主观幸福感聚类分析图

图中每个黑色实线小圆圈中心点的横纵坐标各代表每个样本的积极情感得分和消极情感得分，圆圈大小代表数值重复出现的次数的多少，圈内的数字表示该数值重复出现的次数

依据图中代表各个妇女的积极情感和消极情感得分的分散和集聚程度，就可以直观地对桃坪羌寨妇女进行聚类，可将其分为三种类型，分别命名为消极型、矛盾型和积极型。

消极型的妇女共有20人，是三个类型妇女中人数最少的。该类妇女主观幸福感的特点是消极情感得分高于积极情感得分，且积极情感得分低于中值9分，而消极情感则高于9分，位置位于第二象限。表明在该类妇女中，消极情感占据了主导地位，在日常生活中她们整体情绪较为低落。

矛盾型的妇女共有44人，她们的特点是积极情感得分和消极情感得分都相对较高，普遍高于理论中值9分，主要集中于气泡图的第一象限。说明该类型妇女群体在积极情感体验较高的情况下，消极情感得分也较高，她们处于矛盾当中，据此将这类妇女归纳为矛盾型妇女。

积极型的妇女共有87人，在这三类妇女中人数最多。该类妇女的特点是积极情感高于消极情感，且积极情感得分高于中值9分，消极情感得分是三类妇女中最低的一类。这说明在该类妇女群体中，积极情感因素要高于消极情感，其积极情感占主导地位，因此将其命名为积极型妇女。

（二）不同主观幸福感妇女的人群构成

为了解消极型、矛盾型和积极型三类妇女的人群构成，本书采用交叉列联分析方法来探讨主观幸福感类型与个人因素的相关性。同时，利用卡方统计量检验行列变量之间是否相关，用皮尔逊卡方检验统计量，其值越大，观测频数和期望频数的差值就越大（姚广铮等，2008）。个人因素包括人口统计学特征和旅游参与特征量两个方面。

分析结果显示（表 5-20），文化水平、家庭年收入和参与旅游时间对妇女的主观幸福感类型有显著影响。而年龄、婚姻状况、主要收入来源、旅游工作形式和旅游年收入对妇女的主观幸福感类型影响不显著。

表 5-20 不同主观幸福感人群构成特征交叉分析

变量	项目	消极型比例 /%	矛盾型比例 /%	积极型比例 /%	χ^2	df	p
年龄	18 岁以下	0.00	2.00	2.30	8.274	8	0.407
	18～29 岁	26.30	10.20	19.80			
	30～44 岁	36.80	38.80	34.90			
	45～59 岁	31.60	46.90	32.60			
	60 岁及以上	5.30	2.00	10.50			
文化水平	小学以下	31.58	14.29	8.14	20.395	8	0.009*
	小学	26.32	20.41	27.91			
	初中	15.79	48.98	25.58			
	高中	10.53	10.20	23.26			
	大专及以上	15.79	6.12	15.12			
婚姻状况	未婚	15.79	6.12	11.63	2.522	4	0.641
	已婚	84.21	89.80	86.05			
	其他	0.00	4.08	2.33			
家庭年收入	少于 2 万元	10.53	20.41	6.98	30.15	6	0.000*
	2 万～4 万元	68.42	63.27	32.56			
	4 万～6 万元	10.53	8.16	31.40			
	多于 6 万元	10.53	8.16	29.07			
主要收入来源	农牧业	15.79	20.41	22.09	4.322	8	0.827
	旅游业	63.16	59.18	50.00			
	副业	10.53	4.08	12.79			
	外出打工	5.26	12.24	11.63			
	其他	5.26	4.08	3.49			

变量	项目	消极型比例/%	矛盾型比例/%	积极型比例/%	χ^2	df	p
旅游工作形式	旅游私营业主	21.05	18.37	23.26	11.702	10	0.305
	旅游商品销售	36.84	22.45	16.28			
	旅游商品加工	5.26	10.20	4.65			
	私营雇工	5.26	8.16	4.65			
	景区雇员	10.53	16.33	10.47			
	其他	21.05	24.49	40.70			
参与旅游时间	零星参与或未参与	21.05	26.53	43.02	18.895	8	0.015*
	少于3年	31.58	20.41	19.77			
	3～6年	31.58	8.16	9.30			
	6～10年	10.53	12.24	4.65			
	多于10年	5.26	32.65	23.26			
旅游年收入	没有	21.05	24.49	40.70	17.719	10	0.060
	少于0.5万元	10.53	16.33	6.98			
	0.5万～1万元	26.32	18.37	15.12			
	1万～1.5万元	15.79	26.53	9.30			
	1.5万～2万元	15.79	8.16	9.30			
	多于2万元	10.53	6.12	18.60			

1. 消极型

消极型妇女以30～44岁和45～59岁的妇女为主，分别占36.80%、31.60%，该类型妇女中18～29岁妇女人数超过其他两类，达到26.30%；该类妇女的文化水平偏低，小学和小学以下文化水平的妇女分别占26.32%和31.58%，超过半数。在婚姻状态上，消极型妇女中已婚妇女所占比例最高，为84.21%；家庭年收入为2万～4万元的妇女占68.42%，其余收入段的妇女人数均匀分布。消极型妇女的主要收入来源是旅游业，比例高达63.16%，且以农牧业、外出打工为主要收入来源的妇女人数少于其他两类妇女。

从旅游工作形式来看，消极型妇女中旅游私营业主和旅游商品销售人员居多，所占比例分别为21.05%、36.84%；相较于矛盾型和积极型，消极型妇女在不同参与旅游时间的分布较为均匀，其中，参与时间少于3年的和3～6年的所占比例均为31.58%，超过相同参与时间妇女在矛盾型和积极型中的比例，参与时间超过10年的妇女在三类中比例最少，为5.26%。旅游年收入方面，消极型妇女中以中低水平（少于1万元）和无旅游收入妇女为主；但其高收入（多于2万元）妇女比例高于矛盾型妇女。

2. 矛盾型

矛盾型妇女也以 30～44 岁和 45～59 岁两个年龄段的妇女为主，分别占 38.80% 和 46.90%，矛盾型妇女中 60 岁及以上样本所占比例少于同年龄段的消极型和积极型妇女；从文化水平上看，矛盾型妇女以初中文化的妇女最多，比例达 48.98%，其次是小学文化的妇女，高中和大专以上水平的妇女在三类妇女中所占比例最少，该类妇女文化水平中等。矛盾型妇女中已婚妇女比例最高，为 89.80%，同时单身离异妇女（即"其他"类别）在三类妇女中比例也最高，为 4.08%。矛盾型妇女和消极型妇女一样，家庭年收入集中分布在 2 万～4 万元，比例高达 63.27%，同其他两类妇女相比，高收入妇女所占比例最少。矛盾型妇女的收入来源也主要集中于旅游业，占 59.18%；相比另外两类人群，该类妇女中以外出打工为主要收入来源的妇女所占比例最高。

矛盾型妇女主要从事旅游商品销售、景区雇员和旅游私营业主的工作，所占比例分别是 22.45%、16.33% 和 18.37%。就矛盾型妇女的参与旅游时间结构来看，6～10 年和超过 10 年的妇女所占比例均超过消极型和积极型妇女，且参与时间为 3～6 年的妇女在三类妇女中所占比例最低，为 8.16%，因此，相较于其他两类妇女，参与时间较长的妇女所占比例最大。就旅游年收入分布而言，拥有旅游收入的矛盾型妇女中，旅游年收入为 1 万～1.5 万元的妇女所占比例最多，为 26.53%，其次是 0.5 万～1 万元的妇女，占 18.37%，1.5 万～2 万元和多于 2 万元的妇女在三类中所占比例最少，说明相较于消极型和积极型，该类妇女旅游年收入处于中等水平。

3. 积极型

积极型妇女中，30～44 岁和 45～59 岁的妇女比例也较高，而 60 岁及以上的妇女在三类人群中比例最高，为 10.5%；积极型妇女整体文化水平较高，小学文化的妇女占 27.91%，初中占 25.85%，高中占 23.26%；已婚妇女仍然是该类妇女的主体。积极型妇女的家庭年收入水平较高，家庭年收入在 2 万～4 万元、4 万～6 万元和多于 6 万元的比例分别为 32.56%、31.40% 和 29.07%，占该类妇女的 90% 以上。积极型妇女中以旅游业为主要收入来源的人数低于其他两类，但也达到 50%，接下来依次为农牧业、副业和外出打工。

在旅游工作形式上，积极型妇女中有 40.70% 的妇女从事旅游以外的其他工作，而从事私营企业主的妇女比例也超过其他两类妇女，为 23.26%。从参与旅游时间上看，43.02% 的积极型妇女是零星参与或未参与，23.26% 的妇女参与时间超过 10 年，呈现两头大现象。相对而言，没有旅游年收入的妇女比例极高，占到 40.70%，旅游年收入多于 2 万元的妇女占 18.60%，也是三类妇女中最多的。

（三）妇女幸福感人群差异的主导因素

卡方检验结果得知（表5-20），在文化水平、家庭年收入和参与旅游时间上，消极型、矛盾型和积极型妇女呈现出显著差异。为了深入探讨其形成原因，作者结合桃坪羌寨实际情况予以解释说明。

1. 文化水平

随着文化水平的提升，消极型妇女人数总体上是递减的，只有从高中到大专以上的阶段，有小幅度的上升。消极型妇女文化水平集中分布在小学及小学以下，受教育程度不高，对社会认知不深刻，对旅游现象只做较为表面的评价和理解，对于旅游参与过程中出现的问题较难运用自己的知识和能力去解决，在一定程度上导致产生消极情绪，从而影响了主观幸福感的体验，使得消极情绪成为该类型妇女的主流情感。

矛盾型妇女中，初中文化水平妇女比例最高，其次为小学和小学以下，表明该类妇女为中等文化水平。矛盾型妇女受过中等教育，她们用自己的双手创造生活，在社会生活中已经掌握了一定的生存技巧，过着充实而自足的生活。但是由于教育和知识受限，在旅游参与中，对于多样化的游客需求，她们没有足够的能力满足，没有更多的专业知识来解决实际问题，造成她们对现有处境的困扰，所以消极情感得分较高。矛盾型妇女既对生活充满希望，有自己喜欢做的事情，感觉自己过得很顺心，同时也会因为遇到的问题而焦躁不安、沮丧和难过。

同消极型和矛盾型妇女相比，积极型妇女在各个文化水平的分布较均匀，小学以下的妇女在三类中比例最少，高中文化水平的妇女在三类中人数最多。综合来看，这类妇女文化水平较高，由于受过较高层次的教育，她们能理解社会上发生的事情和现象，并对这些现象有自己独特的理解，能以平常心看待事情发展趋势。同样，在旅游参与过程中，她们能妥善处理旅游发展中的问题和矛盾，也不像消极型妇女那样急于冒进，深知自己还需要再努力才能获得幸福美满的生活，她们对生活充满期望，所以其主观幸福感较高。

2. 家庭年收入

在家庭年收入上，整体趋势是家庭收入越高，妇女所感受到的幸福感越高。在矛盾型妇女中，中等家庭年收入水平人数占多数，居于中等的她们对自己目前的收入水平较为满意，因此积极情感得分较高；但同时她们中还有相当一部分比例的低收入妇女，在社区贫富差距日益扩大的同时，对于自身的经济收入并不满意，加剧了她们的消极情绪。消极型妇女的家庭年收入多数处于中等水平，在其他家庭年收入段中分布较为均匀，她们对于经济收入有着较高要求，在无法达到的情况下，消极情感占据了主导地位。

积极型妇女相对另外两类妇女而言，家庭年收入属于中上水平，2 万～4 万元家庭年收入的妇女占 32.56%，而 4 万～6 万元和多于 6 万元的妇女合计约占 60%。在桃坪羌寨，她们的家庭年收入属于小康水平，不仅日常生活消费水平高，而且每年还有外出旅游支出，生活品质较高，视野得以拓展，积极情感体验多。

3. 参与旅游时间

随着参与旅游时间的增加，消极型妇女群体的人数呈倒 U 形分布，以中短期和未参与妇女居多。未参与旅游业妇女无法从社区旅游中获得利益，位于社区旅游利益边缘，因此，消极体验得分较高。而参与时间处于中短期的妇女，她们虽然积累了一定经验，但面临门票价格提升客源骤减，村民间竞争激烈，旅游公司和政府的介入等问题，却没有足够的实力和能力应对，因此情绪较为消极。

矛盾型妇女人数在参与旅游时间增长的过程中呈 U 形变化，总体来说，该类妇女以未参与及短期参与和长期参与旅游业妇女为主，而参与时间在 6～10 年和多于 10 年的妇女比例在三类中均属最高。未参与和短期参与的妇女既满足于现有生活，同时又羡慕拥有高收入的妇女，因此陷入矛盾中。长期参与的妇女大都经验丰富，并且获得较为丰厚的收入，但同时也比其他妇女面临更多的问题，因此也处于纠结中。

在积极型妇女中，零星参与和未参与妇女所占比例最高，为 43.02%，多于 10 年的妇女比例也较高。在桃坪羌寨，未参与或者零星参与旅游业的妇女，她们保持着传统的农业生产方式，日常生活较为悠闲；对于桃坪羌寨景区中的旅游竞争和矛盾，她们是旁观者，同社区成员的关系十分融洽，因此积极体验较多。而部分参与时间多于 10 年的妇女，她们获得较多利益，虽然面临问题，但相较矛盾型中的长期参与妇女，她们拥有一定的应对能力，因此，她们总体的主观幸福感较高。

三、旅游参与对社区妇女主观幸福感的影响

本节以四川省西部的桃坪羌寨的妇女作为研究对象，通过分析她们的主观幸福感和影响其主观幸福感的相关因素来探讨民族旅游社区妇女的主观幸福感情况，研究结果如下。

就桃坪羌寨受访妇女的总体情况而言，她们的主观幸福感水平较高，具体来说，积极情感水平中等偏上，消极情绪体验处于中等水平，且积极情感占据着主导地位。

从年龄、文化水平和婚姻状况这几个个人因素来看，社区妇女的积极情感和消极情感并未表现出显著差异，但就婚姻状况来说，已婚社区妇女的积极情感得分高于未婚妇女。社区妇女的消极情感体验在家庭收入维度上呈现出显著差异，随着收入水平的降低，妇女的消极情感体验更为强烈；而积极情感则并没有出现同样的状况。

从主要收入来源来看，参与旅游接待的社区妇女的积极情感和消极情感得分均高于社区中依靠其他收入来源的妇女，但在不同收入来源之间，社区妇女的积极情感和消极情感没有表现出显著差异。同时，参与社区旅游具体工作形式的不同并未导致妇女积极和消极情感体验的显著差异。

社区妇女的旅游参与时间在其积极情感和消极情感维度上呈现出了统计学的显著差异。积极情感方面，参与旅游时间最长和参与时间最短的妇女得分最高，而参与时间居中的妇女得分较低；消极情感方面，参与时间最长和参与时间较短的妇女得分较低，参与时间处于中间水平的妇女得分较高。总体而言，参与时间最久和基本未参与（零星参与或未参与）的妇女主观幸福感最强。

从社区妇女的旅游年收入水平来看，其变化在积极情感体验上没有呈现出显著的统计学差异，而在消极情感体验上却出现了显著的统计学差异。旅游年收入最高的妇女，其消极情感得分并不是最低的，而没有旅游收入的未参与旅游业妇女的消极体验得分却是最低的，旅游收入水平处于两者之间的社区妇女，其消极情感体验反而更为强烈。

依据社区妇女的主观幸福感得分，可将她们分为三类——消极型、矛盾型和积极型——并对妇女类型与其个人因素进行交叉分析，结果显示，妇女类型在文化水平、家庭年收入和参与旅游时间方面具有显著性差异。其中，消极型妇女总体上文化水平偏低，家庭年收入属于中等水平，

以中短期参与妇女居多，还包括部分未参与旅游业妇女；矛盾型以中等文化水平妇女人数为多，家庭年收入属于中低水平，未参与旅游业妇女和长期参与旅游业妇女人数较多，包括部分短期参与旅游业的妇女；积极型妇女总体文化水平较高，家庭年收入属于中上水平，以未参与旅游业妇女和长期参与旅游业妇女为主体。

第四节　桃坪羌寨妇女的社会幸福感

一、社区妇女社会幸福感的总体水平

研究采用的社会幸福感量表是基于社会疏远理论以及存在主义和人本主义心理学中有关社会整合等概念，对社会幸福感进行界定，来测量社会层面上的个体是否以及在何种程度上处于良好的存在状态。在美国威斯康星州的戴恩郡进行的对成人随机抽样的研究中，样本的实证调查较好地支持了社会幸福感的测量理论。在所有样本中，已经被证实的因素模型揭示了假设的社会幸福感的五维度理论模型是最适合的模型（Keyes，1998）。

当幸福感量表中各项维度的均值处于 1.0 ～ 2.0 时，表示社会幸福感水平低；当均值处于 2.0 ～ 3.0 时，表示社会幸福感水平一般；当均值处于 3.0 ～ 4.0 时，表示社会幸福感水平较高；当均值处于 4.0 ～ 5.0 时，表示社会幸福感水平很高。经过统计分析，桃坪羌寨妇女的社会幸福感维度得分均高于 3.0，其中，社会实现（4.23）水平最高，社会整合（3.90）次之；同时，包括社会和谐、社会认同、社会贡献在内的其他维度得分均介于 3.6 ～ 3.9；总体社会幸福感得分为 3.87，可以看出，当地社区妇女的社会幸福感总体水平较高（表 5-21）。

表 5-21　社区妇女社会幸福感均值

项目	均值	标准差	项目	均值	标准差
社会整合	3.90	0.540	社会实现	4.23	0.523
社会认同	3.78	0.454	社会和谐	3.84	0.556
社会贡献	3.62	0.703	总体社会幸福感	3.87	0.345

（一）社会实现

桃坪羌寨地处川西阿坝州理县境内，当地多山地，耕地有限，长期以来存在交通不便和经济社会发展落后等问题。20 世纪 80 年代零散游客进入社区游览，此后，随着 90 年代社区整体参与旅游业以来，当地人认识到社区自身的经济价值和旅游接待的良好收益，他们逐渐从传统的农业生产转向旅游经营，经济收入持续增长，当地人的生活水平大幅提升，而当地妇女作为社区旅游的主要参与成员，对此感受深刻。

同时，政府对西部地区、民族地区的社会经济发展十分关注，陆续出台多项扶持优惠政策，虽然政策针对的是大区域范围，但这为社区旅游的良好发展提供了有利的政策环境。就桃坪羌寨而言，这些优惠政策的作用在自然灾害的特殊情境下更为突显。桃坪羌寨邻近汶川，在 2008 年汶川大地震中，该区域普遍遭受了严重损失，在地震中，政府采取一切可能的措施实施救灾。灾后，政府开展了灾后援建工程，对受灾地区实施不同程度的补助。桃坪羌寨居民不仅获得了震后补偿，同时政府文物部门对老寨进行了修缮和维护，重新修建公路，对口援建新寨区，促使当地旅游业尽快走向正规。基于此，社区妇女对未来生活和社会发展充满信心，社会实现感得分较高。

（二）社会整合

在社会整合方面，社区妇女普遍反映社区邻里关系和睦，村民之间也相互团结互助。一方面，桃坪羌寨建筑以家家相通，户户相连为特色，这是祖辈在社区集体防卫和互利互惠中的智慧，这为社区成员的和睦相处打下基础。另一方面，桃坪羌寨是以地缘和血缘为核心纽带建立起来的民族社区，社区成员多祖祖辈辈生活在这里，成员间有千丝万缕的亲属关系，这种良好的社会关系会强化社区居民对寨子的情感。

在旅游开发之后，家家都独立经营食宿、纪念品销售、歌舞表演等不同旅游服务项目。但以家庭为主体的旅游接待也需要社区成员间的互相帮助，如有的家庭接待规模比较大，有固定的客源，与旅行社也有合作关系，在到访旅游团队人数较多时，经常会帮助介绍给其他村民做接待。此外，在面对外部群体时，社区成员依然是整体，如社区组织旅游宣传活动时，村民会积极参与，共同努力为维护社区形象做出贡献。

（三）社会和谐

在旅游开发之前，社区妇女与外部社会的联系相对有限。在旅游开发之后，社区妇女不仅渴望了解外部社会，同时也具备了"走出去"的条件和机会。一方面，社区妇女参与旅游接待，与来自全国乃至世界各地的游客直接接触，游客成为她们了解外部世界的窗口；另一方面，社区妇女在旅游经营中积累了个人财富和知识，她们不再是普通的民族村寨妇女，她们是眼界开阔，具有经济收入的旅游经营者，甚至企业家，她们愿意去看看社区以外的社会，同时对社会上发生的事情形成了自己的理解和认知。

（四）社会认同

社区妇女的社会认同得分也较高，但低于社会实现、社会整合和社会和谐等维度。多数社区妇女对个体之间的信任关系和"人是善良的"给出了肯定回答，这是社会认同维度的积极项。但在人都是自私的和现在人不如以前诚实等消极项中，社区妇女也给出了肯定回答，因而导致社会认同的总体得分相较于前三个维度偏低。这种情况体现了身处旅游参与情境的社区妇女内心的矛盾，这是其生活背景、旅游开发和自身心理素质共同决定的。

（五）社会贡献

在社会贡献维度上，社区妇女表述的得分虽然高于一般水平的标准（3分），但在社会幸福感的五个维度中最低。多数社区妇女在旅游开发之前是普通的家庭主妇，她们对自身发展的要求主要围绕家庭来设定。在旅游开发之后，她们开始涉足旅游接待活动，甚至成为家庭旅游接待的主要负责人，逐步开始关心社区和社会发展问题；但多数社区妇女尚未跳出家庭妇女的角色约束，较少设定超越家庭的目标。

二、社区妇女个体特征与社会幸福感

（一）年龄

总体上，社区妇女的社会幸福感得分随着年龄的增加稳定增长，即年龄差异对妇女社会幸福感的变化有一定的正向影响，除18岁以下妇女社会幸福感略高于18～29岁之外，18岁以上的妇女随着年龄的增加社会幸福感稳定增长（图5-2）。被调查的18岁以下女性多为学生，生活在家庭的保护之中，大多没有正式参与社会工作，这可能会导致其对社会积极因素感知更为明显，社会幸福感偏高。而 18 岁以上的妇女已经正式步入社会，对社会有一定的贡献和不同程度的认识，受社会等各方面因素的影响，社会幸福感已经有一定稳定变化规律和趋势。在社会幸福感各维度方面，社会整合、社会贡献、社会实现随着妇女年龄的增加而升高；社会和谐随着妇女年龄的增加而降低；妇女年龄对其社会认同的影响不确定，18 岁以下的女性社会认同最高，18 ～ 59 岁的妇女，年龄的增加对其社会认同有一定积极影响，即年龄越大，社会认同越高，而 60 岁及以上的妇女社会认同反而有所下降。

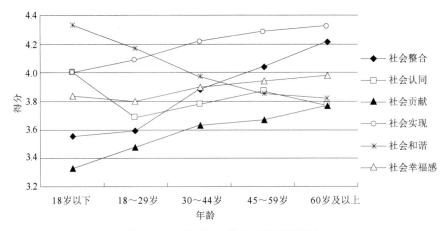

图 5-2　年龄对妇女社会幸福感的影响

年龄越大的羌寨妇女，其在寨子内居住的时间越长，对社区旅游业发展的感知也更为深刻。在长期形成的生活经历和旅游开发认知中，她们更为依赖周围的环境和社会关系，使得她们对社区有着强烈的归属情感，并切身感受到旅游发展给当地社区经济、社会等方面带来的重大改变和提高，这种改善和提高与她们之前经历的穷苦生活形成对比，更加强化了她们对社会发展进步潜力的认识，促使其社会实现感较高。

旅游开发在促进社区发展和提高村民生活水平的同时，外部世界的负面影响也不可避免地进入社区内部，比如犯罪率的增加和对传统生活观念的挑战。而年龄越大的妇女其世界观、人生观已经形成，思维方式较为守旧，对社会上发生的事件擅用固有模式去评判和比较，对新事物的接受程度与年轻妇女相比较差，一向从传统的角度去认识和评价发展变化中的社会，导致其社会和谐感低。

就社会认同而言，除 18 岁以下女性的社会认同感最高，18 ～ 59 岁的妇女的社会认同也不断提高。18～59岁的妇女是社区旅游接待的主要参与者，同时也是家庭的主要劳动力和家务劳动承担者，她们在生产活动中接触的人和事比较多，在这种生产活动和与他人的沟通当中不断地总结经验，随着年龄增长，她们对他人和社会本质认知能力不断加强，包容性更强，社会认同感不断提高，而60岁及以上的妇女参与旅游业、农业等生产劳动活动有限，交往范围也多限于家庭和社区内部成员，生活与现代社会产生一定程度的脱离，进而使得其社会认同感降低。

（二）文化水平

通过图5-3看出，社区妇女的社会总体幸福感，和社会贡献、社会实现两个维度在文化水平方面都表现为以高中文化水平为临界点。具体来说，高中文化水平以下的妇女，随着文化水平的增加，其社会贡献、社会实现和社会总体幸福感得分也不断升高，而大专以上文化水平却反而呈现下降趋势。

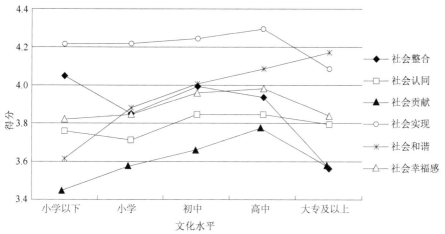

图5-3　文化水平对妇女社会幸福感的影响

根据社区调查得知，在桃坪羌寨，文化水平对当地人的生产劳动和参与社区旅游业有很大帮助，拥有一定文化水平的人在生产实践中能够迅速掌握更多信息或技术，对旅游发展中的游客需求和服务标准做出更加准确的判断，从而及时调整自己的方向和策略，以适应社会发展。高中以下文化水平的妇女，随着文化需求程度的增加，她们能够感受到知识匮乏在旅游中面临的困境和知识在旅游参与中发挥的重要作用，因而文化水平对于改善其生存状态具有明显效果。

然而，对于社区中大专以上文化水平的妇女而言，文化水平对其社区幸福感的提升作用不够明显。这些妇女多数较为年轻，具有外出读书经历，对生活有着更高的期许，但对于生活在农村社会环境中的她们而言，可施展个人知识的空间相对有限，理想与现实之间有落差，导致其社会幸福感不高。

在社会和谐方面，基本与妇女的文化水平提升呈正相关，即文化水平越高，社会和谐得分越高。文化水平高的妇女在自我知识水平较高的基础上，更加关注外界社会的动态，更加了解社会上发生的事情，在经历生活和旅游经营的重大事件时，她们往往更能够自我调节，保持平稳心态。文化水平提升对妇女的社会整合和社会认同维度得分的总体影响趋势相同，在初中以下文化水平的妇女中，文化水平对其社会整合与社会认同的影响规律不明显，而在初中以上文化水平的妇女中，随着文化水平的增加，社会整合与社会认同感呈下降趋势。

（三）家庭年收入

结合样本结构和图 5-4 来看，受访社区妇女的家庭年收入以 2 万～ 4 万元最多，其次为 4 万～ 6 万元，因此她们以中等家庭年收入水平为主，家庭年收入最高的妇女其社会幸福感得分最高，家庭年收入最低的妇女其社会幸福感得分最低，而中间两个家庭年收入段的妇女，其社会幸福感居中。因而，家庭年收入对社区妇女的社会幸福感总体上有积极影响，即随着家庭年收入的提高，妇女的社会幸福感得分呈现提高趋势，但从变化速度来说，其作用效果不够明显。

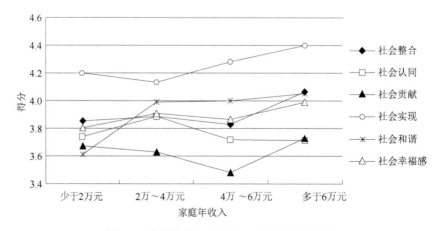

图 5-4　家庭年收入对妇女社会幸福感的影响

就社会实现和社会和谐而言，随着社区妇女家庭年收入的增加，其得分不断增加，表明在以家庭为旅游经营主体的社区旅游发展中，社区妇女作为主要参与者为家庭带来了可观收入，也更加了解外部世界，对社会发展和未来生活有良好期待。在社会整合方面，家庭年收入4万元及以下的妇女中，家庭年收入的提高对其社会整合有积极作用，而家庭年收入提升至4万～6万元和多于6万元两个阶段时，社会整合呈先下降后上升的趋势，其中家庭年收入在4万～6万元的妇女，其社会整合得分处于低谷。

从社区妇女的社会认同曲线变化来看，随着家庭年收入的提高，其得分呈先增加后下降的趋势，家庭年收入最高的妇女，其社会认同得分与家庭年收入水平最低的妇女同样低于其他中等收入段妇女，表明其对人的品质一般性判断偏低。社区妇女社会贡献得分随着家庭年收入的增加，呈现先下降后提高的变化态势，其中家庭年收入多于6万元的妇女，其社会贡献得分最高，而家庭年收入在4万～6万元的妇女，其社会贡献得分最低，表明收入水平要达到一定层次才能掌握更多社会资源，进而有能力在自身家庭经营以外为社区甚至社会做出贡献。

三、社区妇女的社会幸福感的人群分析

（一）人群划分

对不同妇女类型的聚类及检验结果表明，四类分法最为合理，所选择的六个维度（包含一个总体社会幸福感维度）在四种类型之间的差异都达到了显著水平（表5-22）。按照这四种类型妇女社会幸福感的特点对其进行命名，分别为核心型、主体型、外围型、边缘型。

表5-22　妇女社会幸福感的聚类分析

变量	核心型（N_1=33）	主体型（N_2=64）	外围型（N_3=22）	边缘型（N_4=35）	F值（及其显著性）
社会整合	4.32	3.85	4.18	3.45	25.327（0.000）*
社会认同	4.08	3.83	3.89	3.42	15.915（0.000）*
社会贡献	4.36	3.89	2.70	3.01	126.410（0.000）*
社会实现	4.75	4.16	4.47	3.71	44.540（0.000）*
社会和谐	4.29	3.99	4.02	3.56	13.630（0.000）*
社会幸福感	4.36	3.94	3.85	3.43	

核心型妇女共计33人，占被调查妇女人数的21.4%。该类妇女总体社

会幸福感得分为 4.36，在四类社区妇女中排名第一；其社会整合、社会认同、社会贡献、社会实现和社会和谐维度得分在四类妇女中也最高，均超过平均水平的 3 分。核心型妇女社会幸福感水平最高，能够很好地处理自身与他者、社区和社会的关系，对社会发展有自身的理解，并充满信心。

主体型妇女共有 64 人，占被调查妇女的 41.6%，人数最多。该类妇女的总体社会幸福感得分为 3.94，在 4 类妇女中排名第二；其社会贡献得分为 3.89，仅次于核心型妇女；在社会整合、社会认同、社会实现和社会和谐得分方面，该类妇女排名第三，低于核心型和外围型；相较于自身社会幸福感的其他维度，该类妇女的社会实现得分最高，为 4.16 分。主体型妇女社会幸福感水平较高，对生活和个人能力有信心，社会贡献和社会实现感较强，但在村民关系和外部世界关系的处理中存在一定困难。

外围型妇女共计 22 人，占被调查妇女的 14.3%，人数最少。该类妇女的总体社会幸福感得分为 3.85，在四类妇女中排名第三；其社会整合、社会认同、社会实现和社会和谐得分较高，仅次于核心型妇女；该类妇女的社会贡献得分为 2.70，在四类妇女中得分最低。在四类社区妇女中，外围型妇女社会幸福感水平一般，虽然她们对生活和个人社会关系有较强信心，能够较好地处理与村民的关系，面对外部社会，但其社会贡献感低，对自身能力和成就的信心不足。

边缘型妇女共有 35 人，占被调查妇女的 22.7%，人数仅次于主体型妇女。该类妇女的总体社会幸福感得分为 3.43，是四类妇女中最低的；其在社会幸福感的社会整合、社会认同、社会实现和社会和谐四个维度上的得分均低于其他三类妇女；该类妇女的社会贡献得分为 3.01，在其自身社会幸福感各维度中得分最低，仅略高于外围型妇女。相较于其他三类妇女，边缘型妇女的社会幸福感水平偏低，她们应对外部多种关系的能力一般，对自身生活、社会发展所持态度不够积极，自身社会贡献感较低。

（二）人群构成

为了进一步探讨不同社会幸福感社区妇女类型在人口学特征和旅游参与程度中的差异性，本小节对这四种类型社会幸福感的妇女与其人口统计学指标、旅游参与程度进行交叉列联分析。分析结果表明，社会幸福感水平不同的四类妇女在文化水平、旅游工作形式和参与旅游时间方面的差异达到了显著水平，具体分析结果见表 5-23，下面将根据不同类型妇女的内部特征构成进行详细分析。

表 5-23　不同社会幸福感妇女人群的构成特征交叉分析

变量	项目	核心型比例/%	主体型比例/%	外围型比例/%	边缘型比例/%	χ^2	df	p
年龄	18 岁以下	0.0	3.1	4.5	0.0			
	18～29 岁	12.1	14.1	18.2	28.6			
	30～44 岁	39.4	37.5	27.3	37.1	11.123	12	0.518
	45～59 岁	36.4	37.5	50.0	28.6			
	60 岁及以上	12.1	7.8	0.0	5.7			
文化水平	小学以下	18.2	9.4	9.1	17.2			
	小学	3.0	35.9	27.3	25.7			
	初中	36.4	34.4	31.8	22.9	23.018	12	0.028*
	高中	30.3	9.4	22.7	17.1			
	大专及以上	12.1	10.9	9.1	17.1			
婚姻状况	未婚	6.1	12.5	4.5	14.3			
	已婚	90.9	84.4	91.0	85.7	4.654	6	0.589
	其他	3.0	3.1	4.5	0.0			
家庭年收入	少于 2 万元	9.1	14.1	9.1	11.4			
	2 万～4 万元	48.5	62.5	45.5	65.7	9.622	9	0.382
	4 万～6 万元	12.1	9.3	9.0	11.5			
	多于 6 万元	30.3	14.1	36.4	11.4			
主要收入来源	农牧业	24.2	34.4	18.2	28.6			
	旅游业	39.4	43.8	27.3	42.9			
	副业	18.2	9.3	22.7	11.4	14.219	12	0.287
	外出打工	15.2	7.8	31.8	11.4			
	其他	3.0	4.7	0.0	5.7			
旅游工作形式	旅游私营业主	18.2	25.0	18.2	25.7			
	旅游商品销售	33.3	25.0	0.0	17.1			
	旅游商品加工	9.1	9.4	0.0	5.6	28.830	15	0.017*
	私营雇工	3.0	4.7	0.0	8.6			
	景区雇员	9.1	3.1	13.6	8.6			
	其他工作	27.3	32.8	68.2	34.3			
参与旅游时间	零星参与或未参与	27.3	32.8	68.2	34.3			
	少于 3 年	24.2	32.8	0.0	42.9			
	3～6 年	15.2	4.7	13.6	5.7	35.637	12	0.000*
	7～10 年	0.0	9.4	0.0	2.9			
	多于 10 年	33.3	20.3	18.2	14.3			

续表

变量	项目	核心型比例 /%	主体型比例 /%	外围型比例 /%	边缘型比例 /%	χ^2	df	p
旅游年收入	没有	27.2	32.8	68.2	34.3	24.634	15	0.055
	少于 0.5 万元	21.2	26.6	9.1	20.0			
	0.5 万～1 万元	9.1	17.2	4.5	22.8			
	1 万～1.5 万元	6.1	7.8	13.7	5.7			
	1.5 万～2 万元	18.2	4.7	0.0	8.6			
	多于 2 万元	18.2	10.9	4.5	8.6			

1. 核心型妇女

核心型妇女以中青年妇女为主，年龄为 30～59 岁的妇女人数比例达到 75.8%，其中 30～44 岁占 39.4%，45～59 岁占 36.4%；在文化水平方面，以初中和高中文化水平的妇女为主，其中高中及以上文化水平人数占 42.4%，在四类妇女中文化水平最高；婚姻状况上主要是已婚妇女；该类妇女的家庭年收入较高，以收入在 2 万～4 万元和多于 6 万元两个段的妇女为主，年收入高于 4 万元的占 42.4%，其中年收入多于 6 万元的占 30.3%，该比例在四类妇女中排名第二；在主要收入来源上，该类妇女多以旅游业收入为主，占 39.4%，在四类妇女中排名第三，其次为农牧业、副业和外出打工；在旅游工作形式方面，该类妇女以旅游商品销售居多，随后为其他工作和旅游私营业主；在参与旅游时间上，该类妇女以多于 10 年最多，其次为零星参与或未参与的和参与时间少于 3 年的妇女；就旅游年收入而言，该类妇女以没有旅游收入和少于 0.5 万元的旅游收入居多。

该类妇女由参与旅游业妇女和未参与旅游业妇女构成。其中，参与旅游业妇女占到 72.7%，参与时间多于 10 年的达到 33.3%，在四类妇女中比例最高；参与旅游业妇女的旅游经济收入高，年收入高于 1 万元的占 42.5%，超过 2 万元的占 18.2%，在四类中均为最高；该类妇女中以个体独立经营方式参与旅游业的比例达 51.5%，包括旅游私营业主和旅游商品销售，在四类妇女中比例最高。而零星参与或未参与旅游业妇女人数占 27.2%，其家庭收入来源主要为农牧业和副业。

在日常生活和旅游经营中，核心型妇女对村子感情深厚，并与其他社区成员关系和谐，社会整合感知强烈；较强的个人能力使得她们能够更好地掌控与人的相处，并对自身影响外部的能力充满信心，因而社会认同和社会贡献得分高；在良好的旅游经营和与游客的全方位交流沟通中，该类妇女对生活的态度积极乐观，并与外部社会保持稳定沟通，渴望了解外部世界，且主动到外部学习培训，自身综合素质不断提高，对外部环境形成自我认知，所以拥有较强的社会实现和社会和谐感。

总体来说，核心型妇女中的参与旅游业妇女，她们从事旅游接待时间长，参与程度深，收益可观，且经营水平较高，拥有独立经营旅游接待的能力和经验，是社区旅游参与中的重要力量，其社会幸福感水平最高。

2. 主体型妇女

主体型妇女也以中青年和已婚妇女为主，其中年龄在 30～59 岁的妇女人数达到 75%，在四类妇女中居于第二位；该类妇女的文化水平以小学居多，其次为初中，高中及以上文化水平人数在四类妇女中最少，整体文化水平偏低；该类妇女中，主要收入来源以旅游业居多，其次为农牧业，家庭年收入在 2 万～4 万元的人数最多，达到 62.5%，且高家庭年收入的人数偏少，家庭收入水平中等；在旅游收入方面，该类妇女以没有和少于 0.5 万元的居多，但其中旅游收入高于 1 万元的占 23.4%，年收入高于 2 万元的占 10.9%，在四类妇女中均排名第二；在旅游工作形式方面，该类妇女以旅游私营业主和旅游商品销售为主，二者比例达 50%，并有其他工作方式；该类妇女以少于 3 年和零星参与或未参与的人数居多，接着是参与时间多于 10 年的妇女。

该类妇女以参与旅游业妇女为主，所占比例为 67.2%，零星参与或未参与旅游业妇女占 32.8%。参与旅游业妇女中，以旅游私营业主和旅游商品销售的参与方式为主；参与时间以少于 3 年的妇女居多，其次是多于 10 年的妇女，呈两头大的状况；但有旅游年收入的妇女中，以少于 0.5 万元者居多，其次为旅游收入在 0.5 万～1 万元和多于 2 万元的妇女，整体收入中等，家庭收入水平中等。

该类妇女由于旅游经营水平不如核心型妇女，她们的社区旅游参与层次和发展理念层次不高，因而在从事旅游接待过程，往往容易与其他居民间产生摩擦和矛盾，竞争关系的突显使得她们在社会整合和社会认同方面的得分偏低；在桃坪羌寨重新实施门票制度之后，到访游客数量减少，加之该类妇女的个人旅游参与水平有限，该类妇女的家庭旅游经营受到的冲击较为明显，在外部景区林立和内部竞争激烈的状况下，难以调节内心对外部社会的不解和不满状态，因而其社会和谐得分也偏低；但在旅游参与过程中，她们掌握了农业劳动以外的新技能，能够依靠自身努力获得一定旅游收入，相比于其他类型的妇女，其社会贡献感知强，对社会总体发展和生活预期依然抱有较强信心，社会实现得分也属于较高水平。

总体来说，主体型妇女中的参与旅游业妇女，她们中的一部分人从事旅游接待时间较短，刚刚起步，参与经验不足，个人经营水平有限，收益水平处于中等；该类妇女中的另一部分妇女参与旅游接待时间长，但由于个人经营能力和市场意识不足，参与模式偏保守，家庭旅游经营处于中等水平，旅游收入也处于中游，该类妇女代表了社区旅游参与中的多数妇女，其总体社会幸福感水平高于外围型和边缘型妇女。

3. 外围型妇女

外围型妇女以已婚妇女和中年妇女居多，45～59岁年龄的妇女占到50%，在四类妇女中比例最高，其次为30～44岁的妇女；就文化水平而言，该类妇女以初中文化水平人数最多，其次是小学文化水平，高中及以上文化水平妇女占31.8%，在四类妇女中排名第三，大专以上文化水平人数最少，文化水平层次不高；家庭年收入在2万～4万元阶段的妇女最多，其次是多于6万元的妇女，且家庭年收入超过6万元的占36.4%，在四类妇女中比例最高，家庭年收入处于中等偏上水平；该类妇女的收入来源构成较为均衡多样，其中以外出打工居多，接下来是旅游业、副业和农牧业；从旅游工作形式来看，该类妇女以其他工作为主，比例为68.2%，其次是旅游私营业主；该类妇女的参与旅游时间和旅游年收入也以零星参与或未参与和无旅游收入为主。

该类妇女以零星参与或未参与旅游业妇女为主体，年龄构成以中年妇女最多，文化水平不高，主要依靠外出打工、农牧业和副业为收入来源，家庭收入水平中等偏上，但个人收入有限。

外围型妇女长期生活在社区内，与村民关系融洽，对寨子感情深厚，日常生活中主要来往的对象是亲朋好友和邻居，零星参与或未参与旅游工作，与游客的交往十分有限，因而社会整合和社会认同得分较高；由于经常到附近城镇打工，因而与社区以外的社会有一定的接触，相对了解外部世界，加之家庭收入水平尚可，因而社会实现和社会和谐得分也较高；但相较于其他三类妇女，主体型妇女的社会贡献得分最低，她们在家庭和外出打工期间，主要依附于丈夫，缺少个人独立掌控局面的能力，因而对自己是否能为社会做出贡献持迷茫态度。

总体上，外围妇女的生活与旅游接待活动保持着一定的距离，与大多数普通农村社区妇女相似，她们的日常活动以家庭为核心，即使在外出打工期间接触了外界社会，但家庭依然是生活重心，缺乏个人独立性，她们代表当地多数未参与社区旅游业的女性，其社会幸福感水平一般。

4. 边缘型妇女

边缘型妇女以 30 ～ 44 岁人数居多，其次是 18 ～ 29 岁和 45 ～ 59 岁年龄段的妇女，其中年龄在 18 ～ 29 岁的人数是四类妇女中比例最高的，整体人群相对年轻；在文化水平上，该类妇女的构成相对均衡，各个文化水平层次人数差异较小，高中及以上文化水平妇女占 34.2%，在四类妇女中排名第二，大专及以上妇女人数排名第一，但小学及以下妇女占 42.9%，仅次于主体型妇女；该类妇女以已婚妇女为主，但其未婚人数比例在四类妇女中最高；从家庭年收入来看，该类妇女以 2 万～ 4 万元人数居多，家庭年收入在 4 万元以下的人数占 77.1%，超过其他三类妇女，整体收入水平最低；主要收入来源上，该类妇女以旅游业居多，其次为农牧业，依靠副业和外出打工收入的人数较少；从旅游工作形式来看，该类妇女以其他工作最多，其次是旅游私营业主，之后是旅游商品销售；从参与时间来看，该类妇女以参与时间少于 3 年的妇女最多，其次是零星参与或未参与旅游的妇女；就旅游年收入而言，该类妇女以无旅游收入和低于 1 万元旅游收入的人数为主体。

该类妇女以短期参与旅游业和未参与旅游业妇女为主，前者依靠旅游业获得收入，以私营业主居多，后者依靠农牧业获得收入；在年龄上该类妇女呈现出年轻化特点，文化层次构成多样，各个文化水平层次分布差异较小，高文化水平和低文化水平人数均较多，但从收入水平来看，无论是家庭年收入还是个人旅游收入都处于低水平。

在边缘型妇女中，参与旅游业妇女相对年轻，加上参与时间多少于 3 年，存在经验不足的问题，同时以旅游私营业主和旅游商品销售为主要参与方式的她们，投入成本相对较高，但从其家庭收入和旅游收入来看，其旅游经营收益偏低，处于投资与收入不成正比的焦虑中，无暇顾及旅游接待以外的事情，进而导致她们在社会整合、社会认同、社会实现和社会和谐方面得分均偏低；其社会贡献得分虽然高于外围型女性，但依然处于一般水平。边缘型妇女中的未参与旅游业妇女的家庭多以农牧业为主要收入来源，较少涉及副业、外出打工等其他谋生方式，她们基本维持着较为传统的生活，在社会幸福感各个维度上的得分总体偏低。

总体上，边缘型妇女包括经验不足的参与旅游业妇女和维持传统农牧业生活方式的未参与旅游业妇女，前者目前在旅游经营中尚未看到回报，缺乏一定的竞争优势，在面对一系列的问题和困难中迷失方向；后者在较低的生活水平中对个人能力、未来生活和社会生活缺乏信心。该类妇女代表未能赶上社区旅游快速发展阶段和获得旅游开发红利的新一代女性参与者，还代表被旅游开发和时代发展所遗忘的妇女，其总体社会幸福感处于较低水平。

四、旅游参与对社区妇女社会幸福感的影响

总体上，当地社区妇女的社会幸福感水平较高，超过了代表一般水平的3分。其中，就社会幸福感内部维度的得分来说，社会实现维度得分最高，社会整合维度次之，接下来为社会和谐、社会认同和社会贡献等维度。这一结果表明，当地妇女整体上对社会发展和未来生活抱有美好希望，能够较好地处理与社区和村民的关系，在同外部世界的接触和联系及与人相处中表现良好，但在自身能力和影响力上缺乏信心。

从人口学特征方面来说，随着年龄的增加，社区妇女的社会幸福感水平不断提升，在就内部不同维度来说，年龄与社会整合、社会贡献和社会实现呈正相关关系，与社会和谐呈负相关关系；从小学以下到高中文化水平的变化阶段，妇女文化水平的提高与其社会幸福感水平呈正相关关系，但在提高至大专及以上文化水平时，社会幸福感水平出现明显下降，文化水平与社会和谐呈正相关关系，对社会贡献、社会实现和社会总体幸福也有一定的积极影响，初中文化水平以上对社会整合、社会认同有一定的负面影响；总体上，随着妇女家庭年收入的增加，其社会幸福感水平不断提高，特别是在社会和谐和社会实现方面，对其他维度的作用效果并不明显。

运用聚类分析方法，根据社区妇女的社会幸福感表现将其划分为核心型、主体型、外围型和边缘型四类妇女。其中，核心型和主体型主要由参与旅游业妇女构成，其社会幸福感水平在四类妇女中分别排名第一和第二；外围型妇女则以未参与旅游妇女为主，其社会幸福感水平一般；边缘型妇女群体内参与旅游业妇女和未参与旅游工作的妇女人数相当，该类型妇女的社会幸福感水平最低。

总体而言，参与社区旅游业对当地妇女的社会幸福感具有积极效应，特别是对参与层次和水平较高的妇女而言；但从参与水平不足的妇女来看，其社会幸福感偏低，甚至低于未参与旅游业妇女，因而参与旅游业对社区不同参与水平妇女的社会幸福感并不存在必然的正向影响。

通过与人口学社会学特征的交叉分析，可以发现，不同社会幸福感类型的妇女人群，其内部构成特征存在差异。其中，核心型妇女文化水平高，参与时间长，经验丰富，旅游工作方式更具独立性，收入可观，在社区中属于高参与水平成员。主体型妇女文化水平不高，参与能力有限，收益中等，参与模式相对保守，人数众多，代表了社区中参与水平相对一般的多数妇女。外围型妇女文化水平也不高，日常生活以家庭为核心，较少参与旅游业，但家庭生计方式相对丰富，家庭收入水平中等，代表了当地未参与旅游业妇女。边缘型妇女相对年轻，在各个文化水平上分布相对均衡，群体内的参与旅游业妇女接待的经验不足，家庭年收入和旅游年收入均偏低，生活焦虑，她们代表了当地参与水平偏低的妇女；群体内的未参与旅游业妇女以农牧业为主要收入来源，生活水平偏低，代表未参与旅游业妇女中相对传统的群体。

　　从社会幸福感的内部维度来看，参与旅游业对社区妇女的社会贡献影响最为明显，以未参与旅游业妇女为主的外围型妇女的社会贡献得分最低，而参与旅游业妇女中参与水平越高，其社会贡献得分越高，表明参与旅游业使得社区妇女获得施展能力的机会，提高了她们对自身在社会中的地位和影响力的信心。而从社会整合、社会认同、社会实现和社会和谐其他四个维度来看，参与旅游业与否对当地社区妇女社会幸福感的影响存在不均衡性。虽然在这四个维度上，仍以参与水平最高的核心型妇女得分最高，但得分最低的不是外围型妇女，而是边缘型妇女，该边缘型妇女中有超过一半是参与旅游业妇女；同样，以未参与旅游业妇女为主的外围型妇女在社会整合、社会认同、社会实现和社会和谐方面的得分均高于主体型和边缘型妇女，表明旅游发展对参与其中的妇女的社会幸福感的影响存在内部群体分化。

第六章

民族旅游社区妇女的社会地位：
基于家庭和社区层面

随着经济社会的快速发展，女性的社会地位问题受到社会各界越来越多的关注，同时也是女性人文关怀研究的热点议题。由于地处偏远地区，西部民族乡村社区女性的社会地位长期以来普遍偏低，无论是在家庭内部还是社区内外，她们都依附于男性。然而，西部社区旅游的蓬勃发展使得当地社区同外部社会快速衔接，当地妇女在与外界游客的交流中持续接收外部世界的新信息和思想；加之她们在旅游参与中获得了更多收入，成为家庭收入的重要创造者，进而有可能改变自身一直依附于丈夫的从属地位，并追求更多的个人权利。

在以往研究中，学者们更为关注女性的家庭地位，对其在家庭以外的地位缺少重视，这与女性传统的性别角色和活动空间有关；但现在很多女性已经从家庭走出来，走向了社会生产领域，因此需要更加全面地理解女性的地位。为了探究旅游发展给民族旅游社区妇女社会地位带来的改变和其蕴含的原因及意义，本章以贵州西江千户苗寨、肇兴侗寨，广西平安壮寨和青海小庄村为例，从家庭和社区两个层面来分析民族旅游社区女性的社会地位，其中家庭层面主要通过家庭地位来衡量；在社区层面，考虑到社会资本是测量妇女与外部世界产生联结的指标，而社会资本的数量和质量一定程度上能够体现妇女的社会地位，因而该层面主要利用社会资本来衡量，以期更加深刻地认识民族旅游社区妇女的社会地位。

第一节 基础理论

妇女的社会地位问题受到了学界的广泛关注，研究成果也比较丰富，但对于妇女社会地位的概念界定和测量实施的观点众多，并无统一标准，作者对这些研究观点和测量标准进行了梳理，进而选取适用于本章研究对象的观点与方法。

一、妇女地位

马克思的妇女观。马克思运用辩证唯物主义和历史唯物主义的世界观、方法论，对妇女社会地位的演变、妇女的社会作用、妇女的社会权利等基本问题进行了科学分析和概括。马克思认为妇女在创造人类文明，和推动社会发展中具有伟大的作用；妇女与男子同是人类历史前进的推动者，同是社会物质文明和精神文明的创造者；尊重妇女，保护妇女，是社会进步的一个重要标志，是文明社会应有的法律规范和道德风尚，马克思是妇女地位研究的先驱（韩贺南，2002）。

1978 年 Dixon 提出了关于妇女地位的概念。Dixon 认为妇女地位是指女性在家庭、社区以及在社会中对物质资源（包括食物、收入和其他财富）、社会资源（包括知识、权力和威望）的占有及控制能力（Dixon，1978）。Dixon 的这一观点得到了大多数学者的认可。

二、妇女社会地位的观点

随着妇女地位研究的深入，学者们倾向于以涵盖诸多方面的"社会地位"为主题，其中主要从资源权力、性别差异、机会、文化、分层的角度对妇女的社会地位定义进行界定，下面列举的是具有代表性的观点。

（一）国际代表性观点

实力派说。该观点源于 Weber 的实力理论，即地位的差异是实力分配不同的结果。根据 Weber 的定义，实力是个体或群体在他者或对手面前，即使遇到反对也能够让对方顺从的能力。实力较强的一方拥有足以控制对方的资源，而这些资源是对方需要又重视但却无法完全拥有的。由于双方实力在竞争中显示出的分量不一或程度不等，不对等的地位差别随之形成。但性别地位竞争中起着关键性作用的是何种实力，则是一个众说纷纭的论题，迄今为止，已经形成了三种实力制约论，分别是生理实力、教育实力和法律实力等（孙戎，1997）。

文化派学说。该学说认为，文化因素是性别实力差别的根基，从而也制约了妇女地位及其变迁，该派学说与帕森斯（Parsons）的结构功能主义有很强的关联。根据帕森斯（Parsons，1966）的理论，文化在 AGIL 模型中占据着核心位置，该模型简单说是包括适应性、目标拥有、整合与维模四种功能的制度整体；而与这四种功能相对应的制度因素分别为经济、政治、社会与文化，文化的维模功能是指导与维护社会发展的方向，其他三种制度功能都服务于该功能。Okin（2013）在 20 世纪 80 年代拆解分析了帕森斯对现代性别不平等的理解，即所有的性别不平等都服务于"男人挣面包，女人治理家"这一核心家庭文化，因而性别不平等是合理的，是具有社会功能的。站在不同的立场上，女性主义者认为女性的从属地位正是这种"坏"文化的产物，性别是一套强加给男女行为方式的社会规范与期望（Witting，1981）。

经济派学说。该学说将生产力的发展及经济增长视为原动力，认为它们制约着性别实力与性别文化对妇女地位及其变迁的影响。这一观点受到马克思和恩格斯观点的影响，马克思和恩格斯（1858）在探讨生产力时提到，当产品出现了剩余，新的性别劳动分工便产生了。男人此时在生产中所扮演的角色使得他们相对控制了较多的资源。与此同时，私有财产出现了，男性将其财产传给和自己有血缘关系的子孙。随着这种私有制与父权制的出现，便产生了"世界范围内女性历史性地被击败"。进而，女人沦为男人的财产与奴隶，居于从属地位。只有实行了公有制，并且女性普遍走出家庭，从事社会生产，家务劳动与儿童抚育实现了社会化，妇女被压迫的地位才会改变。

性别相对说。美国社会学家梅森等（Mason，1986；Mason and Lu，1988）将妇女地位定义为：作为一个社会的组织和制度产物，妇女地位是指与男人相比，妇女在何种程度上对各种资源享有支配权，在家庭和社会事务的决策中享有独立自主权，以及在社会其他方面受到优待或压迫等。

（二）国内代表性观点

综合说。单艺斌（2000）认为女性社会地位是女性群体相对于男性群体而言，对社会和家庭资源（包括物质资源和人力资源）所享有的拥有权、支配权、决策权，在家庭、社会生活和社会关系中的作用、威望、机会及获得认可程度的总和。这种对女性地位的界定，强调了女性社会地位的综合性。

性别差异说。中华全国妇女联合会第二期中国妇女社会地位调查课题组在研究设计中对"妇女社会地位"概念的界定是：不同群体妇女在社会生活和社会关系中与男性相比较的权利、资源、责任和作用被认可的程度。并提出了经济、政治、教育、婚姻家庭、健康、生活方式、法律和社会性别观念八个维度的妇女社会地位测量指标。此概念强调了女性与男性在社会地位上的差别。

文化说。杜芳琴（2004）从文化的角度把妇女社会地位界定为：由文化所规范了的性别关系和结构中妇女相对于男性的位置，她强调了文化环境在女性社会地位谋取中的作用。

机会说。叶文振等（2003）认为女性社会地位就是指女性或作为个人主体或作为一个社会整体被他人或其他社会群体的尊重程度及其所拥有的生存与发展机会的平等程度。

分层说。很多国内学者受国外社会地位分层理论的影响，在研究女性社会地位的时候对女性社会地位进行分层，形成了女性社会地位的多层说理论。如颜士梅的六层说：其一是由物质生产形成的指标系统，其二是由生命生产形成的指标系统，前者包含妇女的社会经济地位、政治地位、教育地位、法律地位等指标要素，后者包括妇女的婚姻家庭地位和生育地位等指标要素（颜士梅，1997）。冯立天和陈再华的八层说，他认为妇女地位通常包括妇女的政治地位、法律地位、经济地位、劳动地位、教育地位、社会参与、健康地位以及妇女在婚姻家庭生活中的地位等八个方面（冯立天和陈再华，1994）。

基于以上观点可以发现，学者们主要从社会整体层面，以及男女性别差异对妇女获取社会资源权力及机会的影响中来强调妇女的社会地位概念，关注女性整体群体在社会里的特殊性，而对于女性个体和微观群体的社会地位关注甚少。对于相对封闭的民族传统社区来说，当地社区妇女的地位偏低，获得的关注也十分有限。而旅游开发使得社区迅速开放，参与社区旅游业成为当地妇女将家庭和公共领域协调统一起来的最佳途径，并且有利于她们参与社会劳动，改变自身的社会地位。因此，探讨旅游开发在民族社区妇女的社会地位改善过程中发挥的作用具有现实意义。

三、妇女社会地位的测量

（一）测量指标

学术界及有关机构对妇女社会地位的测度也表现出多样化的特点（叶文振等，2003）。

1988 年在加拿大蒙特利尔召开的会议上，联合国采用以下指标来测量各个国家妇女的社会地位，包括对女婴的态度、女青年入学率、女性就业率、妇女在领导岗位上担任重要职务的比例、妇女在家庭中的地位、妇女个人财产在社会财富中所占的比例等。

1988 年，美国人口危机委员会（Population Crisis Committee，PCC）采用五个大类 20 个指标来评价世界上 99 个国家的妇女社会地位，其中包括健康（如女婴及 0～5 岁女孩的死亡率）、婚姻与孩子（如女性早婚率）、教育（如中学女教师比例）、就业（男女在有报酬就业中的对比）和社会平等（如经济平等、政治法律平等、在婚姻家庭关系中的平等、男女社会平等对比）等。

1990 年，中华全国妇女联合会和国家统计局联合组织实施了第一期中国妇女社会地位调查，指标体系由标志性指标、解释性指标、修正性指标等构成，包括如下八个方面：经济、政治、教育、婚姻家庭、健康、生活方式、法律和社会性别观念。

我国学者利用 39 项指标构成经济、政治、社会(参与社会发展程度)、家庭和文化 5 个客观指标，以及妇女自我认识和发展状况评价两个主观指标，来综合衡量我国妇女的社会地位。

江苏省妇联和省统计局于 1991 年 7 月 1 日起联合开展了"江苏省妇女社会地位"调查，调查内容包括劳动就业、文化教育、社会参与和政治参与、法律权益、人口与健康、婚姻与家庭、自我认识与社会认同、生活方式八个方面。

就以上指标而言，政府机构、社会组织及学术界对妇女社会地位测量并没有统一标准，大都涉及经济、政治、社会、家庭及文化五个大的层面，期望包含全部内容，进而全面探讨妇女社会地位，事实上却无法从最直观的角度反映妇女的社会地位。

（二）测量框架

有学者认为除了把妇女作为一个整体来分析其社会地位的影响因素以外，还应该，甚至更有必要把妇女个体作为分析单位（叶文振等，2003）。对个体妇女而言，家庭和社区是她们生活的重要组成部分，也更能反映其真实生活，以家庭和社区为着眼点，将妇女自身主观感知作为切入点来研究妇女社会地位更能够反映妇女生活实践中的社会地位。本章的研究对象为民族旅游社区中的妇女，她们以社区旅游参与为主要生产方式，大多数日常活动围绕家庭和社区范围开展，其生活重心和社会地位的体现范围便是家庭生活和社区生活，因此，作者尝试从这两方面出发来测量她们的社会地位。

1. 家庭生活的家庭地位测量

刘启明（1993）依据 Dixon（1978）提出的妇女地位定义，将"妇女家庭地位"定义为女性在家庭中拥有和控制家庭资源的能力，以及在家庭中的威望和权力；并基于三个假设来研究妇女的家庭地位，即女性在家庭中对资源的占有程度（财产、收入等）越高，其家庭地位越高；女性在家庭中对自我和其他家庭成员的决策权越高，表明其家庭地位也就越高；女性在家庭生活中对重要事情（如购物、就业、培训、职业晋升、家庭时间分配等）的决策权越高，其家庭地位越高。

刘启明（1994）认为妇女家庭地位是相对于家庭内的其他成员，特别是其丈夫而言的相对概念，这种相对性主要表现在两个方面，一是对家庭资源的拥有和控制程度；二是自主程度和对家庭重大事物决策的发言权。同时，妇女的家庭地位是一个多元的概念，主要包括妇女在家庭中的威望和权力。妇女家庭地位的来源应归结为以下两个：一是依附地位，指未经后天选择和努力依附男性而得到的地位；二是成就地位，指女性经过自身的选择和努力而获得的地位。

就民族旅游社区的妇女来说，她们在家庭中的地位应同时包含依附地位和成就地位两个方面。由于历史和社会原因，西部乡村地区的少数民族妇女的地位通常偏低，需要借由父亲、丈夫、儿子的地位来获得自身的地位。然而，由于民族旅游社区的妇女获得了参与旅游发展的机遇，并通过参与旅游经营而获得了个人成长，她们能够为自身的家庭做出更多贡献，从而具备了经过自身的选择和努力而赢得地位的潜力。基于以上分析，本节将从家庭资源的拥有与控制、自主性和家庭决策权两个维度来测量民族旅游社区妇女的家庭地位状况，两个维度下又设八个二级支撑维度，具体构成框架如图 6-1 所示。

2. 社区生活的社会资本测量

法国社会学家布迪厄（Bourdieu）认为，人在社会结构中的地位与区隔不仅取决于资本量的大小，还取决于资本的构成，即经济资本、文化资本、社会资本与符号资本的比例构成（布迪厄，1997），其中社会资本指外在或潜在的与某些稳定性网络紧密相连的资源的集合，它以关系网络为内部成员提供支持并使各成员获得一定声望（Bourdieu, 1986）。单艺斌（2000）在"妇女社会地位"界定中提及妇女在社会生活和社会关系中的作用、威望、机会及获得的认可程度可用于测量其在社会层面的地位，这一角度与社会学中的社会资本具有较多共性。邹宜斌（2005）认为社会资本是指存在于社会组织各成员之间，能够促使各成员达到共同利益而团结互助合作的状态及其特征，其中包括各成员共同遵守的社会规范，各成员间形成的社会关系网络、社会制度、社会信任、社会凝聚力和互助合作等，详细解释见表 6-1。可见，社会资本能够体现妇女社会地位的核心内容。

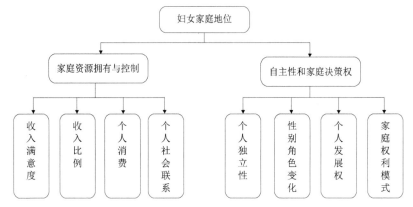

图 6-1　妇女家庭地位构成框架

表 6-1　社会资本测量维度

维度	狭义注释
社会网络	个人的社会网络，强调结构性联系
社区归属感	侧重个人与社区的情感联系
社区凝聚力	侧重于社区居民是否能够和谐相处，没有社会排斥
社会互动	强调日常的互动和社交
社区互惠	愿意帮助他人并相信他人在未来某个时刻也会帮助自己和他人；是对即时个人利益与整体利益关系的正确理解
社区信任	包括一般信任与特殊信任，后者主要指地方性信任

民族旅游社区内部各成员间的团结互助合作比更大范围内的群体成员间更为密切，也更有利于形成基于社区范围的社会制度、社会信任、社会凝聚力和互助合作；加之社区旅游业的开放性，社区妇女作为社区旅游的参与主体能够在旅游参与活动中建立更加广泛的社会关系，这势必有助于妇女在社区生活和社会关系中发挥自身的作用，形成自己的威望，进而获得更多发展机会和其他社区成员的认可。基于此，作者认为社会资本作为民族旅游社区妇女在社区生活和社会关系中的重要资源，能够体现其在社区生活层面的社会地位。

而在社会资本测量方面，Grootaert 和 Bastelaer（2002）综合考虑了各类社会资本，归纳出了适用于发展中国家和地区的较为综合性的测量量表，内容涉及社团网络、信任和团结、集体行动与合作、信息与交流、社会凝聚力和包容力、授权与政治行动，共六个方面的指标（庄洁，2003；韦璞，2007）。作者在参考 Grootaert 和 Bastelaer 归纳的六个测量维度，桂勇和黄桂荣（2008）提出的地方性社会网络、社区归属感、社区凝聚力、非地方性社交、志愿主义、互惠与一般性信任和社区信任等七个测量维度的同时，基于本章的案例地和研究对象对测量维度进行了调整，本章以社会网络、社区归属感、社区凝聚力、社会互动、社区互惠和社区信任等六个维度对民族旅游社区妇女的社会资本进行测量，进而体现其在社区中的社会地位。

第二节　研究设计与案例地

一、妇女社会地位的测量量表

（一）家庭地位方面

民族旅游社区妇女的家庭地位分析以贵州西江千户苗寨、肇兴侗寨，广西平安壮寨和黄洛瑶寨为例。测量量表采用封闭式问卷形式，问卷共分为三部分，第一部分问题包括三个案例地被调查妇女的基本情况；第二部分是关于三个案例地被调查妇女参与社区旅游业情况的问题；第三部分是关于三个案例地妇女的家庭地位现状调查，主要从收入满意度、收入比例、个人消费、个人社会联系、个人独立性、性别角色变化、个人发展权、家庭权力模式八个维度共 17 个问题项进行态度测量，详见表 6-2。测量方式使用五分制的利克特量表，其中 5 代表很同意，4 代表同意，3 代表一般，2 代表不同意，1 代表完全不同意。

表 6-2　民族旅游社区妇女地位测量维度

一级维度	二级维度	三级测量项
资源拥有与控制	收入满意度	您对目前的个人收入情况满意
	收入比例	家里的收入主要靠我丈夫†
	个人消费	我经常购买化妆品
		我有时候会外出旅游
	个人社会联系	参与旅游使我结识了更多的朋友
		我有许多从事旅游接待活动的朋友

续表

一级维度	二级维度	三级测量项
自主性与决策权	个人独立性	当遇到家庭矛盾时，我总能找到解决的办法
		坚持做自己认为对的事情很容易
		有人说，女人就应该靠丈夫挣钱养活，您是否同意†
		有人说，无论什么情况下都不能选择离婚，您是否同意†
	性别角色变化	我们家分工上是"男主外，女主内"†
		家庭决策上我的意见经常被忽视†
	个人发展权	我做的事情对家庭非常重要
		家里很支持我的工作
		家里支持我参与一些培训活动或学习考察
	家庭权力模式	在经营决策上由我丈夫说了算†
		与丈夫发生冲突时，总是他先让步

注：标"†"的测量项为反向问题，即受访者对其描述越认可，则其相应的测量项得分越低

（二）社会资本方面

民族旅游社区妇女的社会资本分析以青海互助县小庄村为例。测量量表亦采用封闭式问卷形式，主要包括三个部分：第一部分是关于小庄村被调查妇女的基本情况，包括年龄、文化水平、家庭年收入等内容；第二部分是关于小庄村妇女参与社区旅游业的调查，包括参与旅游时间、旅游参与方式和旅游年收入等内容；第三部分是关于小庄村土族妇女的社会资本积累现状的调查，该部分主要从社会网络、社区归属感、社区凝聚力、社会互动、社区互惠、社区信任六个测量变量共23个问题项展开调查，测量方式采用五分制的利克特量表，其中5代表很同意，4代表同意，3代表一般，2代表不同意，1代表完全不同意。

二、数据获取与样本概况

调研人员于2013年1月和2013年7月、8月分别到贵州西江千户苗寨、肇兴侗寨、广西平安壮寨和黄洛瑶寨进行妇女家庭地位问题的调研，调研主要针对当地社区已婚妇女，其中，西江千户苗寨的调查共持续15天，肇兴侗寨和平安壮寨的调查共持续20天。三个村寨共发放问卷232份，经过筛选后的有效问卷为212份，有效率为91.38%，其中，西江千户苗寨65份，肇兴侗寨113份，平安壮寨54份；根据参与旅游业与否对研究对象进行划分，其中参与旅游业妇女157份，未参与旅游业妇女55

份，样本概况见表 6-3。

表 6-3　受调查妇女基本情况（家庭地位）

特征	类别	参与旅游业妇女		未参与旅游业妇女	
		人数 / 人	比例 /%	人数 / 人	比例 /%
年龄	18～29 岁	50	31.85	18	32.73
	30～44 岁	80	50.96	24	43.64
	45～59 岁	25	15.92	11	20.00
	60 岁及以上	2	1.27	2	3.64
文化水平	小学以下	23	14.65	10	18.18
	小学	28	17.83	9	16.36
	初中	83	52.87	24	43.64
	高中	19	12.10	10	18.18
	大专及以上	4	2.55	2	3.64
家庭年收入	1 万元以下	28	17.83	20	36.36
	1 万～3 万元	79	50.32	23	41.82
	3 万～6 万元	35	22.29	11	20.00
	6 万元以上	15	9.55	1	1.82
个人年收入	0.5 万元以下	44	28.03	30	54.55
	0.5 万～1 万元	42	26.75	11	20.00
	1 万～2 万元	51	32.48	13	23.64
	2 万元以上	20	12.74	1	1.82
参与旅游时间	1 年以下	15	9.55	—	
	1～3 年	67	42.68		
	3～6 年	41	26.11		
	6～10 年	14	8.92		
	10 年以上	20	12.74		

在 2011 年 8 月，调研人员对小庄村土族妇女的社会资本进行了实地调查，其间以问卷现场填写及回收的方式在村庄进行了为期半个月的深入走访和调查。小庄村全村共有土族人口 564 人，其中妇女共计 284 人。小庄村少数民族妇女的社会资本调查共发放 200 份问卷，以小庄村现有参与旅游业的土族妇女劳动力为调查对象，最终收回 198 份问卷，其中有效问卷为 195 份，有效率达 97.5%，样本概况见表 6-4。

表 6-4　受调查妇女基本情况（社会资本）

特征	类别	人数 / 人	比例 /%	特征	类别	人数 / 人	比例 /%
年龄	18 岁以下	26	13.33	家庭年收入	0.5 万元以下	34	17.44
	18～29 岁	90	46.15		0.5 万～1.5 万元	62	31.79
	30～44 岁	45	23.08		1.5 万～2.5 万元	27	13.85
	45～59 岁	29	14.87		2.5 万元以上	72	36.92
	60 岁及以上	5	2.56	个人年收入	0.3 万元以下	24	12.31
文化水平	小学以下	27	13.85		0.3 万～0.6 万元	51	26.15
	小学	33	16.92		0.6 万～1 万元	40	20.51
	初中	81	41.54		1 万～1.5 万元	16	8.21
	高中及以上	54	27.69		1.5 万～2 万元	24	12.31
婚姻状况	未婚	75	38.46		2 万元以上	40	20.51
	已婚	111	56.92				
	其他	9	4.62				

在数据统计中，利用赋分法对每一个问题进行数据录入，具体来说，将很同意赋值为 5 分、同意赋值为 4 分、一般赋值为 3 分、不同意赋值为 2 分、完全不同意赋值为 1 分，分值越高则态度越积极。针对反向问题，采取反向赋分法，其数据录入结果也为分值越高则态度越积极。因此，问题得分的高低用以反映妇女对其自身家庭地位和社会资本评价的高低。

需要说明的是，分析中所使用的妇女家庭地位得分为群体平均值（如参与旅游业妇女的家庭地位得分 = 所有参与旅游业妇女的家庭地位总得分 ÷ 参与旅游业妇女样本量）；不同人口社会学特征下妇女家庭地位的不同维度得分也为特征群体平均值（如 18～29 岁妇女的个人收入满意度得分 = 18～29 岁年龄段妇女的个人收入满意度总得分 ÷ 受调查的 18～29 岁的妇女人数）；妇女社会资本得分亦为群体平均值（如社会网络得分 = 受调查妇女的社会网络总得分 ÷ 受调查妇女人数）。

在社会资本分析中，运用了结构方程模型，结构方程模型（structural equation modeling，SEM）的思想起源于 20 世纪 20 年代 Sewall Wright 提出的路径分析概念，结构方程通过为难以直接测量的潜变量设定观测变量，用统计分析来测量变量之间的关系，进而研究潜变量之间的关系，是一种有效处理和检验观测变量与潜变量以及潜变量之间关系的多元统计方法（Wright，1934），一经提出就得到了统计学家和社会学家的关注和重视（王忠福和张利，2011）。近年来，结构方程模型已被广泛应用于社会学、经济学、管理学等领域的研究（Wright，1934；王忠福和张利，2011）。基于此，本章采用统计分析软件 SPSS17.0 进行数据的前期处理，随后利用结构方程分析软件 AMOS17.0 进行数据分析，验证旅游参与和妇女社会资本之间是否存在关系，为了确保分析的准确性，依据社会资本数据对旅游参与数据进行了统一量纲处理，具体来说采用赋值法，利用德尔菲法将社区旅游参与三个问题中每个问题的答案分为五个层次，并对不同层次进行赋值（从低到高为 1 ～ 5 分）。

三、案例地概况

本章的妇女家庭地位案例地包括西江千户苗寨、肇兴侗寨、民族旅游社区，其中肇兴侗寨概况已经在第四章中进行了详尽阐述，此处仅对雷山县西江千户苗寨概况进行描述。

西江千户苗寨地处贵州省黔东南苗族侗族自治州雷山县东北部，距州府凯里市 39 千米，距省城贵阳市 137 千米。雷山县东临台江、剑河、榕江县，南抵三都水族自治县，西连丹寨县。雷山县位于黔东南苗族侗族自治州西南部，距贵州省会贵阳市 184 千米，距自治州首府凯里市 42 千米。

雷山县地处云贵高原湘、桂丘陵盆地过渡的斜坡地带，地势东北高，西南低。县境内以雷公山最高，海拔 2178.8 米，最低处海拔 480 米，全县总面积 1218.5 平方千米。全县共辖 4 个镇、4 个乡及 1 个民族乡：丹江镇、西江镇、永乐镇、郎德镇、望丰乡、大塘乡、桃江乡、达地水族乡、方祥乡，共 154 个行政村，1305 个村民小组。雷山县总人口 154 528 人（截至 2014 年年末）。县境内世居苗、汉、水、侗、瑶、彝 6 个少数民族居民，少数民族人口占全县人口的 91.74%，其中苗族人口占总人口的 84.2%。[①]

雷山县以其浓郁的苗族风情，古朴典雅的苗族建筑和极其深远的苗族文化内涵著称，被誉为"苗族的民族文化中心"，集优美的生态环境和古朴的民族风情于一体。雷山县境内旅游资源丰富，旅游开发得天独厚，包括国家级自然保护区雷公山，有"中国民间艺术之乡"之称的郎德上寨，有"中国苗族第一寨"称号的西江千户苗寨，还有被称为"中国短裙苗族（锦鸡苗族）聚居地"的独南村（或称为独南苗寨）。

1. 西江千户苗寨概况

西江千户苗寨坐落于雷公山脚下，苗寨历史悠久，有 2000 多年建寨

① 雷山县人民政府. 2015-08-11. 魅力雷山——雷山简介. http://www.leishan.gov.cn/mlls/lsjs/.

历史，是苗族第三次大迁徙的主要集结地，素有"苗都"之称，被誉为"中国苗族文化艺术天然博物馆"，是研究苗族历史与文化的"活化石"。西江千户苗寨现居住着 1285 户，5405 人，苗族占 99%，2007 年被建设部授予"中国历史文化名镇"称号，2008 年被中国工艺美术家协会命名为"中国苗族银饰之乡"，素有"千户苗寨——天下西江"之美誉。整个村寨依山傍水而建，吊脚楼层层叠叠，是中国苗族干栏民居文化的典型代表，是中国建筑文化的瑰宝。迷人的自然生态和古朴灿烂的苗族文化，构成了西江千户苗寨人文景观的亮丽风景线。[①]

"西江千户苗寨"即西江村，是西江镇镇政府所在地。西江镇下辖 21 个行政村，另辖 1 个居民委员会，共 62 个自然寨，222 个村民小组，全镇共有 6376 户人家。西江村是全镇乃至全县目前最大的行政村，为西江镇人民政府驻地，原本包括羊排、也东、平寨、南贵 4 个行政村，十余个自然村寨，但基于旅游发展和统一管理需要，目前已经合并为西江村，成为中国乃至全世界最大的苗族聚居村寨。

2. 西江千户苗寨旅游发展概况

2007 年，余秋雨先生应邀来到黔东南州西江千户苗寨，并写下了"用美丽回答一切"的考察手记，这使西江镇的知名度迅速提高。2008 年，政府抢抓第三届贵州旅游业发展大会在西江召开的历史机遇，按照 5A 级景区标准打造西江千户苗寨，"天下西江"也随之走向全国，走向世界。2009 年，雷山县论证通过并修建了从凯里市城区直达西江镇的旅游公交线路，这条长达 70 千米的旅游线路将会通过世界上最长的风雨桥，推进西江千户苗寨向国际化旅游区迈进的步伐（葛园园和殷红梅，2011）。

自 2008 年贵州省第三届旅游业发展大会召开以来，西江千户苗寨的基础设施建设得到进一步完善，旅游业得以迅猛发展，先后举办了中国雷山苗年、"游天下西江、品雷公山茶"品茗会、上海世博会西江公众论坛等活动；通过这种节日搭台和旅游文化唱戏等方式，寨子的知名度和影响力逐年提高，先后获得了"全国农业旅游示范点""中国乡村旅游'飞燕奖'最佳民俗文化奖""最佳景观村落"等荣誉称号，同时还获得"多彩贵州"十大品牌和百强品牌殊荣。

2009 年，西江村更是被评选列入"中国特色村"名录，随着西江知名度和影响力不断提升，西江千户苗寨景区的客源市场也不断增大，客源地由 9 个省市扩大到 32 个省市；游客结构逐步优化，省内游客比例由

---

① 雷山县人民政府. 2015-08-11. 魅力雷山——雷山简介. http://www.leishan.gov.cn/mlls/lsjs/；西江千户苗寨景区. 2015-08-11. 景区简介. http://www.xjqhmz.com/help/show_59.html.

82% 下降为 52%，省外游客由 15% 上升至 40%，入境游客由 3% 上升到 8%；景区共签约旅行社达 59 家。旅游带动了当地的特色产业发展，目前西江共有农家乐接待户 123 户，民族商品店 498 户，直接从事旅游服务行业的人员达 1500 余人。2010 年旅游直接收入 2.2 亿元，全年西江千户苗寨景区门票纯收入为 1407 万元，游客量为 68.9 万人次。2013 年全年到西江千户苗寨观光旅游的游客突破 250 万人次，创旅游综合收入 3.1 亿元，较上年增长了 27%，农民人均纯收入达 7100 元。[①]

本章社会资本分析部分的案例地为青海省互助县小庄村，与第二章相同，因此，案例地基本情况不再赘述。但鉴于两次调研存在时间差，本章对该案例地近况进行简单阐述和补充。小庄村从 1992 年开始从事旅游经营活动以来，游客数量迅速增加，2004 年被评为首批全国农业旅游示范点，2007 年互助县政府将小庄村从古城村单独划分出来，将其设为发展土族民俗旅游的行政村。目前小庄村专门从事民俗旅游接待的农户发展到 72 户，占总户数的 49.67%。小庄村目前 70% 以上的劳动力从事民族旅游接待及相关服务，民俗旅游已初具规模，是全省民俗旅游示范村。村庄旅游接待项目集农业观光、土族服饰、土族歌舞、土族花儿、轮子秋表演、土族婚俗、土族盘绣等为一体；因土族独特的文化传统、风俗习惯、生活方式及淳朴、善良、好客而声名远播；当地的土族民俗风情已成为青海省最有吸引力的民族文化旅游资源。2006 年全村旅游总收入 70 余万元，2009 年小庄村旅游收入达 158 万元，全村人均年收入达 4210 元，旅游收入最高的接待户年收入达 40 万元。2013 年全村共接待游客 13 万人次，实现全村旅游收入 547.6 万元。全村的旅游接待户已从 2006 年的 30 户增加到现在的 90 户，净增 60 户。[②]

第三节　民族旅游社区妇女的家庭地位

Cain、Khanam 和 Nahar（1979）指出，妇女的广泛就业可以增加她们独立的经济来源，从而提高其在家庭中的地位。在我国西部地区，民族社区旅游成为当地有效的经济发展方式，而参与社区旅游业已成为当地妇

---

① 雷山县人民政府. 2013-01-21. 西江镇镇情简介. http://www.leishan.gov.cn/info/10607/221432. html.

② 丁学良. 2016-08-17. 互助县"最美乡村"——小庄村：土族民俗旅游名村. http://www. qh.xinhuanet.com/zmxc/20160817/3380900_c.html.

女在农业生产劳动以外的主要劳动活动，是她们获得独立经济收入的主要来源。通过参与社区旅游业，民族旅游社区妇女依靠自身的努力获得了更多收入，为家庭创造了更多的价值，进而得到丈夫和其他家人的认可与尊重。可以说，社区旅游业劳动俨然已成为当地少数民族妇女规律而较为稳定的职业劳动类型，并使得她们不再完全依附于丈夫，拥有了自己在家庭中的重要地位。

一、参与和未参与旅游业妇女的家庭地位差异

根据参与旅游业妇女和未参与旅游业妇女在每一个问题中的平均得分（表6-5），可以清晰地看出，除了"家庭决策上我的意见经常被忽视""有人说，无论什么情况下都不能选择离婚，您是否同意？""我有许多从事旅游接待活动的朋友"这三个问题外，在其余的14个问题中，参与旅游业妇女的平均得分都高于未参与旅游业妇女的得分。特别是在"我对目前的个人收入情况满意""家里的收入主要靠我丈夫""家里支持我参与一些培训活动或学习考察""我有时候外出旅游""有人说，女人就应该靠丈夫挣钱养活，您是否同意""参与旅游使我结识了更多的朋友"这六个问题中，参与旅游业妇女的平均得分均比未参与妇女的平均得分高出0.3分以上。

在参与社区旅游的过程中，当地妇女获得了更多的个人收入，而且她们对家庭收入的贡献日益增加，其自身对收入也有了更高的要求，这种个人经济收入的增长和对家庭经济贡献的提高有利于她们在家庭中获得更加有利的地位。旅游参与在提高妇女收入的同时，也改变了她们对传统性别分工认知中丈夫应该养家的观念；在和游客的接触过程中，妇女自身的眼界不断拓宽，并主动外出旅游；通过参与社区旅游业，当地妇女的独立性得到了很大的提高，不再一味地依赖丈夫。

表6-5　未参与旅游业与参与旅游业妇女的家庭地位得分

问题	未参与旅游业妇女	参与旅游业妇女
我对目前的个人收入情况满意	2.65	3.07
家里的收入主要靠我丈夫	2.56	3.04
我们家分工上是"男主外，女主内"	2.82	2.93
家庭决策上我的意见经常被忽视	3.62	3.44
在经营决策上由我丈夫说了算	3.22	3.27
与丈夫发生冲突时，总是他先让步	2.87	2.98

问题	未参与旅游业妇女	参与旅游业妇女
我做的事情对家庭非常重要	3.82	3.86
家里很支持我的工作	3.85	4.06
家里支持我参与一些培训活动或学习考察	3.51	3.81
我经常购买化妆品	2.27	2.55
我有时候外出旅游	2.44	2.76
当遇到家庭矛盾时，我总能找到解决的办法	3.36	3.59
坚持做自己认为对的事情很容易	3.07	3.22
有人说，女人就应该靠丈夫挣钱养活，您是否同意	3.25	3.79
有人说，无论什么情况下都不能选择离婚，您是否同意	3.13	3.00
参与旅游使我结识了更多的朋友	3.55	3.91
我有许多从事旅游接待活动的朋友	3.60	3.50
总分	53.60	56.77

同时，当地参与旅游业妇女认识到需要不断提高自身的旅游参与能力，因此她们通过参加一些培训活动或学习考察，以提高自身的知识素养和经营能力；而从家庭成员对于她们这些想法的支持态度，可以看出，相较于未参与旅游业妇女，参与旅游业妇女的家庭地位有所提升；而且参与旅游业使得妇女结识了许多朋友，他们的社会关系网络得以扩展，人际关系不再局限于家庭和社区成员。

总体来看，参与旅游业妇女的家庭地位问卷得分明显高于未参与妇女，因此，可以判断参与社区旅游业在一定程度上的确提升了妇女的家庭地位。

二、个体特征与参与旅游业妇女的家庭地位

（一）年龄

就年龄与参与旅游业妇女家庭地位的关系而言，随着参与旅游业妇女年龄的增加，她们的家庭地位得分呈现逐步递减趋势（图 6-2）。在民族旅游社区的家庭中，随着年龄的增大，参与旅游业的老年妇女在权力、资源、独立性方面出现控制能力下降，各个维度上的得分都不如年轻妇女；而且，中青年妇女是社区旅游参与中最为积极的成员，并逐步成为旅游参与的主力军，在以家庭经营为主要方式的社区旅游业中，她们成为家庭旅游经营的重要力量，加之当地社区青年妇女多数拥有外出求学或打工经历，更具备为自己争取家庭地位的能力和观念，因而她们的家庭地位必然较高。

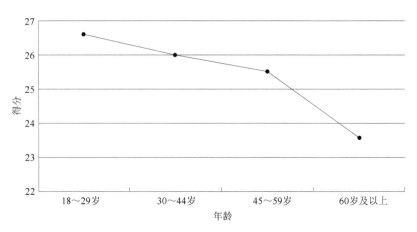

图 6-2　参与旅游业妇女家庭地位的年龄差异

另外，对年龄较长的妇女而言，随着家庭内部子女的不断成长并成家立业，后代不断争取自身地位，因而对于上一辈妇女的家庭地位具有重要影响，使得上一辈女性在家庭内部的权威、话语权等方面开始受到挑战，进而导致年长妇女家庭地位的下滑。这与相关妇女家庭地位研究结果相契合，王金玲（1997）的研究表明，作为家庭中上代的妇女，年长妇女在家庭中的地位会出现下降，而作为家庭中的下代的妇女，在家庭中的地位则有所提高。需要说明的是，由于 60 岁及以上的女性受访者样本量偏少，所以在一定程度上可能会影响数据精度。

（二）文化水平

总体上，随着文化水平的增加，民族旅游社区中参与旅游业妇女的家庭地位得分不断提高（图 6-3），可见，教育程度越高，少数民族妇女在家庭中的地位越高。

在民族旅游社区中，受教育程度从“小学以下”至“小学”和从“高中”至“大专及以上”的参与旅游业妇女的家庭地位得分的增长速度最为明显。文化水平为小学以下的妇女，包含了未上过学和小学未毕业的妇女，其文化知识十分有限；文化水平为小学的妇女已经拥有一定知识水平，其在旅游接待中拥有一定优势，进而使得其在家庭中获得更多地位；而文化水平分别为高中和大专及以上学历的妇女间存在教育层次的差异，文化水平为大专及以上的妇女受过高等教育，较高的知识水平本身就使得她们在家庭中受到重视，加之在旅游经营中拥有较强的知识转化能力，因而她们在以旅游经营为主要收入来源的家庭中获得较高地位。

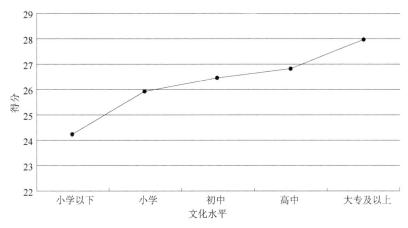

图 6-3　参与旅游业妇女家庭地位的文化水平差异

作者利用 SPSS17.0 软件对妇女受教育程度和家庭地位问卷得分进行单因素方差分析，检验结果显示显著性为 0.001，小于 0.05，说明不同的受教育程度对民族旅游社区妇女的家庭地位存在显著影响，即受教育程度越高，民族旅游社区中妇女在家庭内部的地位越高，获得的权力、平等性也相应提高。因此，提高受教育程度，对于提升民族旅游社区妇女的家庭地位具有重要意义。

（三）家庭年收入

随着家庭年收入的不断增加，民族旅游社区参与旅游业妇女的家庭地位得分总体呈现上升趋势（图 6-4）。

当家庭年收入从 1 万～ 3 万元增加至 3 万～ 6 万元的阶段，参与旅游业妇女的家庭地位得分增加趋势最为明显，而在其他阶段，参与旅游业妇女的家庭地位得分变化则较为平缓。表明参与旅游业妇女的家庭地位得分随着家庭年收入而变化的趋势存在阶段性特征，其中又以中等家庭年收入分段的参与旅游业妇女的家庭地位提升最为明显；同时，家庭年收入处于最高和最低段的妇女则分别是家庭地位得分最高和最低的。对于家庭年收入处于 1 万～ 3 万元的参与旅游业妇女来说，虽然她们的家庭年收入有所增加，但其家庭地位得分的提升有限；对于家庭年收入在 6 万元以上的参与旅游业妇女来说，其家庭经济基础较好，家庭地位也较高，但相对于家庭收入在 3 万～ 6 万元的妇女来说，其家庭地位得分的增加趋势放缓，提高相对有限。

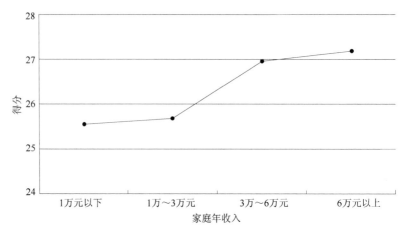

图 6-4　参与旅游业妇女家庭地位的家庭年收入差异

同样利用 SPSS17.0 统计分析软件对参与旅游业妇女的家庭年收入和家庭地位得分进行单因素方差分析检验，结果显示显著性为 0.017，小于 0.05，说明民族旅游社区中，家庭年收入对于参与旅游业妇女的家庭地位得分存在显著影响，即家庭年收入越高，妇女在家庭内部的地位及获得的权力、平等性也相应越高、越多。妇女是民族旅游社区中旅游参与的主力，也是家庭收入的主要创造者之一，她们为家庭经济做出了重要贡献，并获得了家庭成员越来越多的认可，进而使自身的家庭地位得以提升，体现了社区旅游对提升当地妇女家庭地位的积极影响。

（四）参与旅游时间

在 1 年以下至 1～3 年的参与旅游时间变化中，参与旅游业妇女的家庭地位得分呈下降趋势；而在 4～6 年、6～10 年直至 10 年以上的参与旅游时间增长中，参与旅游业妇女的家庭地位得分呈现快速增长趋势（图 6-5）。这说明在旅游参与的前期，随着妇女参与时间的增加，其在家庭中的地位是呈现下降趋势的，随后则不断上升。

1～3 年的旅游参与年限成为一个分水岭，随后，随着参与旅游时间的增加，参与旅游业妇女的家庭地位得分持续提高，特别是在参与旅游时间由 6～10 年增至 10 年以上的阶段中，家庭地位得分的增幅最为明显。这说明在旅游参与的后期，随着妇女参与旅游时间的增加，旅游参与对妇女的家庭地位提升作用愈加明显，即参与旅游时间越长，妇女获得更高家庭地位的可能性越大。

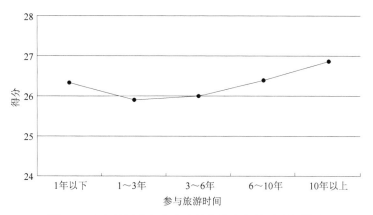

图 6-5 参与旅游业妇女家庭地位的参与旅游时间差异

在旅游参与的初期，妇女缺乏经验、技术和经营策略，这使得自身的旅游参与遇到诸多困难，进而导致经济收益并不明显，而且可能会影响原本照料家庭的职责，因此较难获得家庭成员的理解与支持。而经过1～3年的历练，参与旅游业妇女获得了较为丰富的经验，随后的旅游参与活动愈加顺利，自身能力和收入也随之增加，所以家庭成员看到旅游经营的良好效益，随后对旅游经营和妇女参与旅游业出现改观。此外，对参与旅游时间越长的妇女而言，她们协调家庭生活和旅游参与的能力也不断增强，从而获得丈夫和其他家庭成员的认可与尊重，其在家庭内部的地位也得以快速提升。

三、参与旅游业妇女家庭地位的维度差异

（一）年龄

本节第二部分的分析显示，随着年龄不断增大，参与旅游业妇女的总体家庭地位存在逐步下降的趋势。但从家庭地位内部的具体维度来看，年龄对参与旅游业妇女家庭地位的不同维度得分的影响存在差异（图6-6），其中，年龄对妇女的个人发展权、个人社会联系、家庭收入比例和个人消费水平四个维度的影响较大，而对收入满意度、性别角色、家庭权力模式和个人独立四个维度的影响偏小。

在个人发展权和个人社会联系两个维度中，45～59岁年龄段的参与旅游业妇女得分最高，而30～44岁和18～29岁两个年龄段的参与旅游业妇女得分也较高，以60岁及以上的妇女得分最低。表明除老年妇女以外，参与旅游业妇女的个人发展权和个人社会联系得分随着年龄的增长呈

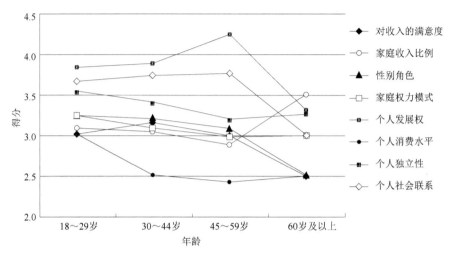

图 6-6　年龄对家庭地位不同维度的影响

上升趋势；中青年妇女是社区旅游参与中的主力，她们在系列的旅游接待活动中获得了个人发展权，社会联系也不断增加，而老年妇女则处于社区旅游边缘参与者的状态。个人独立和家庭权力模式维度的得分随年龄增长的变化趋势并不明显，其中 18～29 岁和 30～44 岁的参与旅游业妇女得分较高，而 45～59 岁和 60 岁及以上两个年龄段得分较低。这表明社区旅游的开放给年轻女性带来了新理念和新环境，活跃在旅游业中的她们在家庭中较为独立，且掌握一定权力，而年龄较大的妇女则更多地受到传统观念的约束。

家庭收入比例主要在夫妻之间进行对比，除了 60 岁及以上老年妇女以外，参与旅游业妇女的家庭收入占比总体呈现出随年龄增长而不断下降的趋势，在 60 岁及以上年龄段中出现大幅增长。年轻妇女同丈夫相比，具有一定的优势，她们在旅游参与中积极性更高，旅游收益对家庭的贡献也更多；而进入中年后，妇女照顾孩子和老人的压力增加，其生活重心回归家庭，而他们的丈夫在该年龄段却能够在自己的工作中投入更多的精力；但在进入老年阶段后，老年夫妻的家庭收入总额有限，而当地老年妇女依然可以通过刺绣、摆摊、带客等方式获得旅游收入，他们的丈夫在社区旅游中的参与逐渐减少。

参与旅游业妇女的个人收入满意度得分随着年龄增长呈现先增长后下降的趋势，这种情况与妇女的现实状况和心态存在关系，当地年轻女性对于收入要求较高，因此满意度偏低，而老年妇女则由于收入较少而不满意；30～44 岁和 45～59 岁的参与旅游业妇女积累了一定财富，家庭总体收入也趋于稳定，因而对收入状况较为知足。参与旅游业妇女的个人消费水平和性别角色得分随年龄增长呈不断下降趋势；表明年轻女性对于性别分工有较为开放的认识，较少受到传统角色分工的影响，更愿意追求个人生活层次；而年龄较大的参与旅游业妇女则受到传统性别观念影响，且秉持勤俭持家理念。

（二）文化水平

总体来说，随着文化水平的增长，参与旅游业妇女的家庭地位得分不断提升，但在不同维度上存在一定区别。随着文化水平的提高，个人社会联系、个人独立、家庭权力模式、家庭收入比例、个人消费水平和性别角色曲线总体上都呈现上升的趋势，其中个人消费水平的上升趋势最为明显，而个人发展权总体得分较高（图6-7）。

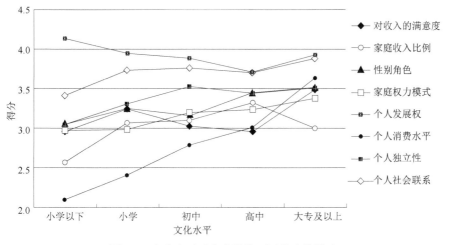

图6-7　文化水平对家庭地位不同维度的影响

随着文化水平的提高，参与妇女的个人消费水平明显增长，文化水平较高的妇女对于生活品质要求更高，消费也更为多样化，如她们大都会外出旅游和购买化妆品，而文化水平较低的妇女在这两方面的消费偏低。在个人发展权和个人社会联系方面，不同文化水平的参与旅游业妇女的得分普遍较高，表明民族旅游社区的开放性使得她们比普通社区妇女获得更多接触外界的机会，而且旅游的创收效应使得家庭对其参与行为十分支持。

从小学以下至高中的文化水平变化阶段，妇女的家庭收入比例持续提高，而在文化水平提高至大专及以上时，妇女的家庭收入占比出现较大下滑。这表明在旅游社区中，知识水平的提高对其旅游收益的增长具有促进作用，并有利于提高她们对家庭经济收入的贡献；文化水平在大专及以上的妇女收入水平较高，但她们的丈夫收入水平更高，从而导致其家庭收入比例下滑。随着文化水平的增长，参与旅游业妇女的个人独立、性别角色和家庭权力模式得分不断提升。这表明教育程度的提高使得参与旅游业妇女更加重视自我存在和价值，加之对外界信息较强的接受能力，使得她们对于家庭分工具有更为现代化的认识，从而有能力为自身争取家庭权力。随着文化水平的提升，参与旅游业妇女的收入满意度波动较大；其中以小学以下收入满意度最低，大专及以上收入满意度最高，小学、初中和高中三种文化水平的妇女之间满意度并无明显趋势。

（三）个人年收入

总体来看，个人年收入的增长对于妇女家庭地位各维度得分均具有提升作用（图 6-8）；表明家庭经济贡献的增加在妇女家庭地位的提升中发挥着重要作用。个人年收入的持续增加有利于参与旅游业妇女在家庭中获得更多成员的尊重和支持，进而累积经济上的贡献和个人经济的独立，因而其家庭地位也得到较大提升。

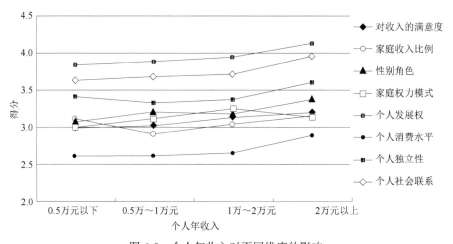

图 6-8　个人年收入对不同维度的影响

参与旅游业妇女的个人消费水平、家庭收入比例和收入满意度得分也随着其个人年收入的增长而不断提高，但总体得分偏低，表明个人年收入的增长对这些方面具有促进作用，但并不明显。随着个人年收入的增长，参与旅游业妇女的个人发展权、个人社会联系和个人独立得分随之提升，且总体得分较高；表明在民族旅游社区中，多数妇女的旅游参与活动获得了家庭成员的支持，其社会关系网络在旅游参与过程中不断扩大，同时自身的独立意识也不断增强。而随着个人年收入的提升，参与旅游业妇女的性别角色和家庭权力模式得分的变化趋势并不明显，各收入段间的差异不明显，表明总体上参与旅游业妇女仍较为认可传统性别分工。

（四）参与旅游时间

在民族旅游社区中，大量外地游客的持续涌入，并同当地的参与旅游业妇女产生联系；当地妇女透过游客看到外面的世界，视野不断开阔，对于自身地位也拥有了新的认识。那么，参与旅游时间的持续增加是否会给当地妇女的家庭地位带来正向影响呢？

从本节第二部分的分析来看，总体上，参与旅游时间的增加会促进当地妇女家庭地位的提升。然而，具体到家庭地位的各个维度来看，参与旅游时间对参与旅游业妇女家庭地位的影响并不明显；不同参与旅游时间段中，妇女家庭地位各项维度得分曲线的波动有限；其提升作用主要体现在长期参与旅游业的妇女身上，参与旅游在 10 年以上的妇女，其家庭地位各维度得分普遍较高（图 6-9）。

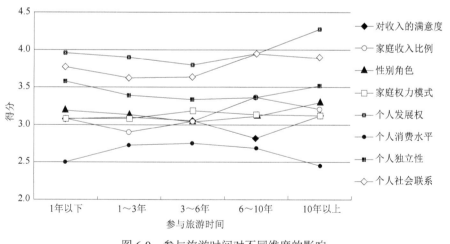

图 6-9　参与旅游时间对不同维度的影响

四、旅游参与对社区妇女家庭地位的影响

该部分对当前民族旅游社区中妇女的家庭地位进行分析，首先从参与旅游业妇女和未参与旅游业妇女间的对比出发，发现参与旅游业妇女家庭地位总体得分超过未参与旅游业妇女，其中以家庭资源拥有和控制方面

更为明显；表明参与旅游活动在提升妇女的家庭资源掌控权方面具有关键作用，进而促进妇女整体家庭地位的提高。随后将家庭地位得分和参与旅游业妇女的人口学特征及旅游参与特征进行结合分析，结果显示年龄、文化水平和家庭年收入对参与旅游业妇女的家庭地位具有显著影响，其中年龄为负向影响；而随着旅游接待时间的增长，参与旅游业妇女的家庭地位得分的影响呈先上升后下降的趋势，表明旅游接待时间对妇女家庭地位的提升作用会在更长时间内得以体现。

随后利用家庭地位的分维度得分和参与旅游业妇女的旅游参与特征及人口学特征进行细致分析，最终从家庭资源拥有与控制、自主性和家庭决策权两方面进行阐述。家庭资源拥有与控制包含收入满意度、收入占家庭收入比例、个人消费和个人社会联系四个次维度。家庭资源拥有与控制和妇女的文化水平、参与旅游时间、个人年收入、家庭年收入等呈正相关关系，而与年龄呈负相关关系。这表明影响妇女的家庭资源拥有与控制权的因素主要包括其自身通过旅游参与获得的经济收入、旅游参与经验和个人文化素质。可见，参与旅游业给予民族社区妇女更多拥有和控制家庭资源的机会，进而提升她们的家庭地位。

个人独立性、性别角色变化、个人发展权和家庭权力模式四个维度共同构成妇女家庭地位的自主性和家庭决策权方面。其中，个人独立和个人发展权得分随着参与旅游业妇女的文化水平、个人旅游年收入和参与旅游时间的增长而增长，再次表明经济收入、旅游参与经验和个人文化素质对于妇女地位提升具有显著影响；性别角色和家庭权力模式诸方面，旅游参与特征和人口学特征的积极作用均不够明显，表明传统家庭分工观念依然对妇女的家庭地位提升存在相对消极的影响。

第四节　民族旅游社区妇女的社会资本

一、社区妇女社会资本的构成

（一）社会网络

1.社会网络的基本测量

该部分调查主要通过被调查妇女的社会交往来测量其社会网络，主要分为两个方面，其一为被调查妇女在村庄社区内部和社会交往的范围及频次，其二为被调查妇女的社会交往关系亲密度及其不同亲密度的村民朋友从事社区旅游接待的情况。该部分调查共计六个问题，作者通过对这些问题的分析来了解小庄村妇女的社会网络及其联系情况。总体上，就社会网络中的所有问题而言，均以持积极态度的妇女为主。各项问题具体得分如表 6-6 所示。

表 6-6　社会关系网络平均得分

问题	完全不符合 /%	不符合 /%	一般 /%	符合 /%	完全符合 /%	平均得分
和村民碰面时都会彼此打招呼	5.13	6.67	20.51	37.95	29.74	3.81
村子里有我很多朋友	4.62	15.38	34.36	30.77	14.87	3.36
我很多关系好的村民参与了乡村旅游接待活动	4.62	9.23	23.07	44.62	18.46	3.63
与我关系一般的村民参与乡村旅游接待活动的很多	4.10	10.26	26.67	40.51	18.46	3.59
我积极参与旅游接待中的各种活动	1.54	10.26	27.69	38.97	21.54	3.83
与我经常保持联系的都是我的亲朋好友	4.62	18.46	23.08	34.87	18.97	3.55

对于第一个问题"和村民碰面时都会彼此打招呼"，通过问卷分析可以看出，67.69% 的被调查妇女给出了较为肯定的答案，只有 11.80% 的妇女会否定这个问题；对于第二个问题"村子里有我很多朋友"，45.64% 的被调查妇女表示有很多朋友，只有 20% 的被调查妇女表示没有。第六个问题"与我经常保持联系的都是我的亲朋好友"，53.84% 的被调查妇女表示出肯定态度，有 23.08% 的妇女持否定态度。

在对当地妇女进行访谈的过程中，作者了解到，由于村庄参与旅游接待时间较长，因此村庄中的多数村民都参与到社区旅游当中，并从中获得经济利益。目前，当地人多以家庭为单位在社区中经营农家院，并参与民族歌舞和轮子秋表演，或制作民族特色工艺品；参与旅游活动需要消耗大量的时间和精力，随着游客量的持续增加，当地村民现在均依靠旅游业为生，参与旅游接待也成为他们日常生活中最重要的工作；因此，和五六年前相比，村庄内各家庭之间的交往频率普遍出现一定程度的降低。对社区中的参与旅游业妇女而言，她们在多年的旅游参与经历中积累了较为稳定的客源，拥有较大范围的社会交往圈子，这改变了她们之前以家庭及亲属为基础的社交联系网络，从而更多地关注与村庄外的社会联系。由于当地社区长期建立在一定的血缘和亲缘基础上，村庄内参与旅游业妇女和社区其他成员之间必然保持着基本的亲朋交往，加之社区旅游开发活动的进行，她们之间还存在生意往来。

对于第三个问题"我很多关系好的村民参与了乡村旅游接待活动"，63.08% 的被调查妇女对这个问题持肯定态度，有 13.85% 被调查妇女则持否定态度；对于第四个问题"与我关系一般的村民参与乡村旅游接待活动的很多"，有 58.97% 的被调查妇女对这个问题表示了肯定态度，14.36% 的被调查妇女抱以否定态度；对于第五个问题"我积极参与旅游接待中的各种活动"，60.51% 的会选择积极参与旅游接待中的各种活动，11.80% 的被调查妇女表示没有积极参与旅游接待中的各种活动。

社会网络测量中六个问题的平均得分都在 3 分以上，其中"我积极参与旅游接待中的各种活动"这个问题的平均分最高，达到 3.83，"村子里有我很多朋友"这个问题的平均得分最低，只有 3.36。综上所述，小庄村妇女对于旅游活动有着较高的参与积极性和热情，在小庄村旅游接待从最初的个别妇女带领的免费行政接待，到 20 世纪 90 年代以家庭为单位的旅游经营发展过程中，当地妇女的社会交往范围不断扩大，并逐渐拥有了自己独立的社会网络；但是同时，参与旅游业妇女之间以及她们与社区其他成员间的交往密度有所下降，同参与社区旅游业之前相比，忙于经营旅游接待的她们无法与村民之间保持同等频繁联系和密切的关系。

2. 社会关系网络结构

传统上，亲属和朋友是小庄村妇女社会关系网络的主要构成群体。然而，在参与社区旅游业之后，当地妇女的社会关系网络结构出现了变化，这一点可以通过考察小庄村社区妇女现有的社会关系网络规模和网络结构情况来反映。作者在小庄村内选择了 25 位土族妇女进行社会网络状况访谈，作者的访谈问题围绕"参加旅游接待后，你以不同方式交往的人群及规模"这一主题来设计，例如"你目前联系最为密切的主要有哪些人？"，以期获得被调查妇女在从事旅游接待活动后的社会网络状况。

小庄村参与旅游业之后，社区开放性持续提高，参与旅游业妇女不再是每天面对家人、亲属和村民的普通农村妇女，她们需要从事接待活动，处理与更多人群之间的关系，特别是来自社区外的人们，因此，基于经济效益的考虑，她们也更多地关注自身与社区外部群体的交往；同时，她们和社区内成员的关系有所疏远。

在 25 位受访的土族妇女中，有 19 位表示从事旅游接待活动后，她们平时交往的人数总量连年攀升。作者根据 19 位受访妇女的访谈内容绘制了她们的社会网络结构图，详见图 6-10。社会关系网络结构主要体现与当地参与旅游业妇女交往频繁的人群的职业特征。在社会关系网络构成上，作者依据受访妇女在访谈中的表述提取出个体户、商务人员、村民、当地政府人员及导游司机五类群体。需要说明的是，受访妇女天天与游客打交道，她们与游客之间存在十分密切的关系，但相较于以上群体，当地妇女与单个游客的联系频繁程度较低，因此在这里将游客群体从她们的日常社会交往结构中剔除。

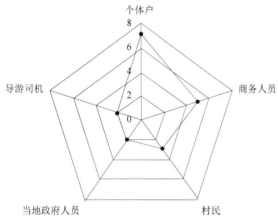

图 6-10　社会关系网络结构雷达图

　　就日常联系的频繁程度由高到低来排序，当地妇女联系频繁的群体依次为：个体户、商务人员、村民、当地政府人员、导游司机。其中，有 7 位土族妇女由于备餐采购、盘绣加工、收购等与个体商贩联系较多；5 位妇女因刺绣、服装展示以及经营土族农家院与外地差旅商务联系频繁；3 位妇女因从事民族歌舞表演等集体演出与村民联系频繁；2 位妇女由于承担旅游团队接待，所以与旅行社相关人员保持紧密联系；2 位妇女与当地政府人员间存在密切联系。

（二）社区归属感

　　社区归属感是一种居民对社区的认同、满意和依恋程度的情感体验，是维系社区的纽带，对于社区的发展有着重要意义（王亮，2006）。提升居民对乡村旅游社区的归属感有利于社区内集体行动的顺利进行，能够促进村民间互相支持。本章中关于社区归属感的调查，主要围绕小庄村社区妇女的社区情感认知、社区集体活动参与积极性等方面来开展，以了解她们参与社区旅游接待活动后的社区归属感。具体来说，该方面调查通过"参与旅游接待活动，我感觉自己是重要的一分子"和"喜欢我们这个村庄"

等五个问题来测量小庄村参与旅游业妇女的社区归属感。

在总分为 5 分的情况下，小庄村参与旅游业妇女在社区归属感所有问题的平均得分均超过 3.5 分，表明她们对于社区有着强烈的归属感。其中，"喜欢我们这个村庄"的问题平均分最高，表明社区中的参与旅游业妇女对于村庄有着浓厚的情感；对于"我经常告诉游客，自己在这里参与旅游接待活动，我感到自豪"的问题，其平均分位列第二，表明参与旅游业妇女对于社区和社区旅游具有高度认可；对于第四个问题"我对村子中举办的各项旅游活动感兴趣"，没有妇女选择完全不符合的选项；对于第五个问题"我们村子中大部分村民参与旅游活动的积极性很高"，超过 66% 的妇女选择了符合，表明小庄村参与旅游业的妇女热衷于村子中的各项旅游集体活动，而这种行为正是出于她们对社区的强烈归属感（表 6-7）。

表 6-7　社区归属感平均得分

问题	完全不符合 /%	不符合 /%	一般 /%	符合 /%	完全符合 /%	平均得分
参与旅游接待活动，我感觉自己是重要的一分子	1.03	13.33	26.67	40.00	18.97	3.63
喜欢我们这个村庄	2.05	3.08	14.87	31.79	48.21	4.21
我经常告诉游客，自己在这里参与旅游接待活动，我感到自豪	3.08	6.15	20.51	35.90	34.36	4.08
我对村子中举办的各项旅游活动感兴趣	0	6.67	29.74	40.51	23.08	3.8
我们村子中大部分村民参与旅游活动的积极性很高	1.54	5.64	25.64	40.51	26.67	3.85

小庄村属于互助县县城郊区的一个自然村落，村民们祖祖辈辈生活在这里，十分熟悉村庄，本身对村庄就有非同一般的亲切感；基于共同的民族文化、历史传统、风俗习惯，小庄村社区妇女对村庄有着一种自愿自觉的情感认同；村庄整体有数十年旅游参与经历，社区妇女也从社区旅游中获得丰厚的经济收入，生活水平不断提高。因此，小庄村的参与旅游业妇女对于自己所在的社区具有较强的社区归属感。

（三）社区凝聚力

社区凝聚力作为社区社会资本的一个重要载体和组成部分，强调的是社区内部人与人之间的亲和力，它对于社区集体活动的开展与和谐发展具有重要意义。关于社区凝聚力的调查，主要是从"在村子里的日常活动中，大部分村民愿意互相帮助"和"总的来说，村民之间的关系较为和睦"等四个问题来测量。

对于"在村子里的日常活动中，大部分村民愿意互相帮助"的问题，有 63.08% 的参与旅游业妇女持肯定意见；"总的来说，村民之间的关系较为和睦"这个问题，持肯定意见的人数占到 75.90%，得分最高（表6-8）。访谈资料显示，小庄村妇女在参与旅游接待后，与社区居民间的日常走动虽然没有以前频繁，但社区居民间的正常关系并未受到过多影响，整体较为和睦；而且在旅游接待活动中，无论是在婚礼表演还是在歌舞服装展示中，大家也需要互相帮助。

表 6-8　社区凝聚力的平均得分

问题	完全不符合 /%	不符合 /%	一般 /%	符合 /%	完全符合 /%	平均得分
在村子里的日常活动中，大部分村民愿意互相帮助	1.03	7.69	28.20	37.44	25.64	3.79
总体来说，村民之间的关系较为和睦	2.05	5.64	16.41	48.72	27.18	3.93
最近（1个月内），大家都愿意参加集体活动	6.15	34.36	32.31	18.46	8.72	2.89
旅游旺季时，我常请求邻居或村民朋友帮忙照顾小孩	8.72	21.54	32.31	26.15	11.28	3.10

同时，大多数被调查妇女表示，参与旅游接待后，个人闲暇时间大量减少，村子里的集体活动也减少较多，且这一现象在旅游旺季（每年的 3～8 月）更为显著。因此，对于第三个问题"最近（1个月内），大家都愿意参加集体活动"，持赞成态度的人数所占比例只达到 27.18%，平均得分也最低，只有 2.89。对于第四个问题，"旅游旺季时，我常请求邻居或村民朋友帮忙照顾小孩"，持赞成意见的人数占 37.43%，这与妇女的年龄及其子女的年纪有关，因而这一比例体现出相当一部分有年幼孩子的妇女对该表述持赞同意见。在旅游旺季时，除了已经入学的孩子，小庄村参与旅游业妇女主要是将小孩放置在家里或邻居处，或让其跟着村庄内其他村民的小孩一起玩耍。被调查妇女表示，对于邻居和村庄其他村民比较信任，因此觉得把孩子交给他们很放心。

总体来说，小庄村土族妇女参与旅游接待后，社区凝聚力水平依然较强。受调查妇女认为，参与活动使得她们脱贫致富，并且带来了开放的思想和意识，相较于之前乡村落后的观念，目前她们收益颇丰；尤其是一直参与具有很强服务性的旅游活动，使得她们产生了较强的服务意识，参与村庄旅游活动的积极性和自觉性都大力增强，这在很大程度上增强了小庄村土族妇女的社区凝聚力（陆士桢，1999）。此外，村子里走出去的女大学生，外出期间宣传小庄村民族旅游的妇女人数都日渐增长，不管在哪，她们对小庄村都有着浓厚的"乡土依恋"（费孝通，2009）。总体来说，在传统上基于血缘和地缘关系而存在和发展的少数民族社区内，旅游开发使得当地妇女认识到本民族文化的宝贵价值，在旅游接待活动中互帮互助，社区旅游参与已成为小庄村土族妇女维系民族感情、加强民族团结和提高社区凝聚力的重要途径（刘昀和刘闯，2011）。

（四）社会互动

社会互动是衡量和反映社会资本的另外一个重要指标，主要指群体内部各成员之间、单个成员与群体之间、群体与群体之间在一定社会规范的约束之内通过信息传递而产生相互作用的社会交往活动（李生兰，2008）。这里所说的社会互动只是广义的社会互动的方式之一，根据互动主体的不同，可以将社会互动分为宏观互动和微观互动两种。宏观互动主要包括社区或代表社区内居委会与学校、医院、政府机关等单位或机构或组织之间的信息沟通和活动交流，微观互动主要是指社区内部各成员之间或者单个成员与群体之间的互动形式（吴瑜，2010）。

而本节中所分析的社会互动属于微观互动形式，即小庄村妇女在参与旅游业之后，与村民和社区外界成员的日常交往。在小庄村妇女社会互动的调查中，主要是从"最近（1个月）经常和邻居/村民彼此闲聊"和"参与旅游接待活动后，我开始使用互联网/使用越来越频繁"两个问题展开。

相较于社会网络、社区归属感和社区凝聚力的得分情况，社区互动涉及的问题得分偏低，对第一个问题"最近（1个月）经常和邻居/村民彼此闲聊"，符合和完全符合的人数只占到了总比例的35.38%，比例并不高（表6-9）。由于调研时期处于旅游旺季，小庄村参与旅游业的土族妇女忙于旅游经营，除去在向邻居、村民请求帮忙的时间与她们进行简洁的聊天以外，基本上最近（1个月）较少和邻居及其他村民进行长时间交谈，她们和村民之间相处的机会大都是一起外出采购日常经营所需的物品。

表 6-9 社会互动的平均得分

问题	完全不符合/%	不符合/%	一般/%	符合/%	完全符合/%	平均得分
最近（1个月）经常和邻居/村民彼此闲聊	8.21	31.79	24.62	23.59	11.79	2.99
参与旅游接待活动后，我开始使用互联网/使用越来越频繁	15.39	26.67	18.97	25.64	13.33	2.95

对于第二个问题"参与旅游接待活动后，我开始使用互联网/使用越

来越频繁",符合和完全符合的人数也只占到总比例的38.97%,而不符合和完全不符合的人数占到总体比例的42.06%。一方面表明互联网在当地的普及程度依然有限;另一方面,社区妇女利用互联网进行社会互动的频率较低,受访妇女表示,她们平时利用电脑上网主要出于娱乐目的,比如打扑克、听歌等,还有一部分妇女主要利用互联网关注外界相关旅游信息。大多数受调查妇女提到,在参加旅游接待后,她们主要通过电话和别人互动交流,打电话的次数明显增多。

(五)社区互惠

社区互惠是指,社区内的成员愿意为其他成员提供帮助,和为社区集体做出贡献;社区互惠在乡村社会较为普遍,是我国传统乡村社会中村民交往的重要准则,也是农民能否进行生产合作的前提和基础(赵凌云,2011)。调查问卷主要通过"旅游旺季时,我能顺利从邻居家借到需要的帮工、物品等"和"我愿意参加相关旅游培训活动并乐意告诉村民其意义"等三个问题来考察小庄村土族妇女在从事旅游接待后的社区互惠情况。

表6-10的结果显示,对此三个问题持赞同态度的妇女分别占到被调查妇女总人数的65.98%、61.03%和65.82%,均超过半数,平均得分较高,均超过3.5。在访谈过程中,被调查妇女表示,无论是经营游客食宿接待为一体的"土族农家院",还是婚俗体验、歌舞欣赏、服饰及土族工艺品展示等活动,都需要邻居之间、村民之间的互助合作,特别是民族风俗的表演活动尤其需要村民内部的共同协作。关于旅游经验技术的传授,多数参与旅游业妇女表示,愿意同其他成员分享,并认为只有大家都做好,整个村庄的旅游接待才会红火。对于村庄内修路修桥等集体行动,参与旅游业妇女愿意为此付出时间,同时还表示这是对村子、对大家都好的事情,她们很乐意参与其中。

表6-10 社区互惠的平均得分

问题	完全不符合(%)	不符合(%)	一般(%)	符合(%)	完全符合(%)	平均得分
旅游旺季时,我能顺利从邻居家借到需要的帮工、物品等	5.16	10.83	18.04	44.33	21.65	3.67
我愿意参加相关旅游培训活动并乐意告诉村民其意义	2.56	10.26	26.15	43.59	17.44	3.63
若村子里需要修路修桥,我愿意为此付出时间	3.57	10.20	20.41	39.80	26.02	3.76

小庄村多数受调查的参与旅游业妇女表示,希望村庄可以保持现有

的和谐，保持融洽的家庭关系、邻里关系和村民关系。小庄村土族妇女对社区互惠持一种开放、包容的态度，在追求个人利益的同时选择互相合作，希望实现个人利益、村庄社区利益与其他村民利益的有效统一（饶异，2010）。

（六）社区信任

作为和谐社会的重要基础，信任一直扮演着社会发展和社会关系稳定的重要"黏合剂"的角色。信任水平的高低直接决定着社会发展的快慢和社会文明与否，福山、科尔曼、普特南等社会学家提倡将社会信任作为研究社会资本的一种特定形式，并强调社会信任对于经济、社会发展中的独特作用（袁振龙，2010）。在本章中，也将社区信任作为考量小庄村参与旅游业妇女社会资本的重要指标。

根据卢曼定义，所谓的制度信任指社区内成员对于组织、团体等社会法律规章制度的信任；一般信任则被吉登斯定义为社区成员对基层组织、政府的信任；Weber 认为，特殊信任是建立在血缘、亲缘及地缘基础上的关系（袁振龙，2010）。在本章的调查中，分别从制度信任、一般信任、普遍信任和特殊信任四个方面来测量小庄村参与旅游业妇女的社区信任状况。

调查问卷中，作者此次通过"经营旅游若出现问题，我常征求村民或村委会的意见"和"出现资金问题，我可以从家人、亲属和邻居那里得到帮助"等三个问题对小庄村土族妇女的社区信任展开调查。通过对问题得分的均值比较可以看出，对这三个问题的回答，表示赞同的妇女分别占到总体比例的 57.43%、55.90%、55.89%，比例皆超过一半，平均得分都在3.40 以上（表 6-11）。

表 6-11 社区信任平均得分

问题	完全不符合（%）	不符合（%）	一般（%）	符合（%）	完全符合（%）	平均得分
经营旅游若出现问题，我常征求村民或村委会的意见	6.67	13.33	24.10	41.03	14.87	3.44
出现资金问题，我可以从家人、亲属和邻居那里得到帮助	6.67	10.77	25.13	38.46	18.97	3.52
旅游活动若影响到整个村庄，我会主动寻求村民共同解决问题	6.67	15.38	22.06	33.33	22.56	3.50

小庄村参与旅游业妇女表示，针对"出现资金问题，我可以从家

人、亲属和邻居那里得到帮助"，回答符合和完全符合的妇女比例达到57.43%，该项问题的平均得分为3.52，这两项的数值均高于"经营旅游若出现问题，我常争取村民或村委会的意见"这一问题的对应数值；同时，"旅游活动若影响到整个村庄，我会主动寻求村民共同解决问题"的平均得分。据此判断，小庄村妇女对基层政府的制度和一般信任出现弱化（袁振龙，2010）。在出现譬如资金短缺、旅游旺季时人手不够等问题上，小庄村妇女表示会主动寻求亲属、邻居、村民及故友的帮助，且通常条件下都可以得到她们的鼎力帮助；这里被调查妇女强调了一个前提，这种帮助必须建立在互惠的基础上，而不是单方面的付出。部分被调查妇女表示，参与旅游接待后认识的很多朋友也是可以信赖的重要对象。传统的农村信任是建立在家族或宗族关系上，童志峰（2003，2006）在实地考察我国西北农村社会信任后发现，农民对于自身有血缘关系的人的信任度最高。目前，在保持着血缘、亲缘信任度的基础上，从事旅游接待的小庄村妇女扩大了对于地缘和人情关系的依赖。

在社区信任方面可以看出，参与社区旅游接待后，当地妇女的社会网络不断扩大，使得她们改变了以往单纯的血缘宗亲信任，其信任范围扩大到地缘和人情关系中，并且呈现出一定的功利倾向；她们的社区信任由传统的情感维系上升到一定程度的理性维系，其人际关系开始具有一定的工具性特点（费孝通，1998；周霞，2010）。

二、旅游参与对社区妇女社会资本的影响

通过分析小庄村社区中参与旅游业妇女的社会资本构成现状可以看出，社区旅游开发对当地妇女的社会资本产生了较大影响，可以判断，旅游参与在一定程度上促进了社区妇女的社会资本积累。

然而，旅游参与对社区妇女社会资本积累的正向影响程度则有待进一步分析，同时旅游参与对于妇女社会资本六个维度的影响程度如何，是否存在差异，以及这种差异是否存在参与程度上的差异尚不清晰，因此，该部分将针对旅游参与对于小庄村社区妇女社会资本的影响进行量化分析，以验证参与社区旅游业对妇女社会资本的积极影响，并测量内部维度间影响程度差异，分析基于以下六个研究假设：

H1：旅游参与对社会网络具有正向影响；

H2：旅游参与对社区归属感具有正向影响；

H3：旅游参与对社区凝聚力具有正向影响；

H4：旅游参与对社会互动具有正向影响；

H5：旅游参与对社区互惠具有正向影响；

H6：旅游参与对社区信任具有正向影响。

（一）模型设计

作者构建了旅游参与对社会资本产生影响的概念模型（图6-11），该模型是一个具有因果关系的结构方程模型，包括7个潜变量和26个观测变量（观测变量即为社会资本部分的问题项，文字过多，此处不再细化。）。在7个潜变量中，6个为内生潜变量，1个为外生潜变量。

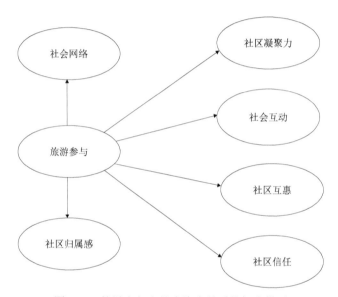

图 6-11　旅游参与和社会资本关系的概念模型

（二）数据的可靠性与有效性

使用SPSS17.0软件计算各个计量尺度的内部一致性系数（Cronbach's α），结果显示所有计量尺度的内部一致性系数（即基于标准化项的Cronbach's α）均在 0.677 ～ 0.858（表6-12），表明该测量指标体系具有可信度和有效性。

表 6-12　问卷选项的可靠性统计量

项目	Cronbach's α	基于标准化项的 Cronbach's α	项数
问卷总体项	0.805	0.848	26
社区参与项	0.670	0.677	3
社会资本项	0.810	0.858	23

（三）模型检验与修正

在信度和效度得到保证的前提下，对测量模型进行验证性因素分析，以检验各个观测项是否能很好地体现其所对应的潜在变量。分析结果显示，在社会网络这一潜在变量中，"我很多关系好的村民参与了乡村旅游接待活动"和"与我关系一般的村民参与乡村旅游接待活动的很多"两个观测变量项的因子负荷值分别为 0.385 和 0.075，低于 0.4 的最低值标准，故将其删除。在社区凝聚力这一潜在变量中，"最近（1 个月内），大家都愿意参加集体活动"（Y3）和"旅游旺季时，我常请求邻居或村民朋友帮忙照顾小孩"（Y4）两个观测变量项的因子负荷值分别为 0.077 和 0.381，低于 0.4 的最低值标准，故也将其删除。

随后，对通过验证性因素分析的初始模型进行拟合度检验，分析结果显示，除 χ^2/df、RMSEA 符合拟合标准外，GFI、NNFI、IFI、CFI、AIC 值均不够理想，说明模型需要修正（表 6-13）。

表 6-13　结构方程模型的拟合指数

拟合指数	绝对拟合指数			相对拟合指数			简约适配指数
	χ^2/df	GFI	RMSEA	NNFI	IFI	CFI	AIC
理想值	1～3	>0.900	<0.080	>0.900	>0.900	>0.900	越接近饱和模型越好（越小越好）
初始模型	1.602	0.811	0.070	0.630	0.819	0.812	425.241
饱和模型	0.000	1.000	0.000	1.000	1.000	1.000	506.000
独立模型	3.810	0.432	0.151	0.000	0.000	0.000	924.129
修正模型	1.276	0.849	0.047	0.902	0.919	0.915	361.202

（四）模型修正

为了提高模型的适配度，利用 AMOS17.0 分析软件提供的修正指数（modification index，MI）对旅游参与影响社会资本的初始模型进行修正。由于模型检验阶段已进行过验证性因素分析，因此不考虑更改潜变量因子的观测变量，而是利用观测变量之间的残差修正指数来修正模型。不属于同一个潜变量因子的不能增加相关性路径，因此，部分残差变量间的 MI 值虽然比较大，却不能建立相关路径。通过仔细分析残差变量间的协方差修正指数表发现，有 3 组残差变量之间可以建立相关路径。

可以建立相关路径的 3 组残差变量如下：

e1<-->e3 之间的 MI 值较大，为 19.296，表明如果增加 X1 与 X3 之间的残差相关路径，则初始模型的卡方值将会减小较多。

e2<-->e3 之间的 MI 值最大，为 38.796，表明如果增加 X2 与 X3 之间的残差相关路径，则初始模型的卡方值将会减小较多。

e9<-->e11 之间的 MI 值较大，为 5.947，表明如果增加 Y8 与 Y10 之间的残差相关路径，则初始模型的卡方值将会减小较多。

在增加残差变量间的相关性路径之后，再次利用 AMOS17.0 分析软件对修正后的模型进行分析，所得相关指数值的结果如表 6-13 所示。修正后，模型的拟合指数符合理想值的要求。其中 χ^2/df 的值下降为 1.276；RMSEA 的值下降为 0.047，低于 0.08 的最高值限制，符合合理标准，并达到小于 0.05 的良好标准；GFI 也达到了大于 0.8 的合理值范围内。总体上，修正后的假设模型与数据的拟合度非常好，达到了修正效果。

（五）模拟结果与研究结论

1. 模拟结果

修正模型中的路径系数揭示了本节中各个潜变量之间的关系，能够反映旅游参与对土族妇女社会资本各维度的影响程度，进而检验了研究假设，最终获得旅游参与对参与旅游业妇女社会资本的影响模型见图 6-12，影响系数见表 6-14。

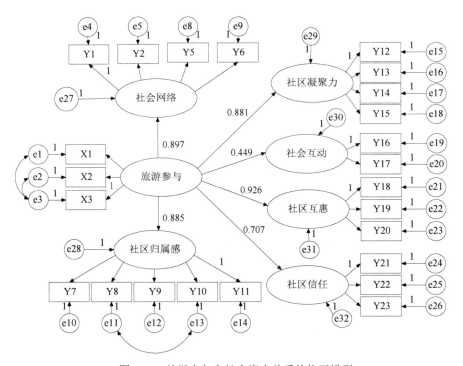

图 6-12　旅游参与和社会资本关系的修正模型

表 6-14　模型标准化路径系数估计结果

变量	社区凝聚力	社会互动	社区互惠	社区信任	社区归属感	社会网络
标准化路径系数	0.881	0.449	0.926	0.707	0.885	0.897

由表 6-14 中模型标准化的路径系数可知以下两个方面。

第一，旅游参与和社会资本六个维度间的路径系数都达到并超过了0.4 的初始标准，可以说明旅游参与对社会资本的六个维度均具有正向影响，假设 H1、H2……H6 均成立。即旅游参与对社会资本具有正向影响。

第二，旅游参与同社会资本六个维度间的路径系数由大到小排列为社区互惠、社会网络、社区归属感、社区凝聚力、社区信任和社会互动。可以看出，旅游参与对社会资本六个维度的影响程度不一，其中对社区互惠的促进作用最大，而对社会互动的提升效果最小。

2. 研究结论

小庄村社区妇女社会网络关系融洽，与村民联系较多，社区总体参与旅游接待的积极性高。从事旅游活动后，小庄村妇女在维持以亲缘和地缘关系为主的社会关系网络之外，与村外群体保持紧密联系，如个体户、政府人员等，她们的社会关系网络规模得以扩大。小庄村参与旅游接待的社区妇女对于社区具有较强社区归属感；旅游活动已成为她们维系民族感情、加强民族团结和增强提高社区凝聚力的重要手段。

目前，小庄村参与旅游业妇女的社区互动得分低于社会资本的其他维度得分，她们同社区成员之间的互动频率偏低；与外界主要通过电话保持联系，互联网并未得到普及；同时，社区妇女与村委会间的互动较少，无法达到良性互动。在社区互惠方面，从事旅游接待后，小庄村妇女改变了以往单纯的血缘宗亲信任，在以血缘、亲缘信任的基础上扩大了对地缘、人情关系的信任程度，并且呈现出一定的功利倾向。

（1）旅游参与对妇女社会资本有正向影响

根据结构方程分析结果可知，旅游参与和社会资本六个维度社区互惠、社区凝聚力、社区归属感、社会网络、社区信任、社会互动间的路径系数均已经超过 0.4 的最低值。这说明旅游参与对妇女的社会资本具有正向影响，即社会资本会随着旅游参与的程度的增加而不断增长。

在社会资本的功能研究中，大部分学者认为社会资本中的信任、规范和网络能够有效降低人际交往中的交易成本，提供解决问题的方案和资源，从而提升其拥有者的福利和竞争力。从区域层面来看，社会资本在化解冲突、提升社会凝聚力和社会援助等方面也发挥着不可替代的作用当地妇女参与到一系列旅游接待活动中，其社会资本在质和量上都不断提高。作为社区旅游的参与主体，社区妇女的社会资本增长不仅有利于社区旅游的持续健康发展，也有利于家庭和社区在合作互助、经济增长、物质文明及精神文明方面的提升，进而促进社区形成和谐共进的良好氛围。个体社会资本的增长有助于提升其自我认同和社会地位，分析说明随着旅游参与程度的不断提升，民族社区妇女的社会资本也随之增长，因此旅游参与对于提升少数民族妇女的自我认同和社会地位有着十分重要的作用。

（2）旅游参与对妇女社会资本内部维度的影响存在差异

旅游参与和社会资本六个维度的影响程度排序为：社区互惠、社会网络、社区归属感、社区凝聚力、社区信任和社会互动。可见，旅游参与对小庄村参与旅游业妇女的社区互惠的促进程度最大，对社会互动的正向影响最小。

社区互惠方面，妇女在旅游旺季中会互相帮助。如果某一家的客人比较多，其他的妇女会来帮忙，而回报的方式主要有以下几种：给予相应的酬劳；给予相应的实物感谢；将来给予相应的帮助。通过参与社区旅游业，妇女间的社区互惠资本增长的方式更为多样。社区凝聚力方面，妇女积极参加到社区旅游中，促进了小庄村的旅游发展，有些年轻女子为了参与到社区旅游中，更是积极地跟长辈学习舞蹈和刺绣技艺，认识到本民族特色和文化的价值，增强了自身的民族认同。加之社区妇女在旅游接待活动中互相帮助，使得她们与村民之间能够和睦相处，进而增强社区凝聚力。

社区归属感方面，妇女通过参与社区旅游业，意识到社区资源能够给自身及家庭带来收益进而改善生活，随之更加热爱自己所居住的社区，通过这样的良性循环，增强了妇女与其社区的情感联系。社会网络方面，妇女通过参与社区旅游业，不仅结识了许多来自四面八方的游客，也结识了来自政府、企业、研究机构等多方面的人物。相比务农时期，当地妇女个人的社会网络不断扩大。

社区信任方面，通过参与社区旅游业，妇女与村委会、社区居民有了更多方面和更深层次的接触，为了搞好旅游接待活动这一共同目标，他们之间需要互帮互助，信任也随之增加。社会互动方面，旅游参与对社会互动存在正向影响，但是相比其他五个维度则影响程度偏低。在参与社区旅游业之后，小庄村妇女普遍反映自己变得十分忙碌，与邻居和朋友间的日常交流沟通大量减少，可见，参与社区旅游业后社区妇女需要在旅游经营中付出更多的时间和精力，这是导致她们社区互动减少的主要原因。

第七章

民族旅游社区妇女的精英化：
因素与模式的审视

　　一直以来，少数民族妇女的积极和广泛参与无疑是推动西部民族旅游社区蓬勃发展的重要因素。一方面，少数民族妇女通过自身的旅游参与促进社区旅游的发展，另一方面，她们也受益于旅游开发，从中获得自身的发展。然而，由于妇女个体所处环境和拥有的资源存在区别，导致个体发展的潜力和空间有所不同。在民族旅游社区中，妇女基于自身所能依靠的环境与资源参与社区旅游业，其中部分妇女依靠自身优势获得更多成功，进而使得民族旅游社区妇女中出现精英与非精英的差异。

　　探讨西部社区旅游开发中妇女的精英化问题，是一种自下而上关注社区参与过程中特定群体特征及其作用的研究。通过分析社区旅游参与中妇女精英个体或群体形成的典型个案，分析她们的成长历程、成功经验、社会影响以及现有困境，既有助于了解民族旅游开发中社区参与的过程和意义，同时又有利于探求民族旅游开发中妇女自身发展和社区社会发展的有效途径。本章基于多个典型民族旅游社区的妇女精英案例，对妇女精英群体形成的因素进行系统的探讨，同时基于小庄村案例对该社区内部妇女精英的精英化模式进行深入分析，有助于构建系统的民族旅游社区妇女精英的形成及其类型的分析框架和理论体系。

第一节　基础理论

一、精英及其形成

　　"精英"一词最早于 19 世纪末 20 世纪初开始出现在社会科学领域，

并通过意大利著名社会学家维弗雷多·帕累托（2003）的社会精英理论被广泛使用。他认为，所谓精英应兼具"高度"和"素质"两个方面的要义。其中，"高度"是某种可以客观判断的成功的标准，如职位、财富、得分、声誉等；"素质"则是指个体的才智、才干、内涵等。美国著名学者哈罗德·拉斯韦尔（1992）则认为应把"高度"作为判断精英的唯一标准，精英就是在可以取得的价值中获取最多的那些人们，他还将之称为权势人物；可以获得的价值包括尊重、收入和安全等类别，即取得价值最多的是精英，其余的人是群众。温龙（2002）认为该观点的优点在于使得识别精英的标准更加客观化，更易于判断和衡量；但其缺陷在于没有了"素质"这一标准，精英概念不再丰满，就易于给人们造成是否存在"精英赝品"的疑问（温龙，2002）。

同时，维弗雷多·帕累托（2003）还从相对宏观的层面将人口分为精英阶层和非精英阶层，其中，精英阶层又分为统治/治理精英和非统治/非治理精英。加塔诺·莫斯卡（2002）通过观察和研究已有社会形态，亦利用社会阶级对精英进行定义，他认为一切社会都存在统治和被统治两个阶级，而属于统治阶级的永远是少数人，他们就是精英。

综上所述，现有的精英概念包括微观个体和宏观群体两个层面。就个体而言，精英的辨识标准包括"高度"和"素质"；就群体而言，精英的辨识从政治层面出发，即将统治阶级划分为精英群体。本章遵循个体层面对精英的定义。

关于精英的形成问题，现有相关理论包括精英循环理论和精英再生产理论，学者们探讨了在社会主义国家由计划经济体制向市场经济体制转型的过程中，精英的形成是"再生产"还是"循环"产生的问题（孙立平，2002）。

精英循环指的是非精英—精英层流动，它强调的是阶层性的流动，即精英被原来的非精英所取代（李燕，2008）。精英循环理论的观点最初由Szelenvi（1982）提出，在研究匈牙利的家庭农场时，他发现随着社会主义改革的深入，20世纪60年代在家庭农场经营方面获得成功的人们，其实是那些20世纪40年代革命时期被共产主义集体化政策剥夺了财产的家庭的后代，而不是已经拥有政治权力的干部。因此，Szelenvi（1982）认为，这种现象表明，在社会主义国家从再分配体系向市场化体系过渡的过程中，市场化产生的平等化效应使社会主义国家的农村精英出现了循环现象。

维弗雷多·帕累托（2003）认为，精英的循环指的是一类精英被另一类精英所代替的政治现象，且精英群体之所以会发生流动，则是由于政治统治会基于为需要因时、因地、因势、因事地采取不同的方式和手段，而人类的历史就是一部精英不断被取代的历史，当一个精英上升时，另一个精英就衰落了。他还指出，事实上，精英群体或者某一特定的统治精英集团难以同时兼具各种不同的品质，因此难免会缺乏必要的适应性、灵活性和必然性，此时，精英循环就不可避免地发生了。进而推断，历史上的政治变迁即是不同类别精英之间的恒久流动（维弗雷多·帕累托，2003）。

同 Szelenvi 等人的精英循环理论不同，匈牙利学者 Hankiss（1990）在东欧社会转型的研究中发现了精英再生产现象。他发现，在社会主义由再分配向市场转型的过程中，干部权力的作用并不会突然消失，那些拥有权力的干部利用自己掌握的权力，将自己重构为一个攫取财富的阶级。波兰学者 Staniszkis（1990）的研究结论也支持了 Hankiss 的观点，他认为，东欧社会当时正在经历着一场政治资本主义的过程，在这一过程中原来的政治职务依然可以成为私人积累财富的手段，因此，精英是可以再生产的。即，精英循环理论是指精英—精英的流动模式，该模式强调个体精英之间的循环，即一个精英被另一个精英所取代（李燕，2008）。

奥伊是精英再生产理论的主要代表人之一。奥伊在中国乡村的一项研究中发现，虽然在转型期中国农村涌现出不少非干部的私营企业家，但他们主要集中在乡村的服务部门；而计划经济时代的村干部则往往成为农村集体企业的当家人，他们不仅掌握着劳动就业、收入分配和投资机会等的决策权，而且还是当地最大的利益获得者（胡杨，2006）。

"技术专家革命理论"也认为，在某种程度上，1989 年的东欧剧变是技术专家反对科层制的成功革命，社会精英不是作为一个整体，而是其中的一部分，技术专家、管理精英成了新的有产阶级（Eyal et al.，1998）。Rona-Tas 提出权力转换理论，他通过对匈牙利的调查资料分析认为再分配权力通过两次转换，即再分配权力—社会网络—私有财产的转换过程，就可以使旧的政治精英转化为新的经济精英（李春玲，2005）。这两种理论都认为改革后的精英是由改革前的精英转化而来的。

二、社区精英

社区精英，指的是那些在某方面拥有比一般成员更多的优势资源，并利用资源取得了成功，为社区做出了贡献，从而使他们具有了某种权威，能够对其他成员乃至社区结构产生影响的社区成员（项辉和周俊麟，2001）。鲁可荣和朱启臻（2008）通过对三个农村社区的研究将该概念具体化，他们认为，在欠发达农村社区的发展过程中，社区精英主要是指某些社区成员凭借其所拥有的独特的创新精神、人力资本和社会资本率先取得了个人成功和家庭生计的改善，并且由于他们的先发效应为社区其他成员的学习和发展方向做了示范，他们的创新行动有效地推动农村社区社会结构的变化，赢得了社区成员的尊重，拥有了社区权威，从而不断地推动这个社区的发展。

在社区精英的研究中，学者们普遍关注的是乡村精英。乡村精英又称为农村精英、农民精英、村庄精英、乡土精英等，是指那些基于智力、经历、分工和心理上等方面的优势，具有强烈自我意识、个人能力较强、比其他成员掌握更多的权威性资源分配的社区成员（郭正林，2003）。乡村精英德高望重，受到村民的尊敬，可以影响和左右村民思想与行为（王茂美和黎仕勇，2003）。

在精英类别方面，贺雪峰把中国农村精英分为传统型精英和现代型精英，所谓传统型精英是指那些以名望、地位、特定文化中的位置乃至明确的自我意识为前提而形成的精英；所谓现代型精英是指在市场经济中脱颖而出的经济能人，如农村种养大户、私营企业主、建筑包工头、运输专业户等（胡杨，2006）。而陈光金（1997）则依据不同农村精英在多种资本上的相对优势，把他们划分为政治精英、经济精英和社会精英；他认为，乡村政治精英由支部书记、村委会主任和积极参与社区政治的社区能人（非干部精英）组成，一般干部不应在政治精英之列；经济精英中，一是由社区范围内的私营企业主组成的群体，小商、小贩则被排除在外，二是集体企业的创办者和管理者；社会精英则是人品、知识、经验、背景等方面具有优势的社区成员；他还主张政治精英、经济精英和宗族精英等都划归社会精英。金太军（2002）把农村社区精英分为掌握正式资源的体制内精英和掌握非正式资源的体制外精英；体制内精英主要是指村支书和村委会主任，体制外精英主要是指宗族精英、宗派势力、宗教精英和经济乡绅（经济精英）。此外，还有部分学者将乡村精英分为政治精英，即拥有政府资源和政治权力的村干部；经济精英，即拥有相对突出的经济实力的经济能人；传统精英，即拥有地方威望或者家族势力的宗族领袖（李婵，2004）。

三、妇女精英及其精英化

近年来，关于妇女成长与旅游发展的研究受到部分学者关注，如

Skalpe（2007）比较了挪威旅游业与制造业中不同性别的首席执行官比例与其收入差异，结果显示，在挪威的旅游业中超过 20% 的首席执行官是女性，而相反，制造业中的女性首席执行官比例却不到 6%，这表明旅游业为妇女提供了更多精英化的机会。吴其付（2007）通过个案研究梳理了阳朔的"月亮妈妈"作为社区旅游精英的成长之路，和她所面临的"公地悲剧"，以及未来她作为精英的归宿，将民族社区妇女与旅游发展的研究深入到了精英层面。

在以往的旅游发展与社区妇女研究中，研究者们往往在操作过程中独立地开展个案实证研究，一些描述性的定性研究结论相对粗略（钟洁，2010）。同时，民族旅游社区中部分妇女的精英成长问题尚未获得充分的关注，相关主题的研究偏少。鉴于此，为了打破以往个案研究的局限性，并获得一些关于旅游社区妇女成长的相对具有普遍意义和可推广性的结论，本章共选取了 23 位来自不同典型民族旅游社区的妇女精英，她们分别来自西部青海、四川、贵州和广西 4 个不同省（自治区）的 8 个民族村寨，包含了壮族、布依族、侗族、苗族、瑶族、羌族和土族 7 个少数民族，她们的成长历程有相似之处，也存在差异。本章拟通过不同地区多社区的研究拓展民族旅游社区妇女问题的案例地；而且，基于扎根理论方法的多样本分析，有利于归纳出民族旅游社区中，妇女精英形成的理论，以期指导民族旅游社区妇女的自我实现，促进旅游社区管理及发展的可持续性。

根据已有研究中获得较多认可的乡村精英定义，结合民族社区中妇女精英自身的特点，本章将民族旅游社区中的妇女精英定义为：在民族旅游社区内，参与旅游业，利用自身在某一或某几个领域中高于社区其他成员的资本获得旅游参与成功，能够为社区旅游和社区整体做出一定贡献，并获得社区影响力的妇女。其中，该概念重点强调妇女精英对于民族旅游社区做出的贡献和她们的影响力，仅仅通过参与旅游业在某个或几个方面获得超越其他社区成员的成功的，在此并不被定义为真正的妇女精英。

妇女精英化的定义取决于精英的内涵，在本章中，精英是妇女个体，是社区成员中的优秀分子，她们需要同时具有资源优势，个人成功，社区贡献，个人影响力等要素。而为了满足这些要素标准，妇女成员个体会经历一系列蜕变的过程，进而成长为社区中的精英分子。因此，妇女精英化是指其满足精英内涵要素，由社区普通成员成长为精英成员的过程，同时是她们个体地位和身份发生改变的过程。由于精英地位和身份并非是固定不变的，所以妇女的精英化是一个动态过程，在多个妇女精英化的过程中经过抽象剥离，就能够获得个体精英化的更具一般性的因素与模式。

第二节　研究设计与案例地

一、研究方法

（一）扎根理论

扎根理论方法最早由社会学家 Glaser 和 Strauss 于 1967 年提出。该方法在本质上是一种典型的归纳研究范式，这种研究范式以不设定任何理论假设为前提，针对某一研究问题和具体现象，通过对搜集的大量相关原始资料进行系统性的分层归纳，自下而上地建构理论，提炼出扎根于实际现象和实际资料的理论体系。扎根理论特别适用于质性研究（Martin and Turner, 1986），它强调从一手资料中获得"社会真实"的知识和理论（王锡苓，2004），注重从客体对象获取较全面的客观资料和信息，要求采用的资料具有真实性、广泛性和代表性，避免了实证范式下，经验性观念或预设性理论模式对采用资料和所得结论范围的"程式化"限制。因此，与定量研究方法相比，应用扎根理论获得的结论和信息更加全面、真实和准确（高军和马耀峰，2010）。

在主流的研究中，女性群体往往处于边缘化地位，她们的声音通常消弭在强大的主流话语之中。目前很多学者对社会中的女性问题给予了关注，但要解决现实社会和研究中女性的弱势地位，推动性别平等，依然有很长的路要走，学者们在投身女性研究的同时，还需要寻求更为适合女性研究的方法。扎根理论被认为对于女性研究具有更关键的意义，这主要体现在两个方面，其一，女性研究需要从被研究者的视角出发，着重关注女性自身的现状，建立能够明确反映女性生活经验的知识体系，以补充、修改甚至是颠覆既有的男性主导的理论框架；其二，由于多种社会、历史和文化方面的原因，女性在社会经济中的地位较低，与之相关的研究多与一些非正式的、非意识到的和隐约的内容有关，但这些方面的研究并不是实证定量研究擅长的，而扎根理论在这方面更具优势（王锡苓，2004），因此，扎根理论在女性研究领域具有特殊价值。

（二）口述史

作为社会的弱势群体，妇女一直以来都是以男性精英为主体的传统历史叙述的"缺席者"与"失语者"，口述史是以搜集和使用口头史料来研究历史过程的研究方法，是了解未经文字记载的人们的生活，特别是将那些被忽视的妇女的生活、经历和情感融入人们对历史和现实理解与反思的有效手段（杨祥银，2004）。

本章中采用口述史的方法研究民族旅游社区中妇女成长为精英的过程。用口述史访谈的方法，详细调查妇女参与社区旅游业的历程和个人成长经历。该方法涉及的分析内容主要包括：社区旅游参与阶段的划分、妇女精英在不同阶段中的状况描述，以及对妇女精英的形成因素和成长模式的总结。

（三）访谈法

本章的访谈主要采用主题式深度访谈，针对特定主题对受访者进行1～3小时的访谈，在取得被访者同意后对访谈内容进行全程录音，以尽可能完整表述为基础，对访谈时间不作具体要求，随后将录音内容整理为Word文档作为研究的原始资料。

研究使用的访谈大纲设计依据来自三个方面，首先，相关研究文献的梳理。其次，研究者前期调查的经验与思考积累。最后，还包括相关领域专家和调研人员的充分讨论。访谈大纲的核心主题如下：

受访妇女参与旅游业的过程（从开始参与社区旅游业至今的历史回顾和个人大事件）；自身是否具有民族文化特长，并利用自身特长，通过参与旅游业，而成为旅游精英；是否由于具有一定的政治资本，且通过参与旅游业，获得旅游经营的成功；是否由于是其他村民组织的领袖或者是宗族领袖，利用自身的影响，通过参与旅游业，成长为旅游精英；是否具有较强经济实力（个人或家庭），通过参与社区旅游业开发，成为旅游精英。

二、资料获取

本章节的多次野外调查分别于2008年8月、2011年8月、2012年7～8月、2013年1月、2013年7～8月和2015年11～12月，各由教授及博士研究生、硕士研究生组成的3人及以上调查小组深入到8个民族村寨进行调研：青海省互助县小庄村，四川省阿坝州桃坪羌寨，贵州省黔东南苗族侗族自治州西江千户苗寨、贵阳市花溪区镇山村、黔东南苗族侗族自治州肇兴侗寨，广西壮族自治区龙胜县平安壮寨、黄洛瑶寨及阳朔高田镇历村。调查的对象为民族旅游社区中的妇女精英。在具体调查过程中，调查组首先向当地社区居民、村干部和政府机构了解旅游社区的妇女参与情况，并请他们根据参与旅游业、获得成功、社区贡献、个人影响力四个方面初步推荐合适的调查对象，随后调查组对这些被推荐人进行深度访谈。在录音转录资料的分析过程中，作者对受访妇女的话语文本进行分析，再次根据参与旅游业、获得成功、社区贡献、个人影响力四个方面来遴选样本，在剔除了不符合精英条件的访谈对象后，筛选确定出最终符合研究的妇女精英。

在调研过程中，本章共计对 33 位被推荐的妇女进行了深度访谈，通过筛选，其中有 23 位符合本书对妇女精英的界定，包括小庄村 5 位，桃坪羌寨 7 位，西江千户苗寨 5 位，镇山村 1 位，肇兴侗寨 2 位，平安壮寨 2 位，历村 1 位（样本概况见表7-1）。桃坪羌寨的 LXQ 作为一位典型的妇女精英，在 2012 年的初次调查中，调查者未能与其本人见面，但有幸见到了一直与 LXQ 结伴做旅游接待的妹妹 JYY；在 2015 年的调查中，调查者对其本人进行了深度访谈，因此，关于 LXQ 的访谈内容以其本人的表述基础，同时以《桃坪羌寨纪事》视频中对她的访谈内容和 JYY 的口述作为佐证。

表 7-1　民族旅游社区妇女精英研究的样本

序号	精英编号	旅游参与方式	案例地
1	MBQ	刺绣制作与销售	小庄村
2	QSS	土族农家院	小庄村
3	XYX	土族农家院	小庄村
4	LSL	土族农家院	小庄村
5	QYG	土族农家院	小庄村
6	YCH	羌家食宿接待	桃坪羌寨
7	YTQ	羌家食宿接待	桃坪羌寨
8	YFY	羌家食宿接待	桃坪羌寨
9	LQH	刺绣制作与销售	桃坪羌寨
10	ZYM	刺绣制作与销售	桃坪羌寨
11	LXQ	民居参观、食宿接待	桃坪羌寨
12	LY	羌家食宿接待	桃坪羌寨
13	WZZ	避暑度假养老公寓	镇山村
14	LZ	苗家食宿接待	西江千户苗寨

序号	精英编号	旅游参与方式	案例地
15	YXM	苗家食宿接待	西江千户苗寨
16	YAG	苗家食宿接待	西江千户苗寨
17	AX	苗家食宿接待	西江千户苗寨
18	LYF	刺绣制作与销售	西江千户苗寨
19	LXM	民族歌舞表演	肇兴侗寨
20	LXT	民族歌舞表演	肇兴侗寨
21	PJ	壮家食宿接待	平安壮寨
22	PJZ	民族歌舞表演	黄洛瑶寨
23	XXZ	旅游食宿接待	阳朔历村

三、案例地概况

本章的妇女精英样本来自西部 4 个省（自治区）的 8 个典型民族旅游社区，案例地分布较为广泛。在这些旅游社区中，旅游开发颇具规模，且当地社区妇女积极参与其中，成为社区旅游的参与主体，有力推动着社区旅游的发展，同时她们自身也获得了极大的成长，这种环境有利于妇女精英的出现。

在 2008 年 8 月至 2015 年 11 月期间，调查组共组织 6 次调研活动，奔赴不同调研地点进行为期 15 天及以上的实地调查，调查内容以民族旅游社区妇女精英问题为核心，同时单次调研还包括其他不同的主题，内容涉及其他章节的研究问题。因此，除了贵州省花溪区布依族镇山村和阳朔高田镇历村以外，本章及第八章涉及的案例地在之前的各章中已经进行了详细阐述；由于镇山村和历村各自仅涉及 1 位妇女精英，因此，不再对其所属社区的概况进行具体描述。

第三节　民族旅游社区妇女的精英化因素

马克思和恩格斯（1958）曾精辟地指出："某一历史时代的发展总可以由妇女走向自由的程度来决定，妇女走向自由的程度取决于妇女的素质。"而妇女成长为精英的过程则恰恰是妇女个人素质不断提升的过程，这一过程体现了妇女解脱的实现，她们走出家庭领域，走向社会，参与生产性劳动，走向自由，彰显出其作为独立社会个体的价值。

在西部民族地区的村寨中，当地妇女的社会经济地位相对较低，在旅游开发历程中，她们通过参与旅游业走向自由的积极效应较之普通乡村社区妇女更为明显。因此，在某种程度上，深入认识民族旅游社区妇女中的精英群体，研究其形成问题，有利于了解民族旅游开发与妇女进步的关系，从而有效推动当地妇女整体成长和社区旅游的良性发展。

一、妇女精英化因素的概念化与范畴化

（一）访谈资料的概念化

作者在仔细阅读并充分理解妇女精英访谈内容的基础上，对其录音转录文本进行编码，并构建出其精英化因素的类目。

在开放编码阶段，对妇女精英的原始话语文本进行概念化和范畴化处理，采用逐行编码的策略，最大限度地保留原始资料附载的信息量，最终获得 50 个精英化因素概念，具体的操作过程如表 7-2 所示。

表 7-2 民族社区妇女精英的精英化因素范畴化过程

范畴	概念	举例
个人能力	民族旅游酒店经营能力 学习能力 人际交往能力 民族歌舞经营能力 活动组织能力 民族刺绣经营能力 文化水平高	我们民族主要是比较热情，全部都是回头客比较多，一个呢就是热情，我也不是说靠什么关系把人家拉拢进来啊，这样我肯定是做不来的，全部都是靠自己服务好点，怎么对待客人，人家感觉好点……（YXM，民族旅游酒店经营能力）；桃坪羌族的客人有几个特点，一个从 3 月份开花的时候，不是就有学生啊，还有些喜欢看桃花啊这些……然后过了不是有个清明节，踏青嘛不是……过了就是五一劳动节，然后再过了就是，就有端午节……因为根据去年的经验来说，他（指游客）一般要得不是太单一啊，就是说哎呀，滑完雪之后，顺便去看一下羌寨……接下来，几乎就接近春节了……春节过了，然后就休息一下了……就是说高峰期啊，低谷期啊这些，总结一下，就这样了（YTQ，学习能力）
个性特质	自我主体意识 冒险精神 心胸豁达 吃苦耐劳 执着 要强 大局意识 同情心 听取意见	我就说拿这一万块钱就像人家说就去赌嘛，像爱玩的那种，在麻将上一玩就去了，因为我又没有爱好那些方面（指麻将），我就说把这个钱投入到那里（指建歌舞队），搞不上来亏了也没有什么遗憾的……他（丈夫）一点都不想让我们这队伍搞，他都在反对……因为我坚持要做下来我一定不会放弃，我一定要把这支队伍发扬光大……（LXM，自我主体意识，冒险精神）；那个×××后来就觉得以前做得有点过分了，也经常来家里面吃饭，抬头不见低头见，后来我们又成了好朋友，我和我爱人经常上去跟他吃饭……虽然什么事情都发生过，但现在还是很好的朋友……（LXT，心胸豁达）

范畴	概念	举例
个人经历	困苦经历 机遇 多次经历人生选择 旅游从业经历 管理经历 外出历练 外出旅游经历	我觉得那一个月我不知道怎么过来的……她说最多给你半年期限，把这一万多还了，我说那怎么可以啊我们家积蓄都没有了……（LXT，困苦经历）；有人肯借钱给我们，亲戚朋友啊，主要是做企业的，认识一个GY的朋友是搞企业的，幸好有他，要不是他我们现在房子可能也租给别人做了……（YAG，机遇）
关注社区旅游	社区旅游发展困境思考 社区居民参与困境思考 社区旅游发展理念	就是政府跟他们谈的合同，引进来的公司，我们说要它做什么东西，它做不了！那还是没办法啊。往上反映，政府也做不了，所以矛盾就积累在一块儿。差不多，差不多，到时候就要爆发一次。（YCH，社区旅游发展困境思考）；但是没办法啊，大家，因为新羌寨出来的时候，大家投入了很多资金，因为这个农民，以前也不是好富裕啊，几十万一下子拿出来，然后再装几十万过去，然后他就一下心里就没底了，好想赶紧把它抓回来，就是那种理念。他也是压力太大了，这个寨子里面压力太大……（YTQ，社区居民参与困境思考）
民族文化承载	民族文化保护意识与理念 民族文化积累 民族文化危机意识与传承使命感 民族文化认同	传统上Y族姑娘还没结婚头发是不可以给别人看的，新郎官看过第一眼后才能给别人看，表演的时候阿妹的头发还没有打开，露出来的圆形的那种就结婚了，还没有生小孩就可以给人家看，像我们这种突出来的就是结婚生小孩，长发代表长命和富贵……（PJZ，民族文化积累）；我很喜欢这方面，像唱歌，跳舞，我这人长得不是怎么好，但是我很喜欢这方面……像一个文化团体，可以让我们寨子的人多听到那些歌声，游客进来每个人都能哼几声，这样比较好，不可能你是D族的但是一句D歌都不会唱，那就不像我们D族了……（LXM，民族文化认同）
家庭因素	家庭背景 家庭支持 家庭客观优势 家庭权力分配 夫妻关系	然后县里边就来了这帮人，就说要开发旅游了，然后我就跟他们讲说，因为那个时候他们也是在我们家里，我想想那个时候为什么住我们家来呢？一个是我们家确实是在寨子里边比较那个，因为爸爸以前在寨子里边当过一两届队长嘛哈……所以县里边来的几个，像YXH（音译）老师啊这些，都在我们家住，吃饭就在我们家来吃（LXQ，家庭背景）；就是有什么活动，大型活动啊，我们去参加展示……我爷爷给我看孩子，然后就我哥、我嫂啊，全家动员……所以说就是全靠家里人，那时候我说实话，一个大型的活动，我一家人全部齐刷刷上阵……一家人这样支持我的工作。没有他们，我也不可能做到现在（ZYM，家庭支持）
社会资本	政府人员关系 游客关系 旅游从业人员关系 媒体人员关系 学术研究人员关系	旅游局局长我认识，我认识那个Z局长，还有H局长……（XXZ，政府人员关系）；搞这个旅游过后，等于是游客这个跟你摆条件啊，你来了就会指点嘛，比如说你是来的游客，你就会说，你这个啥子木得啊，啥子木得啊……他说你要该做些啥子，比如说你家里面来的客人，你该咋个样子对待人家，这些人家方方面面都要给我指点，来的客人都要给我指点（YFY，游客关系）

范畴	概念	举例
女性因素	家庭女性的优秀品质 特殊婚姻形式 家庭女性地位高 家庭女性的良好背景	她（妈妈）会站在别人的角度去考虑这个问题。我觉得这个我们的想法还是一样的，所以说好多东西是骨子里就受这种影响的……经过后来你才发现，其实这些东西灌输在你的脑子里边，任何时候，任何一位客人来了，任何时候你都没有语塞的时候，你都有说不完的东西（LXQ，家庭女性的优秀品质）；（我）结婚前就是桃坪羌族寨的，老公的家在下面，我老公也是这个寨子的，内嫁的，（寨子里）只有两个女孩，一个我，然后还有一个，是内嫁，就是说本地嫁本地的，哈哈……就要不然的话，我们当地的女孩，嫁外面的很多，要不嫁进来的也很多，反正就没有内部消化的，哈哈……我们都属于特殊人物（ZYM，特殊婚姻形式）
社区依恋	社区认同 社区联系 社区生活经历	出去做生意，做生意应该不回来了嘛，但是还是舍不得这里，这里山美水美的，后来又回来了，和这边乡亲的关系也很好……（WZZ，社区认同，社区联系）
人生态度	更高的生活目标 良好的生活心态 人生信念	我离婚之后手头上只有几万块钱，要开一个早餐店也很容易，但是又不甘心……最大的梦想就是上一下央视，我不在乎周冠军还是月冠军……（AX，更高的生活目标）；2007年出来以后我受不了了，到凯里学电脑，躲了一个月，想平静内心多学点东西，去散散心，在那边平静了一个月回来依然笑容面对，人家说我，我还开导别人呢（LZ，良好的生活心态）

（二）访谈资料的范畴化

随后，在主轴编码阶段，作者将开放性编码阶段获得的50个概念进一步整合，反复阅读原始资料和概念，比较和梳理概念之间的关系，并提取出10个范畴。根据范畴的内涵，作者将其划分为个体内部因素和外部因素，其中，个体内部因素包括个人能力、个性特质、个人经历、关注社区旅游、民族文化承载、社会资本、社区依恋和人生态度等；外部因素包括家庭因素和女性因素等，具体如图7-1所示。其中不同范畴下的数字为相应的参考点数量，在随后的分析中，作者将依据参考点频次的高低排序进行分析。

二、妇女精英化的内部因素

（一）个人能力

个人能力又被称为个人人力资本，是个人自身所有无法被取代的资源，且具有可塑性，即可以在不断的经验积累和学习中持续增长（卢汉龙，2004；姜敏和王奕博，2014）。参与旅游经营与从事农牧业需要不同

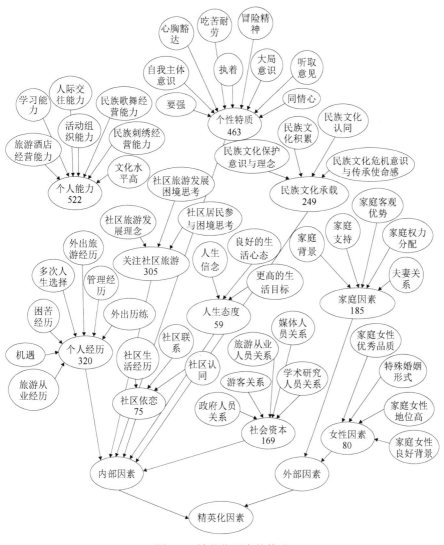

图 7-1　精英化因素的构成

的能力（Phelan and Sharpley，2012），在民族社区的旅游发展过程中，部分民族社区女性凭借较强的个人能力在旅游参与中获得个人成功，这些能力包括民族旅游酒店经营能力、学习能力、人际交往能力、民族歌舞经营能力、活动组织能力、民族刺绣经营能力和文化水平。其中 23 位妇女精英的访谈内容中均涉及对该范畴的阐述。

　　多数妇女精英以经营民族旅游酒店为主要的旅游参与方式，她们依靠自身较强的民族旅游酒店经营能力，在社区旅游同类经营者中占据领先地位。如 WZZ 说道"做不了就和客人解释，客人就觉得我很好。你像客人坐火车、飞机来的时候不知道路，打一个车进来就很贵，我自己就买了车，我就去接，住满一个月以上我就不收这个钱，我自己想的这个方法，薄利多销嘛，多有几个客人来就不在乎这一点车费了。"她具有良好的旅游酒店经营能力，不仅意识到游客潜在的需求，并提供具有针对性的服务，注重与客人的沟通，因而获得了客人的好评和认可。

旅游业作为服务行业，与人沟通交往的能力是从业人员的必备素质。人际交往能力不仅需要为人处世的技巧，还要求有较好的语言表达能力，从而在旅游接待中很好地处理游客的要求，以及与游客的关系。如 PJ 提到自己在接待政府游客的过程中，能够与游客很好地相处，应对自如，她说道，"像妇联一拨一拨的换届，每换一届，一般几年之后第二拨会来这里……有领导下来安排我自己谈话，我也不会有不会回答人家的问题，就很自然的，就很放心，有领导来了，他们（指村干部）都不参加的话，把安排交给我，他们问什么我基本能应对……"。

（二）个性特质

个性特质指一个人相对稳定的思想和情绪方式，个体的成功与其自身的个性特质密不可分，也可称之为个性倾向或心理资本等（田喜洲和谢晋宇，2011），如决断力、开拓精神、责任心和自律性等（赵国祥，2002），诸多心理学研究结果显示，特定的个性特质是创业者成功的重要因素（孙国翠，2011）。在个人成长和参与旅游业的过程中，少数民族妇女精英之所以能够获得成功，并成长为社区中的"能人"，与其自身的一些优秀个性特质有着重要关系。资料分析表明，自我主体意识、冒险精神、心胸豁达、吃苦耐劳、执着、要强、同情心、大局意识和听取意见等个性特质在 23 位妇女精英的形成中发挥了重要作用。

如 ZYM 认为自己的经营场所设计一定要有风格，要考虑客人的感受，她提到："我家是错落有致，像楼梯间一样，三层上去的……这地方就是平台……很多客人来了以后就觉得，环境很舒服，特别是夏天……然后夏天凉爽的时候，观观夜景什么的，看看星星，很多人，反正很多人啊就喜欢有阳台的地方，他不喜欢，你看隔壁这些啊……就完全没有风格了，所以我也就坚决不那样。"LZ 也提到，在自家经营场所的建设中，她坚持按照自己的想法建设，没有达到自己想要的效果，最后就选择重新做，不将就。正是因为她们有自护我主体意识，坚持自己对旅游经营的见解，才能够在众多的经营者中树立自家品牌，并获得游客的认可。

在社区旅游发展过程中，参与者可能会面对未知的发展前景，新的经营方式和种种阻碍，如果选择前进可能会失败，但退缩或者放弃，也可能失去更多，因此那些选择承担风险、勇敢尝试的人，往往能闯出新的天地。在组建民族歌舞队时，LXM说，"我就说拿这一万块钱就像人家说就去赌嘛，像爱玩的那种，在麻将上一玩就去了，因为我又没有爱好那些方面（指麻将），我就说把这个钱投入到那里（指组建歌舞队），搞不上来亏了也没有什么遗憾的……"，后来，她成功组建了获得县政府和景区重视的民族歌舞传承队，把自己的爱好变成了事业。

（三）个人经历

经历是个体社会化的过程，并能够转化为宝贵的经验，塑造个体的能力与个性，进而影响个体的发展道路。通过对23位妇女精英的访谈进行分析，作者发现困苦经历、机遇、多次经历人生选择、旅游从业经历、外出经历、管理经历等对其形成过程有着不容忽视的作用。

困苦经历是对一个人个性的磨砺和能力的考验，坦然地面对这些经历，并努力渡过难关，将会获得更多的成长。如LXT提到自己在民族旅游酒店经营初期经历的严重资金困难："我觉得那一个月我不知道怎么过来的……她说最多给你半年期限，把这一万多还了，我说那怎么可以啊，我们家积蓄都没有了……"YTQ也提到自己的民族旅游酒店经营曾经遭遇的重大损失，直到两三年之后才从这次损失中缓解出来，但现在她们家依然是寨子中生意最红火的酒店之一。

机遇指好的时机和环境，多位妇女精英表示自己曾经获得了好的机遇，并抓住机遇取得了良好的发展。如LXQ说道："我是1996年毕业的，1996年回来的……当时就在家里面等着（意为等工作单位通知），正在等的时候，县里边就说TP要成立文化村，要怎么弄……那就是我奋斗的那个时候，现在年轻人已经不可能有了，机会啊、时机啊都不一样了。"

（四）关注社区旅游

妇女精英在参与旅游业的过程中，除了关心自身的民族旅游酒店经营、民族刺绣和舞蹈事业以外，还关注其他居民的参与情况，更关注整个社区的旅游发展，正是她们的整体视角使其成为社区旅游发展中举足轻重的人物。23位妇女精英均谈及了自己对所在社区旅游发展情况的思考，主要包括社区居民旅游参与困境思考、社区旅游发展困境思考和社区旅游发展理念三个方面。

社区旅游中利益相关者间的矛盾及冲突一直是学术界研究的热点（石美玉，2008），同时更是身处其中的妇女精英所亲身经历的。有 10 位妇女精英谈及所在民族旅游社区中存在较多利益分配矛盾，如景区管理者与社区居民、当地政府三者间的矛盾，社区居民与外来经营者之间的矛盾等。如 YCH 说道："就是政府跟他们谈的合同，引进来的公司，我们说要它做什么东西，它做不了！那还是没办法啊。往上反映，政府也做不了。所以矛盾就积累在一块儿。差不多，到时候就要爆发一次。"

社区参与是指当地社区居民作为旅游开发中的重要群体参与到社区旅游的系列规划、开发和管理中（保继刚和孙九霞，2006）。但社区居民目前多数处于各自为政的旅游接待活动中，普遍未参与到规划开发和管理中，由此产生了诸多问题。妇女精英作为社区居民的一员，对此有更深的体会。如 XYX 认为社区居民参与的问题需要政府的有效管理和帮助，因此她说道："政府很重视我们的民俗旅游，我基本每个月代表我们 HZ 县土族女性去开会，旅游接待有什么问题我都会给上面反映，像现在我们村子各建各的院子（民族农家院），把民俗的东西丢掉了，开会的时候我都提出来了。"

（五）民族文化承载

民族文化承载因素指民族成员对本民族文化的认识、积累、继承、传播和延续，从一个民族共同体的生存和发展来说，文化传承实质上是一种文化的再生产，是民族群体的自我完善，这是民族及其文化得以持续存在的关键（庄晓平和朱竑，2013）。自身的民族文化积累为妇女精英的旅游参与奠定了基础，她们在认同本民族文化的同时，意识到民族文化面临的危机，产生了保护意识，并承担起民族文化传承的使命。23 位妇女精英均多次提及了该范畴的相关内容。

在参与旅游业的过程中，妇女精英不仅认识到了民族文化的价值，有意识地关注需要保护的民族文化，并在与游客的交流中形成了自己的民族文化保护理念。如 LXQ 谈到民族文化保护时，提及当地社区居民的重要性。LXM 则认为民族文化保护中不应以经济利益为目的，她说"现在政府还没有给一分钱 [的补贴]……因为我们自己爱好，自己组建队伍，只要这支队伍能够继续搞下去保存这种文化传承……但是我们一分钱都没有，可能是靠今后的，这样只要开心我都觉得知足了，都是奔着爱好去的。"

民族文化积累指民族成员对民族文化的了解和对传统民族艺术的掌握，这些民族文化积累为妇女精英在旅游参与中获得成功提供了必要条件。如 PJZ 说到民族的一些传统习俗及其中的意义，她说："传统上 Y 族姑娘还没结婚头发是不可以给别人看的，新郎官看过第一眼后才能给别人看，表演的时候阿妹的头发还没有打开，露出来的圆形的那种都结婚了，还没有生小孩就可以给人家看，像我们这种突出来的就是结婚生小孩的，长发代表长命和富贵……"她还提到自己的唱歌功底是自幼练就的，她说："我唱歌是从小奶奶也会唱，妈妈也会唱，跟那些老人家学山歌，那时候记性很好啊，听到他们唱我就会唱……"

（六）社会资本

社会资本指个体的社会关系网络资源（石秀印，1998）。社会资本的类型越多样，数量越丰富则越有利于妇女精英的经营。作为民族社区中的旅游经营者，当地社区居民的社会资本积累方式不同于传统乡村社会，他们的旅游参与能力会为他们赢来更加优质而有效的社会资本。在本章中，23 位妇女精英均提及了自身的社会资本状况，她们所提及的社会关系类型主要包括政府人员、游客、旅游从业人员、媒体从业人员、媒体人员和学术研究人员等。

政府关系资源往往能够使得私营企业家在发展中处于有利地位（李路路，1996）。在本章中，妇女精英在社区旅游参与中的出色表现使得她们进入政府人员的视野，在一系列的正式和非正式接触中建立了联系。如 LYF 提到："XJ 镇里 [领导] 就看我婆婆这里观光都很漂亮，他们过来这里引导 [让我们搞旅游接待]，那时候我也年轻，也很老实，都是靠政府、镇长他们来扶持……你靠一个人的努力还是不够 [的]，还是靠政府的宣传、政府的扶持……我们家开始做可以说完全是政府的引导……"

有研究者认为旅行者是旅游经营者特殊的"社会资本"，在培育其成为新乡村经济精英的过程中起到了关键性作用（朱璇，2012），因而与游客建立良好关系就显得十分重要。部分妇女精英幸运地获得了来自游客的物质帮助，如 WZZ 提到："开始的那 9 个人是来玩，发现这里就在这住了两个月，第二年他们就去宣传，人就来多了……去年我的房子没有搞完，他们就问我有什么困难……我就说我没钱搞不起来，他们每年来都把钱提前交给我让我搞建设，我就用他们的钱……"

（七）社区依恋

Tuan 最先观察到了人与地方之间存在特殊的依恋关系，并在 1974 提出"恋地情结"的概念（Tuan，1974），即人通过活动和体验赋予环境空间一定的意义，使其变为地方，反过来人又依附于这种意义空间（地方）（Stedsman，2003）。在社区的长期生活经历使得居民赋予社区空间意义，并对社区产生情感依恋，而且这种依恋会随着旅游参与程度的提升而不断增强（赵倩倩等，2013）。

作为旅游参与程度较高的社区成员，妇女精英的社区生活经历、社区联系和社区认同共同构成了她们对于社区的依恋情感。这种社区依恋情感不仅使得妇女精英热爱社区，而且更加关注社区旅游发展和社区公务事务。ZYM 通过自身的旅游参与和外出旅游经历，更加认可自己所在社区的旅游价值，她提及："其实羌寨啊，我跟你说实话，桃坪羌族可以把整个中国羌族地区文化，保留文化啊，最完整的、最全的，所有的羌寨都可以盖完（意为超越）……我了解这么多羌寨，桃坪羌族是最好的，最好有资源（意为资源最好），最好有历史文化（意为历史文化最丰富），这些都是第一，其他的羌寨比不过……"

再如 WZZ 早年外出经商，但她热爱社区的山水，且与社区成员关系融洽，因此最终选择回到家乡发展，她说："出去做生意，做生意应该不回来了嘛，但还是舍不得这里，这里山美水美的，后来又回来了，和这边乡亲的关系也很好……"

（八）人生态度

人生态度是指人们通过生活实践形成的对人生问题的一种稳定的心理倾向和基本意愿，人生态度作为人生观的主要内容，是人生观最直接的表现和反映，它要回答"人究竟应该怎样活着"的问题（孙利天，1993）。因而，截然不同的人生态度会带来迥异的人生道路。有多位妇女精英谈及自己更高的生活目标、良好的生活态度和人生信念等人生态度。

虽然生活在民族乡村地区，妇女精英并未甘于平淡的生活，她们有着更高的生活目标，引领她们走向更加丰富而精彩的生活。如 AX 谈到自己的梦想时说："我离婚之后手头上只有几万块钱，要开一个早餐店也很容易但是又不甘心……最大的梦想就是上一下央视，我不在乎得周冠军还是月冠军……"而 LZ 则提到自己为了过上更好的生活所付出的努力，她说："在外面我就和我老公说我们要努力，不努力我就不跟你回去了……"

人生信念是指妇女精英在日常生活中逐渐形成的对人生的持续性信条，这些信念指导她们在面对各种人生境遇时能够更好地应对。如 YFY 觉得生活有付出才有收获，而且做人要本分厚道，她谈道："说老实话，累是累，但是累得高兴，你要想挣钱你肯定要累，肯定要付出，你累了能够挣到钱就很不错……哎，一个人啊，一个人要本分厚道！" PJ 认为人需要学会知足，她说："一个人要知足，知足了心态就宽，就什么都看开了……"

三、妇女精英化的外部因素

（一）家庭因素

家庭环境对于个体发展至关重要，长期以来家庭背景被学者们认为是精英身份获得的必要因素，甚至一度超越个人能力（赵世林，2002）。婚姻因素也被认为是女性实现阶层流动的重要方式（马磊，2015）。在本章中，妇女精英的形成过程中也同样需要注重家庭因素，但这一家庭因素不仅限于父母、丈夫和其他家庭成员的社会地位，还应重视妇女精英在创业过程中家庭成员给予的支持、夫妻家庭内部的权力分配和夫妻关系等因素。有 23 位妇女精英提到了这些家庭因素。

家庭背景指个体亲属们所拥有的社会地位，包括父辈、丈夫、子女和兄弟姐妹的职业、政治面貌和受教育水平等；还包括家庭的代际"言说"机制，即父辈的精英文化因素对后来精英身份获得的积极影响（吴愈晓，2010）。如 LSL 的父亲曾经是村子上的农机站站长，丈夫是中学老师，自己是村会计，她的父辈具有政治资源，她的丈夫有能力有文化，这对于她自身的旅游经营和个人素质提升均属正向效应。

家庭支持指在妇女精英参与旅游业的过程中，家庭成员（此处丈夫除外）给予的精神鼓励、资金支持和行动支持。如 XYX 提到："我个人会一直坚持下去的……每次放假我儿子、姑娘对这个很有计划的，我儿子每次在外面看到有土族的图书都会买回来给我看，有什么好的想法，都会给我说……偶尔也会想放弃，觉得这样的坚持无意义，毕竟我个人的力量太狭小了，他们一劝我我也觉得应该坚持……"

（二）女性因素

在民族旅游社区中，同其他社区女性相比，部分妇女精英的成长和旅游经营受到了女性因素的独特影响。女性因素主要包括两个方面的内容，一方面是家庭女性长辈[①]的良好背景、较高的家庭地位和优秀品质给予她们更多的发展机会和正向影响，她们在家庭女性的教育中成长，耳濡目染的熏陶继承了女性长辈的文化因素；另一方面是家庭女性的内嫁和男性的入赘等特殊婚姻形式，给予她们保留已有社会资源的机会，比起作为一个陌生人融入新的社会关系，熟悉的社会文化环境更有利于她们实现自身的良好发展（李树茁和靳小怡，2006）。有 7 位妇女精英提及了女性因素范畴的内容。

有部分性旅游精英提及家庭女性的优秀品质对自身成长的重要影响，如 LXQ 谈道："她［妈妈］会站在别人的角度去考虑这个问题。我觉得这个我们的想法还是一样的，所以说好多东西是骨子里就受这种影响的……经过后来你才发现，其实这些东西灌输在你的脑子里边，任何时候，任何一位客人来了，任何时候你都没有语塞的时候，你都有说不完的东西。"

家庭女性和自身特殊的婚姻形式包括自身内嫁和男性入赘两种。研究表明，女性外嫁会导致已有社会关系和资源一定程度的流失，不利于女性个体的发展；反之，女性内嫁和男性入赘虽然是男权社会中男性继承制度的重要补充（李树茁和马科斯·费尔德曼，1999），但就女性个体而言，这种婚姻形式为其保留了原始社会关系和资源，有利于其个人在生养社区的发展。如 YCH 和 XXZ 也提到，自己的丈夫是入赘来到自己家中的，他们一直和妈妈一起住，同时自己现在也是家庭旅游经营的法人代表，她们的丈夫却不是。

四、社区妇女精英化因素研究小结

本章利用访谈和扎根理论来分析民族旅游社区妇女中部分优秀个体的精英化问题，结合女性视角探索妇女精英成长中的独特性。相比其他方法，扎根理论这一研究方法特别适用于研究声音消弭在主流话语中的小众群体。社会学的乡村精英研究中，资料收集方法主要包括访谈法（朱璇，2012）、问卷法（陆慧，2010）、网络文本法（李代红等，2006）等。其中，较之问卷法，利用访谈法获取第一手资料避免了预设理论对研究结论的影响；而较之网络文本法，访谈法则更具有针对性、灵活性，访谈者可根据受访者的回答及时发现问题，调整访谈内容，进行深入的了解。在访

---

① 家庭女性长辈指母亲和祖母等直系女性亲属。

谈对象的选取上，已有研究以个案研究（龙朝霞和赵爱平，2008；吴其付，2007）和单一地区的研究（王林，2009；朱璇，2012）为主，而本章基于多地区多样本的分析则能使结论更具一般性。

以往关于精英化因素的研究，研究对象主要为男性，且注重从个人因素方面进行挖掘，探讨并确定有利于精英形成的个性特质。本节以民族旅游社区妇女为研究对象，尝试对促使妇女精英形成的因素进行全方位的探讨；结论显示，个人能力、个性特质、个人经历、关注社区旅游、民族文化承载、社会资本、社区依恋和人生态度等内部因素，以及家庭因素、女性因素等外部因素是促使其走上精英化道路的核心范畴。

相较于社区中的其他妇女，较强的自我主体意识成为妇女精英形成的重要因素，这种意识有赖于家庭环境，也会在旅游参与中不断发生变化，表明旅游发展一定程度上改变了女性自身的传统性别意识。同时，家庭女性较高的地位及素质和特殊的婚姻形式也成为民族社区中妇女精英形成的特殊因素，该因素为其成长和旅游经营提供更为宽松的家庭性别文化环境，并保留其在原生社区的社会和经济资源。

民族文化是民族旅游社区的核心吸引力，文化承载更是社区妇女成长为旅游精英的重要因素。在参与社区旅游业的过程中，妇女精英意识到民族文化在个人旅游经营和社区旅游发展中的重要性，而且她们善于将民族文化元素运用到家庭旅游经营中。同时，妇女精英对社区有着深深的依恋，对本民族文化具有较高的认同，他们积极投身到民族文化传承事业中。可以说，民族文化承载促进了社区妇女精英的形成，同时妇女精英反过来也推动民族文化在新环境下的传承与保护。

本章中的家庭因素是民族旅游社区中妇女精英形成的基础性因素，但与以往研究探讨的家庭背景因素不同，本节的家庭因素还包括家庭支持、家庭权力分配和夫妻关系等内容。家庭因素的丰富内涵表明，妇女精英的形成需要来自家庭的更多支持，特别是家庭分工和权力模式中的相对平等。同时，本章中的家庭因素可以分为两种类型，其一为生养家庭方面，该方面更多的是通过作用于个人能力和个性特质来发挥作用；其二为婚后家庭方面，主要体现在家庭支持、权力分配和夫妻关系方面。显然，作为以家庭经营为主要模式的旅游参与者，妇女精英的形成与婚后家庭的关系更为密切，对婚后家庭[①]的依赖性也更强。而单纯就生养家庭的背景因素而言，部分妇女精英的形成有赖于良好的家庭背景，但同时也有部分

①　在本章中，部分妇女精英婚后并未脱离自己的生养家庭，主要是由于其婚嫁是通过丈夫入赘、出嫁不离家（内嫁）等方式，因此，婚后家庭并非都是指丈夫的家庭。

妇女精英本身并不具备该方面的优势，因此，从精英生产理论来说，妇女精英的形成同时存在精英再生产和精英循环两种途径。

此外，和普通乡村社区精英所拥有的社会资本不同，民族社区妇女精英的社会资本结构更为多样，除了政府和企业人员以外，还包括游客、学者和媒体人员等。同时，妇女精英的社会资本积累方式具有被动选择和随机性；相较于社会资本的功能性，她们更倾向于以情感为导向来调动自己用的社会资本。

第四节　小庄村社区妇女的精英化模式个案分析

妇女精英的形成因素探讨是其精英化研究中的一部分，而对于妇女精英化的动态成长过程的分析则能够从整体上把握妇女精英的形成规律，值得给予关注。在小庄村社区旅游的萌芽阶段中，妇女精英成为当地社区旅游的开拓者，她们强有力地推动着整个社区的旅游发展，而且她们在参与旅游业发展中的重要角色始终贯穿了小庄村社区旅游发展的各个阶段（孙新，2009）。鉴于小庄村妇女精英在社区旅游开发中的重要作用，作者运用口述史、参与观察和深度访谈法对她们展开调查，进而探讨妇女精英的精英化模式。

在妇女精英的精英化因素分析中，作者认为个人能力、个性特质、个人经历、关注社区旅游、民族文化承载、社会资本、社区依恋、人生态度、家庭因素和女性因素 10 个方面对其形成具有重要影响，这些因素涉及妇女精英化过程中所需的人力资本、社会网络资本、政治资本和经济资本。陈光金（1997）在其博士毕业论文中对于农村社区精英形成条件的讨论主要从政治、经济、社会及人力资本四个方面展开，获得了较多学者的认可。在本节的精英化模式分析中，作者也将借鉴这种资本分析框架来探讨妇女精英的精英化模式。

在社区旅游的不同发展阶段中，妇女精英的不同资本存在动态变化现象，通过分析她们所拥有的政治资本、经济资本、人力资本和社会资本如何随着时间发生变化，作者尝试归纳其精英化模式；并在不同精英化模式下，探讨她们在社区旅游发展的各阶段中的资本类型和资本量的变化，即拥有资本的类型及其积累程度，以此来展示其精英化过程。根据已有关于乡村精英的形成条件与模式的研究，政治资本主要通过中共党员身份和政治权力两方面来衡量；经济资本则主要表现在个人所拥有的物质财富；人力资本主要代表个体的个人知识、技能、资历、从业经验以及运用的熟练程度（李燕，2008）；社会资本则通过社会网络、社区凝聚力、社会互动和社区信任来表现。

结合本章对妇女精英的定义和筛选标准，本小节将小庄村的5位妇女确定为社区妇女精英，她们获得旅游参与成功，拥有超过其他社区成员的政治资本、经济资本、人力资本和社会资本，她们包括小庄村旅游发展带头人、村委会会计、非物质文化继承人、致富能手等。其中5位妇女精英参与民族旅游接待的具体形式见表7-1。

一、"先锋型"精英化模式

XYX原本是小庄村的普通妇女，但后来成为社区中最先看到旅游商机的成员，她身体力行地投入到小庄村的民族旅游发展中，成为小庄村民族旅游的重要带头人。凭借着多年从事民俗旅游接待的经验，加上自身优秀的歌舞表演技能，目前，XYX已成为社区中最重要的旅游团队接待户。在获得旅游参与成功后，XYX加入了中国共产党，且经常参与村务管理和旅游发展的各项会议，还多次代表互助县妇女接受国家领导人接见。在社区旅游接待活动和社区旅游发展观念方面，XYX一直是社区其他成员愿意跟随的"先锋"，因此，作者认为她的精英成长过程属于"先锋型"的精英化模式，其基本概况如下：

XYX，女，小庄村土族妇女，社区民族旅游带头人之一，小学文化，中共党员，曾多次代表互助县妇女受到多位国家领导人接见。

（一）社区旅游萌芽阶段

20世纪80年代初期，小庄村是青海省互助县的一个贫困村。直到80年代中后期，在社区个别土族妇女的带动下，小庄村开始参与民族旅游接待活动，当时主要是以行政接待性质为主的歌舞表演活动；这种情况持续到20世纪90年代初期，该阶段社区内针对游客的旅游接待活动的整体规模较小，只有少数村民以家庭为单位接待游客，这些家庭中的妇女成为旅游经营活动的主导者，并已经从旅游接待中获得了可观的经济效益。XYX是这些妇女中的典型代表，作者以其访谈内容为资料，分析了她在该阶段的四类资本拥有情况（表7-3）。

表7-3　社区旅游萌芽阶段的资本概况（XYX）

资本类型	资本概况
政治资本	暂无
经济资本	以务农为主的经济收入
人力资本	小学文化；对土族传统文艺的爱好和热情；唱歌跳舞等表演技能娴熟；所在社区为其积累深厚的民族文化底蕴奠定了基础，从事民俗表演的意识开始萌芽
社会资本	结识政府人员和日本学者

下面是XYX关于该阶段其民族旅游接待活动的部分口述内容：

我是22岁从东沟乡嫁到这个村子的。那个时候（1984年），整个村子里家家都种地。我们土族人大多都能歌善舞，当时村子里男女老少都喜欢这个安昭舞。我从小就喜欢唱歌，村子里有活动我都经常参加，慢慢地村子里都知道我了。有一次县上有个庆祝活动，我就和一个叫QDZ的本家亲戚组织村民去表演歌舞，可能是我从小就喜欢唱歌，唱的都是土族传统歌曲，县上反映还不错，之后县上有什么活动都会让我们去表演，基本上都给我们工钱，我觉得这样也挺好，可以有些收入，后来县上越来越多的人知道我了，只要有活动都会让我去表演。印象最深刻的是有一次来了日本人（日本学者），县上叫我们去唱歌表演。他们很喜欢我们的土族歌舞，当时大庄村（互助县东沟乡一个旅游民俗村）的很多人带着自己做的刺绣、盘绣、平绣都有的，锟锅馍馍都高价钱卖给了日本人，我当时就想我们也这样搞，给外国客人表演，再卖点我们自己的东西，可以挣点钱。（访谈时间为2011年7月）

为便于更好地理解该部分口述内容，作者对于东沟乡、大庄村附加以下简介：

东沟乡，有着"土族民间艺术博物馆"之称，地处互助县中部，距离县政府约11千米。东沟乡是互助县土族人口分布最集中的乡，并凭借着其古朴的民俗和较为活跃的文化活动，以及丰富的民间艺术，于2000年被文化部（现文化和旅游部）授予"中国民间艺术之乡"称号（董文寿和鄂崇荣，2010）。大庄村属东沟乡所辖行政村，民族文化底蕴深厚，民间艺人层出不穷。

通过口述内容可看出，XYX不仅热爱土族传统文艺，还拥有熟练而优秀的民族歌舞和餐饮制作等技能。在小庄村社区旅游参与的萌芽阶段，XYX虽然没有获得过多的收入，但她积极组织村民踊跃参与政府接待活动，有效地利用了每次展示土族民族歌舞艺术的表演机会，充分发挥了她在民族文化方面的特长；同时，由于在多次表演中的良好效果，使得她作为社区民族歌舞带队人获得了县政府的认可，这也成为她从社区成员中脱颖而出的重要条件，为她成长为社区旅游精英奠定基础。

反而言之，作为土族民族文化的继承者和传播者，XYX在社区旅游发展的初期，为本民族的文化艺术发展打开了一扇门，推动了土族的民族文化在当代的传播和发展。正是在这一过程中，XYX看到了土族民族文化的价值所在，并产生了利用自身民族文艺技能来推动社区旅游发展，提高经济收入的想法。在经济利益因素的刺激下，XYX主动利用自身所掌握的民族文化技能来开展旅游接待活动。

XYX的成长环境是促使她获得成功的重要因素之一，她来自有着"土族民间艺术博物馆"之称的东沟乡，当地社区活跃的土族文化活动氛围、丰富的民间艺术以及深厚的民族文化底蕴熏陶了她，并促使她形成了较高的民族文化素养。而熟练的民族歌舞技能和开朗且乐于表演的性格都属于XYX的人力资本，她热爱民族文化，热衷于参加民族文化表演，与小庄村的其他社区妇女相比，她较早形成了对于民族文化价值、民俗表演和民族旅游的认知。

但在该阶段，她尚未获得有效的政治资本，也没有可观的经济基础。在社会资本方面，XYX通过积极参与县政府组织的行政接待表演，结识了政府人员和日本学者，并获得他们的认可，这为她后期的旅游参与活动带来了更多可能性和发展机会。结合对XYX的口述内容可以看出，在小庄村民族旅游的萌芽阶段，她自己就已开始从事民俗表演，较早地接触了民族旅游接待活动，将自身的人力资本展现出来，并因此赢得有效的社会资本，两者的结合为她在社区旅游发展中迅速成长提供了有利条件。

（二）社区旅游参与阶段

20世纪90年代初期，凭借与县城相邻的区位优势，小庄村率先成为当地政府开展行政接待的主要场所之一；到20世纪90年代中后期，村庄内开始出现以盈利为目的的民族旅游接待活动。此时，社区的民族旅游收益形式由行政接待的劳务费转变为接待游客的销售性收益。较萌芽阶段，该阶段中社区成员的旅游接待方式开始多样化，而此时当地社区的民族旅游发展主要经历了个别参与和组织有序参与两个时期。以下是妇女精英XYX的部分相关口述内容：

> 后来我们（包括XYX本人、QDZ、QSS等人）几个商量去外地

学学人家怎么搞，顺便宣传自己。一路上发现自己民族的东西好受欢迎，外国人都喜欢看我们的表演，穿我们的衣服。我们回去后就把这些给村里的老人们说，他们刚开始不喜欢，我们自己去联系旅行社，学习人家外面做得好的旅游民族村，因为我家房子修得比较好，就在我家接团队，最忙的时候每天要接十八九桌。刚开始我姑娘在家都忙，见我太忙了后来就在西宁开旅行社给我拉客人，我就开始大规模地接待北京、上海、广州这些外地游客，还有外国客人。我的回头客也多，基本都是外地客。村子的小媳妇不太会跳，我就联系我娘家那边的像N老师、D老师啊，他们本身是我的土语老师，让他们过来教，她（小媳妇）也学得很好。我雇了好多帮工，村子里跳舞的阿姑就有十几个，厨房里还有四个，全部都是我们村里自己人（土族）。有的是按场子算，有的按天算。团队来就是听我们的土族歌曲、看下我们这边的安昭舞还有婚礼表演啊，再尝尝这边的土族农家菜，再买些我们的刺绣、盘绣。跳舞唱歌啊、卖绣品，还有婚礼表演，我都会提前打电话让她们准备。（访谈时间为2011年8月）

为了方便理解XYX的口述内容，现对其在口述部分中提到的N老师、D老师加以介绍：

NWF，男，东沟乡大庄村人。互助县电影公司配音员，土族婚礼主要表演演员，17岁开始参与民族舞蹈表演，曾参与电影《土族风情》的演出，在当地小有名气。

DSM，男，东沟乡大庄村人。擅长土族歌舞，且熟悉土族婚礼风俗，曾担任互助县电影公司配音员，土族婚礼主要表演演员，现为土族民族风情园的业务经理。因热爱并熟悉土族传统文化，获得互助县文化局的邀请，帮助筹建中国土族风情园——"彩虹部落"。同时，是省级非物质文化遗产"土族婚礼"的传承人，在作者调研期间已申报国家级非物质文化传承人。

通过该口述内容分析得出，XYX在参与旅游接待过程中积极学习其他地区的经验，并取得了自身旅游经营的成功，逐步积累了充足的客源；同时，她能够掌控全局，统筹协调社区成员有序地参与歌舞表演、刺绣经营、餐饮制作等旅游接待活动；她还尽可能带动更多的社区妇女学习民族歌舞，使得部分社区妇女从社区旅游中获得经济收益，因此，她在社区里有着较高的威望。

同社区其他妇女相比，XYX在社区旅游接待中积累了较为丰富的经验，社会关系网络也从亲属成员和政府人员及个别游客扩大到社区多数成员、游客乃至更广地域内的社会关系，俨然已经成为小庄村社区旅游发展中的精英人物。这也为后来党组织吸收其为中共党员打下了基础。结合对她的口述内容和问卷的分析，我们可以看出，XYX对本民族文化的高度认同使得她在社区旅游接待中居于优势地位，反过来，这种优势地位也增强了她对社区旅游发展的使命感，提高了她的社区凝聚力和社区归属感，该阶段其各方面的资本拥有情况见表7-4。

表7-4　社区旅游参与阶段的资本概况（XYX）

资本类型	资本概况
政治资本	尚无
经济资本	承担旅游接待的硬件设施初步形成；以民族旅游接待为主的经济收入
人力资本	唱歌跳舞等表演技能娴熟；民族旅游开发意识形成；具备较丰富的民族旅游表演和经营经验；管理统筹能力较强
社会资本	社会关系网初步发展，拥有稳定的客源；从事民族旅游接待活动产生使命感；社区凝聚力和社区归属感感知增强

（三）社区旅游大众参与阶段

该阶段开始于20世纪90年代末至21世纪初，小庄村的民族旅游接待形式从"个别家庭承接，社区集体接待"形式转变为以家庭为单位的自主经营农家院形式，且参与的家庭数量和个体经营规模不断扩大。以下是XYX的相关口述内容：

后来经刘主任介绍我入党了，好多国家领导人，还有青海省西宁市的领导都来我这儿。政府很重视我们的民族村庄旅游，每个月［我］都会代表我们互助县土族妇女去开会，旅游接待有什么问题我都会给上面反映，像现在我们村子各干各的院子（指民族农家院），把民俗的东西丢掉了，开会的时候我都提出来了。村子现在也有钱了，基本都不种地了，平时我还要跟着D老师学习土语，编排舞蹈，没时间种地了，一年接待这也就一二十万够了。基本上我的顾客稳定的（意为我的客源较为稳定），跟我联系的司机、导游都比较固定，跟他们的合作比较多。我这儿的外地客人比较多，北京、上海、广东的，还有那种一年来一次的，有的还是客人拉客人过来的，一次次客人就多了。我们的关系很好的，外地游客若不经常来的话，过年过节的话还经常给我打电话，或者写信问候。他们一般来之前都是先打电话的，家里面就这么小，一次来太多我这儿也接待不了，游客玩得也不好，得保证让他们满意。很多凑到一起的团队，我就给

DZ（XYX 本家侄子）介绍过去了。

我们村里可以这样规划，在村里集中老人、小孩，办个养老院、幼儿园。这里成立一个养猪场，那边弄一个养鸡养牛羊场，像鸡蛋、牛奶、牛肉、酸奶这些都可以自己有了。这样我们自产自销，像土族民俗餐都需要这些呀，游客来了我们再卖给村子搞餐饮的，现在村里那个餐饮消毒公司都卖给外面的人了，卖了二十几万，这个很遗憾的啊，我们自己经营得好好的。前两年我去北京的时候看着人家那个好大的村庄，里面有超市，我也想着我们这儿的特产——青稞、牦牛肉、豌豆、酸奶等——这么多都可以加工，客人来的话方便买东西，超市里也需要人手，村里好多人不也有事情做了。（访谈时间为 2011 年 8 月）

由此可见，XYX 由于在小庄村的社区民族旅游接待中表现突出，被社区管理层吸纳成为中共党员，这表明她具备突出的个人能力和社区威望。随着自家的客源不断扩大，旅游接待给 XYX 带来了足够的物质财富，经济资本的积累和中共党员身份的获得，使得她提升了对自我价值实现的要求，希望自己能够获得社区其他成员的认可，因此，她对于村务、社区管理方面表现出极大的热情和兴趣。在获得政府支持、村民肯定和中共党员身份的基础上，XYX 在该阶段成为所在社区和上级政府机构之间的"中间人"。同时，XYX 具有较为先进的民族旅游经营理念，她在长期的旅游接待中形成了以游客满意作为服务宗旨的意识，这也是她获得旅游参与成功的重要条件，该阶段中 XYX 在各方面的资本拥有情况见表 7-5。

表 7-5　社区旅游大众参与阶段的资本概况（XYX）

资本类型	资本概况
政治资本	中共党员身份，参与会议，发表意见
经济资本	承担旅游接待的硬件设施完善；完全依靠从事民族旅游的经济收入
人力资本	先进的民族旅游发展理念；出色的经营旅游能力；较高的民族文化素养，持续学习和创新本民族文化；丰富的民族旅游经营经验
社会资本	以客源为主的社会网络稳定性扩大；成为青海民族旅游接待的品牌示范点，与社区的社会互动加强；自身的威望及领导能力促使她对社区的凝聚力、归属感、信任的感知增强

作为第一批从事旅游接待的社区成员，XYX 不仅积累了丰富的旅游经营经验，并积累了可观的财富；同时在旅游参与过程中，自身眼界得以开阔，个人素质不断提升；在与政府的交流联系过程中，她对于政策形成了自己的理解认识；而且，在不断学习土族语言、舞蹈和风俗的过程

中，她对自家的旅游经营加以改善，对民族文化有了更加深刻的理解。此外，在旅游经营中，她关注游客的需求变化，乐于听取他人的意见，包括游客、民族文化老师和政府人员等。在社区旅游发展过程中，XYX的各类资本类型和积累规模不断提升，促使其成为小庄村民族旅游接待的品牌经营者，并能够引导社区其他成员的旅游参与，和促进社区旅游的有序发展。

综上所述，以 XYX 为代表的"先锋型"精英化模式中成长起来的妇女精英，她最先意识到所属社区发展旅游的机遇；随后她凭借着自身对于社区和民族文化的强烈认同、对民族旅游的高水平认知和不断扩大的社会网络，在社区旅游发展中始终保持良好的发展势头；并将民族文化融入社区旅游接待中，且能够引领其他社区成员的旅游参与行为，因此，作者将其精英化模式命名为"先锋型"。

在社区旅游中，"先锋型"精英化模式的妇女精英是最早的发起者，她比社区其他成员更早认识到本民族文化的独特价值，并组织社区成员有序参与到社区的旅游接待活动中，这意味着她最早进入游客、企业和政府的视野，深厚的民族文化积淀和对民族艺术的热爱使得她在进入公众视野的同时获得了认可。在随后的发展中，她利用自身的民族文化素养经营旅游接待活动，保持良好的发展势头，并获得可观的社会网络资本，其中社会网络资本对其旅游经营发展起到了非常重要的作用。而且，在个人旅游经营发展过程中，该类精英化模式下的妇女精英对所在社区的社区凝聚力和社区归属感知较为强烈。

综上所述，"先锋型"精英化模式的主要影响因素由强到弱依次为：社会网络 / 社区归属感 / 社区凝聚力、民族文化积淀、旅游接待经验、管理统筹能力、民族艺术爱好，如图 7-2 所示。

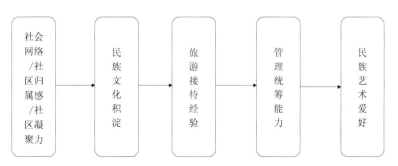

图 7-2 "先锋型"精英化模式的主要影响因素（由强到弱）

二、"流转型"精英化模式

LSL 曾经是小庄村社区旅游接待的开拓者之一，她从事旅游接待十几年，对小庄村的旅游发展状况十分熟悉；但是随着旅游发展阶段的变化和她自身的经营状况，她从旅游接待中退出；随后 LSL 成为村干部，并投身苗木花卉种植业，成为互助县苗木种植业的先进经营者。LSL 从政多年，对小庄村的发展具有整体性的把握，熟悉社区成员，且在镇政府和县政府中具有人脉基础。LSL 从最初的普通社区成员成长为社区旅游中的先行者，随后逐渐退出社区旅游，进入社区管理体系，成为村干部，这种身份的转换具有特殊性。根据 LSL 的经历，作者认为可将其成长为妇女精英的过程总结为"流转型"精英化模式，其基本概况如下：

LSL，女，小庄村土族妇女，社区民族旅游早期重要参与人之一，高中文化，中共党员，现任小庄村妇女主任兼会计。

（一）社区旅游萌芽阶段

在社区旅游的萌芽阶段，LSL 与 XYX 一起参与民族歌舞的表演活动，共同宣传社区，是社区中少数较早积极投身旅游接待的成员之一，以下是她的口述内容：

> 我毕竟只是村上的会计，一个人也搞不起来，当时我们（XYX、QSS、QDZ 等）就一起去联系团队，我们第一次去联系旅行社，难度很大的。那时候没现在这么多旅行社，那时候只有青海民族旅行社、中旅、国旅。去联系旅行社的时候，听了我们的宣传，因为是我们私人自己去找的，给的价很高的，一个人就有一百多块钱。我们村子里好多男的也参与，他们给客人唱歌跳舞。那时候我们直接带外国人和远地方的团队。一天要接五六个团，像甘肃、西宁的团都没时间接。那是我们最火红的时候，家家的媳妇都会跳舞呢，到后头周围村子都开始搞起来了，人多了钱不好挣了，男的都出去打工了。（访谈时间为 2011 年 8 月）

通过对 LSL 的口述内容进行分析，可以看出，她在小庄村民族旅游萌芽阶段已担任村干部，政治精英地位稳固。同时，基于自身较高的文化水平，她意识到个体的力量是有限的，因此，她便号召和组织社区的其他妇女共同宣传社区的民族文化传统和风俗，联系旅游企业为社区争取客源。

相比其他社区妇女，较高的政治地位和文化素养使得LSL较早意识到民族文化的旅游开发价值，产生了开展民族旅游接待活动的想法，并投身到社区旅游市场的开拓中。作为传统精英，她利用自身所拥有的资源，如较广阔的社会关系网、较高的文化水平为整个小庄村的社区旅游发展带来新的生机。以政治精英身份介入到村子的民族旅游发展中，LSL推动了社区的旅游发展。

在民族旅游发展的萌芽阶段，LSL凭借着自身政治资本、人力资本和社会资本，最先活跃于民族旅游接待活动中，成为小庄村民族旅游最主要的参与者和积极的引导者，在社区成员中获得了较高的信任度，其在该阶段的各类资本拥有情况见表7-6。

表7-6　社区旅游萌芽阶段的资本概况（LSL）

资本类型	资本概况
政治资本	中共党员，村委会会计；其父曾担任镇农机站站长
经济资本	以务农为主的经济收入兼有作为村干部的收入
人力资本	高中文化；从事民俗表演的意识开始萌芽
社会资本	一定范围的社会网络；由于自小生长在社区以及其村干部的身份使得对社区的社区凝聚力、归属感以及与社区内外的互动较强

（二）社区旅游个人参与阶段

在该阶段中，早期参与的土族妇女的民族旅游接待规模逐渐扩大。而在中期的组织参与阶段中，由于利益分配不均和个人承接能力限制致使LSL从社区团体旅游接待中脱离，开始单独经营土族农家院。同时，LSL以村干部的身份参与到小庄村社区旅游管理中，经常参与行政接待、旅游检查、镇级及县级会议等，能够起到上传下达的作用，她将自己对旅游的认知渗透到工作中，促进社区旅游发展的有序化。

以下是从小庄村妇女主任LSL口述中的部分内容：

刚开始我们家那时房子没现在好，XYX家房子盖得好，就安排在她家接待游客。起初村民自发组织经营旅游接待，家家都能挣些钱，政府开始重视，还拨款统一规划开发旅游资源发展旅游。随着客人增多，各家条件都好了起来，房子都盖起来了，陆续从XYX家分开，村子里当时有十几户接待团队的。XYX不识字，但是她很善于经营。因为我们主要是在外面联系团队，拉客源，负责与旅行社导游的联系。几年里一直都是她接待团队，后来我发觉账含糊了，比如接待了一百吧，她会说就几十块钱。我就不喜欢这样含糊不清，我自家房子也修好了，跟她一起接待了 6 年就不一起做了，我自己开始接待了，我的客源挺多，生意还行。我们这村子是个旅游示范村，从省里、市里、县里都会有大小检查和接待，我每天都要来办公室，即便不来办公室，也要去镇上、县里开会的。……我希望我们村子里还是继续搞旅游，村子的变化从事旅游接待前后的变化很明显。各级政府都很支持我们从事旅游业。现在比以前发展得好多了，这都是旅游带动起来的。（访谈时间为 2011 年 8 月）

此外，她雄厚的政治资本和长期积累的客源，以及持续扩大的社会网络，为其独立开展民族旅游接待活动提供了充足条件，进而为她带来丰厚的经济效益，她开始由社区政治精英转变为社区旅游精英。LSL 在社区民族旅游参与阶段的各类资本拥有情况见表 7-7。

表 7-7　社区旅游参与阶段的资本概况（LSL）

资本类型	资本概况
政治资本	中共党员，村委会会计；其父曾担任镇农机站站长；旅游行业协会负责人
经济资本	以民族旅游接待为主的经济收入
人力资本	高中文化；一定民族旅游接待经验
社会资本	社交网络规模稳定扩大；由于带动社区经济发展，与社区内外社会互动明显增强

（三）社区旅游大众参与阶段

20 世纪 90 年代末到 21 世纪初期，小庄村的民族旅游接待形式以"土族农家院""土族茶园"等为主，游客以散客为主，整个社区的旅游参与人员和接待家庭数量不断扩大，几乎是"人人参与、家家接待"的局面，而游客量却不断下降，社区成员开始出现"竞相压价"的恶性竞争现象。此外，社区附近的纳顿庄园、西部风情园等外来经营者的介入，截取了社区成员的旅游客源，且他们具有更加完善的服务设施和规范的服务标准，而这些是社区成员的小成本家庭经营所无法企及的，这使得小庄村该类土族妇女参与社区民族旅游接待活动的积极性受到冲击，以下为 LSL 的部分口述内容：

因为接待团队牵涉到雇人太多，找阿姑（当地土族对年轻姑娘的称呼）、阿乌（当地土族对年轻小伙子的称呼）跳舞唱歌，联系婚礼表演的人，还有刺绣的人，民俗餐、表演、民俗展示，各种要求都要尽量满足，整体档次比较高，做起来挺难；县政府也有明文规定，不让村子修楼房，要保持我们土族民俗村的原貌，规模上不去，而这一定程度上阻碍了我们旅游空间范围的发展。民俗展示、安昭舞、土族婚礼表演都需要一定场地，大量团队的到达，我们的硬件设施就不具备这些条件。现在我在村上又是主任又是会计的，事情也多，我老公又是高中老师，没时间接待团队，我就把院子租出去了，客人来的话也尽量给他们（指承租户）介绍过来。这个繁育苗木主要是我有一次报纸上看到说是山东济宁种树效益很好，我就去县里林业局咨询了一下，他们挺支持说是绿化要搞起来的，我就跟别人学。人家栽了几年，我也就跟着栽，这几年还是不错，我看这两年，我们小庄村里的苗木基本上被我带动起来了。我自己栽已经有5年了，刚开始都是在自己家地里栽，没成规模，后来慢慢地收益也可以了，家里地方有限栽了1年后，把院子一年收租子的五六万[元]再去县上租地栽，银杉、垂柳、防风沙的那种新疆杨、紫丁香都栽，再卖出去。其实苗木这个不费事的，每年2月份栽树，中间找人除草、浇水、施肥就行了，它跟经营旅游还不一样，不需要每天花时间在上面，定时雇人过去招呼下就好了，剩下的时间我就忙村上。（访谈时间为2011年8月）

在这一阶段中，LSL自身在社区的政治权力扩大到社区旅游管理中，个人社会网络进一步扩大，但她认识到小庄社区民族旅游发展所面临的危机，加上政治职务的繁忙，最终决定从旅游接待中退出，探索新的发展道路，转而从事苗木和花卉种植，并获得新的成功，成为小庄村社区治理精英和经济精英的综合体。LSL带动社区村民种植苗木和花卉，为社区经济发展创造新的亮点，声望进一步增长，成为县里苗木种植的带头人。LSL在社区旅游大众参与阶段拥有的各类资本情况见表7-8。

表7-8 社区旅游大众参与的资本概况（LSL）

资本类型	资本概况
政治资本	其父曾担任镇农机站站长；中共党员，村委会会计
经济资本	以苗木经济为主、租赁农家院为辅的经济收入
人力资本	高中文化；一定民族旅游接待经验；拥有苗木繁殖技能；"致富女能手"
社会资本	社会网络进一步扩大、拉动村子发展苗木经济，社会互动和社区信任感加强

在LSL个人的精英化过程中，其自身具备的出色人力资本发挥了十分关键的作用，她集较高的文化水平、开阔的视域和精湛的技能于一身，较高的综合素质成就了她。同时，政治上的优势地位催化了这种较高综合素质在其个人精英化历程中的积极作用。

不同于"先锋型"的精英化模式，"流转型"精英化模式下的妇女精英利用自身具备的政治资本和较高知识文化水平，自身获得了丰富的经济收益，同时也积极主动地引导社区其他妇女发展民族旅游接待业，获得社区成员认可，并巩固了政治精英地位。

然而，在进入民族旅游无序的大众参与阶段后，她认识到民族旅游发展难以调和的矛盾，便适时退出，探索新的经济发展道路，并获得成功，再次成为社区经济发展的引领者，带领其他社区妇女走上新的致富道路，该类妇女是精英流转的典型代表。因此，作者将其精英成长的模式总结为"流转型"。该类妇女精英的精英化主要影响因素由强到弱依次为：自身政治精英角色、社会网络、受教育水平、家庭环境、新的发展技能。如图 7-3 所示。

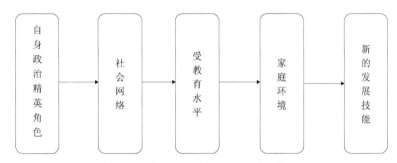

图 7-3 "流转型"精英化模式的主要影响因素（由强到弱）

"流转型"精英化模式下成长起来的妇女精英，其突出特点是开创性和流动性。开创性指她是土族民族旅游发展的带头人之一，而流动性则表现在她由最初的社区政治精英角色在社区旅游发展中融合了社区旅游精英角色，接着又转而扮演了其他经济精英角色。这种流动一方面是基于其开阔的视野和政治文化素养；另一方面是由于其政治精英角色约束，导致她无法全身心投入旅游接待活动中。她将转租农家院的租金用于经营苗木、花卉的种植，这种金融资本的循环和再生产积累为其迅速跻身新兴行业提供了有效的经济保障。作为精英流转的典型，LSL 凭借在村委的政治地位和自身的综合素质，成功开辟出一条与时俱进的经济发展道路，为其社区带来良好的经济和社会效益。该类妇女精英的成长模式对其他民族社区经济的可持续发展具有积极指导作用。

三、"跟从型"精英化模式

QSS 曾经跟随"先锋型"及"流转型"精英化模式的妇女精英一起

积极推动小庄村的社区旅游发展，也可被称为小庄村社区旅游参与的先行者。在小庄村参与旅游发展过程中，她拥有早期参加社区旅游发展的宝贵经验，但由于个人文化水平、思想意识等因素的限制，旅游接待规模和效益现状不及"先锋型"模式下的妇女精英，旅游接待形式上也局限于民俗餐饮。

目前，QSS 经营的旅游接待点的总体效益较好，经营水平超过多数社区成员，是小庄村社区旅游中重要的散客接待户之一，且在民俗餐饮、土族盘绣等方面较为突出，持有较好口碑。然而，从 QSS 参与小庄村社区旅游的过程来看，她相对处于从属位置，跟随"先锋型"及"流转型"模式下的妇女精英前进，虽然发展状况良好，却又无法追赶上她们的脚步。因此，作者将 QSS 成长为精英的模式定义为"跟从型"精英化模式，其基本概况如下：

QSS，女，小庄村土族妇女旅游带头人之一，文盲，中共党员，曾是小庄村跳舞队重要舞蹈演员之一，曾获得"小庄村劳动模范与技术员"荣誉称号。

（一）社区旅游萌芽阶段

在小庄社区旅游的萌芽阶段，QSS 跟随 XYX、LSL 等人积极参与行政接待性质的舞蹈表演，成为社区中最早接触民族旅游接待的成员之一。下面是小庄村村民 QSS 的部分相关口述内容：

> 日本庄博士来的时候，我们去表演，还跟他合影了，日本人对我们土族歌舞很感兴趣，建议我们扩大表演。到家后我们几个商量邀请他来我们村子，我们把村子里能叫的妇女都叫上表演，他们还给我们录制纪录片，我们放到电视里给大家看，村子里以前反对我们的老人们才转变态度开始支持我们表演。到 1990 年，我们找人写宣传册，复印了好多就去外地发这些册子，刚开始我们只去西宁，最后去了西安、上海、北京、四川、云南等地，我们带着刺绣，大学里、火车上我们走到哪里就在哪宣传。后来听县里的人说青海塔尔寺和青海湖的客人很多，尤其是外国游客很多。我们就去了青海湖，在那我看见一个藏族男娃用两匹马供游客照相就挣了很多钱，当时有游客见穿着民族衣服的我们，还问我们是哪里来的，对我们很好奇，还跟我们照相最后还给我们了很多钱，我当时就想，我们的民族原来这么能吸引人的，决定回家赶紧［把发展民族旅游业］也搞

起来。（访谈时间为 2011 年 7 月）

通过对 QSS 的这段口述内容的分析发现，在民族旅游萌芽阶段中，QSS 同"先锋型"妇女有着较为相似的资本特征，她跟随 XYX、LSL 等了解并学习了其他地区开发旅游的成功经验，认识到旅游能够改变小庄村社区的贫困现状。日本学者对于土族文化的兴趣使她看到了自己所在社区的独特价值，并跟随"先锋型"和"流转型"妇女精英学会了将这种价值体现在民族旅游接待中，进而转化为实际的经济价值。

该阶段中，QSS 凭借自己对于土族传统歌舞表演的热爱，跟随 XYX 等人积极参与到旅游行政接待过程中，对社区具有较强的社区归属感，并认可社区的强凝聚力，她将自己看作是社区中不可分割的一分子。相比小庄村中的其他土族妇女，QSS 在民族旅游发展中有着较先进的思想意识，从事民族旅游接待较早，这就为其随后的旅游经营奠定了基础。她在社区旅游萌芽阶段拥有的各类资本情况见表 7-9。

表 7-9　社区旅游萌芽阶段资本概况（QSS）

资本类型	资本概况
政治资本	无
经济资本	以务农为主的经济收入
人力资本	唱歌跳舞等表演技能娴熟；爱好土族歌舞；自身
社会资本	有限的社会网络；对社区的社区凝聚力和社区归属感较强

（二）社区旅游个人参与阶段

在小庄村的社区旅游个人参与阶段，QSS 获得了中共党员身份，并凭借其自身在社区旅游接待中的积极性和良好表现，她多次获得荣誉，受到表彰，在社区妇女中也有着一定程度的威望。下面是 QSS 的部分相关口述内容：

> 刚开始我家房子修得好，从旅行社那接团队了好几年，就那几年村上介绍我入党了。现在接不了团队了，一方面是叫阿姑太难，钱给得少的话就没法让阿姑都来，一次跳舞最少得有个十几来人了；现在的舞蹈和轮子秋表演跳不起来，没法接团队。我现在就搞民俗餐，客人来了就吃吃土族农家菜，再找几个阿姑演唱下我们民族的歌曲，游客会给小费的。现在村子里就 XYX 接团队了，她做得很好。她家姑娘在西宁旅行社里当导游，认识的人也多，可以给她拉人过来，关系很多的。村子门前这个纳顿、西部［村口民俗文化村］导游就是特别多。之前我们导游特别多的，西宁的、兰州的、西安

的、北京的都有。现在北京像远地方的来我们这儿的都是零散客了。团队来这一般不在这住，都是坐飞机过来的，赶时间嘛。现在散客就会住在这里。我们现在搞农家院，规模扩大很多了，以前是我跟姑娘2个人搞这个的，人手太少忙不过来，现在女婿和儿子都搞这个了。县里还给我发过奖状呢，我和XYX都是定点接待户。我要长期经营这个院子，已经营了十几年了，以前都是破房子，客人来了环境很不好的，现在有钱了，重修房子了，客人比以前多好多，搞旅游的收益还是很快的，外出打工的话，不在家里，家里有事顾虑不到，而且挣不了什么钱。在家里，老人、小娃娃都可以一起生活，觉得在家里搞旅游还是收入很多的。以前还经常出去卖刺绣、盘绣，全都是自己绣的。现在姑娘都不愿意学盘绣了，太费神了，钱也来得慢。像我这儿的盘绣是陪嫁过来的，一般是不卖的。前几年，来得很多外国人都要我们这个针扎的，现在年轻人都不怎么爱学这个了。现在的年轻人，干啥都是图钱了，不给钱就不行了。你给钱少了，阿姑不来，给得多了，她才来，忙的时候，她要挑谁家给得多。跳舞的话就是每场300～500元。唱歌是30～50元。现在村子里家家都在逼着来［竞争］呢，你家房子盖得好，我比你家房子盖得还好，谁家搞这个院子搞得好，别的家就会想办法搞得更好，争取多来些人，多赚些钱。（访谈时间为2011年8月）

从这段口述内容中看出，通过参与社区的民族旅游接待，QSS家中的经济条件得以改善，并在提升了自家的旅游接待条件之后，其家庭旅游接待能力得以增强。在早期的旅游参与过程中，QSS也积累了较为丰富的经验和稳定的客源，这使得她在小庄村社区的个别参与和组织参与阶段都能够保持较为稳定的发展。在社区的民族旅游参与阶段，整个社区开始出现利益分配不均和客源竞争的问题，QSS充分利用前期积累的社会资本和自身的精湛厨艺及刺绣技巧等个人资本，在该阶段依然保持着稳定的散客接待量。

然而，与"先锋型"精英化模式的妇女精英相比，QSS在从事旅游接待的同时仍未放弃农业劳动，这与其作为农民对土地的不舍情感有关，但也表明其经营规模相对有限，能够抽出时间打理田地；同时，QSS所拥有的客源数量与规模、经济资本积累以及社会关系网络都无法与"先锋型"土族妇女相比，没有足够的条件接待团队游客。受到自身旅游经营状况、个人文化水平和思想意识的局限，QSS较为关注个人目前获得的经济利益，对民族旅游接待的认知层次较低，对社区旅游发展缺乏长远理解。在该阶段中，QSS 在各方面的资本拥有情况见表 7-10。

表 7-10　社区旅游参与阶段的资本概况（QSS）

资本类型	资本概况
政治资本	中共党员
经济资本	以民族旅游接待为主、务农为辅的经济收入
人力资本	爱好土族歌舞；民俗餐烹饪或土族盘绣技能强；被评为"小庄村劳动模范与技术员"
社会资本	社会关系网初步形成；社区凝聚力、社区归属感、社区信任感较强

（三）社区旅游大众参与阶段

在小庄村民族旅游的大众参与阶段，QSS 对于自己所从事的民族旅游认知已经基本定型，对于近期和中远期的经营计划以求稳为主，并无大干一番的决心。下面是 QSS 的部分相关口述内容：

[我]早上六点起来，打扫院子的卫生，炉子加火，烧几壶开水，泡砖茶，到十点吃早饭；吃过等着游客，十一二点游客来了，赶紧打电话通知她（指其女儿），过来帮忙准备，一直到下午五六点或者晚上十一二点。他们不走我们也睡不了觉，他们走了我们得收拾，到凌晨两三点休息。第二天早上六点再起来。一年四季就没有几天闲的时候，冬天也忙。地里还有活也要干，早上是最忙的时候，好多忙的时候，连早饭都吃不上。以后希望把自己干了这么多年的积累交给儿子、儿媳妇，他们干得了就接院子，干不了，就看他们了。我也得休息了，[从事旅游接待]这么多年了，该休息了。……我从小就喜欢刺绣、盘绣，一直做着的。平绣、独绣、盘绣这些我都会；我陪嫁的衣服、鞋帽、针包都保管着。前几年好多外地人上门来买刺绣，他们都买了好多。我还是主要做我们农家饭，卖刺绣、盘绣为辅。经常会有人上门来要刺绣呀、盘绣什么的，我就意识到应该卖些刺绣、盘绣手工艺品，若能捎带着接待院子也行，毕竟那个挣不太多的钱，这个盘绣（尺寸大概杯垫大小）也就卖 200 块，最快都要绣一个月，再大点的就 2 个月的时间，卖 400 元。家里房子有限，不然我就在家里挪出地方专门销售、展览土族刺绣品，想把房子规模扩大点。（访谈时间为 2011 年 8 月）

通过对以上的口述内容进行分析可看出，QSS 在该阶段的资本类型和资本量并未出现明显变化（表 7-11）。QSS 的家庭生产方式同时包括民族旅游接待和农业，且她自己也参与农业劳动，随着年纪的增长，她逐渐感觉力不从心，希望以后将自家的旅游接待交给儿女。农业作为 QSS 最熟悉和擅长的生计方式，也成为她在旅游接待发展受限时的退路，她对旅游发展困境的解决和社区旅游发展的未来并无充分的思考。

表 7-11　社区旅游大众参与阶段的资本概况（QSS）

资本类型	资本概况
政治资本	中共党员
经济资本	以民族旅游接待为主、务农为辅的经济收入
人力资本	唱歌跳舞等表演技能娴熟；丰富的民族旅游经验
社会资本	社会关系网趋于稳定；社区凝聚力、社区归属感、社区信任感较强

综上所述，"跟从型"精英化模式下的妇女精英凭借个人的民族艺术爱好，跟随"先锋型"模式的妇女精英参与到社区民族旅游的市场开拓中，并积累了一定的参与经验和社会网络，在社区中具有一定威望，成为社区旅游中较为出色的旅游接待户。

该模式下的妇女精英从社区旅游参与的萌芽阶段到无序的大众参与阶段一直保持着较为平稳的发展。但是由于自身思想的局限性和资本积累的不足，导致其无法超越现有的旅游接待模式，客源以小规模的散客为主，经营理念上相对缺乏创新和开拓意识，无法紧跟"先锋型"的步伐。鉴于此，作者将这种妇女精英的发展模式概括为"跟从型"。影响"跟从型"妇女精英化模式的主要因素由强到弱依次为：民族艺术爱好、旅游接待经验、民俗餐饮烹饪及刺绣技能、社会网络，如图 7-4 所示。

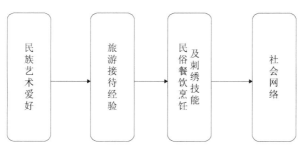

图 7-4　"跟从型"精英化模式的主要影响因素（由强到弱）

"跟从型"精英化模式的妇女精英具有较强的民族和社区认同，并拥有突出的民族技艺，由于受到"先锋型"的影响，愿意接受已经经过实践检验的旅游接待操作方式；但他们是社区旅游中的保守派，他们通常愿意走别人走过的路，或者跟随大众采用的接待形式，无法自己开创崭新局面。目前，尽管"跟从型"妇女精英仍然能够获得较为稳定的收入，但是这种发展理念和方式的前景有限，难以实现可持续的良性发展。

四、"后起型"精英化模式

不同于"先锋型""流转型""跟从型"等精英化模式下的妇女精英的是，"后起型"妇女精英起初并非小庄村民族旅游萌芽阶段社区旅游的开创者之一。在小庄村社区旅游发展过程中，起初最为红火的是民族餐饮和住宿接待，后来随着游客对民族特色工艺品的喜爱，具有高超民族刺绣技艺、一定文化水平和市场敏锐性的 MBQ 意识到民族刺绣的发展前景；她开始向游客售卖刺绣品，随后经营土族刺绣工艺品店，发展势头良好，得到了游客、社区、学者和政府的尊重与认可。作者认为，MBQ 成长为妇女精英的过程可被归纳为"后起型"精英化模式，其基本概况如下：

MBQ，女，2010 年 11 月被命名为青海省省级非物质文化遗产项目"传统美术（土族盘绣）代表性传承人"。MBQ 在七八岁时就开始跟着母亲学习土族盘绣针法，曾获得"双学双比"女能手和"致富女能手"荣誉称号。

（一）社区旅游萌芽阶段

在小庄村民族旅游的萌芽阶段，MBQ 尚未产生参与社区民族旅游接待的想法，对自身所具有的民族旅游特质也缺乏清晰认识。在"先锋型"精英化模式的妇女精英的带领下，学习土族的民族歌舞，并为一些游客表演，以下是 MBQ 的相关口述内容：

> 我们村子是 XYX、QSS 她几个搞起来的，那会儿老人们都不乐意，早些年她出去联系导游很辛苦啊，我那会儿从东沟嫁到这儿没多久，也不懂什么民族旅游接待什么的，也不认识几个人。XYX 歌唱得好，舞也跳得好，县里都出名。我们土族人嘛，热情好客是第一，像这些安昭舞、轮子秋都是我们祖辈人真实的生活，哪个土族人不会啊？她说外国人、外地人都喜欢，一批接一批地来我们村子里看，我们就开始编排，XYX 唱得很好，她经常教我们，村子里一来人（游客），就叫我们过去。（访谈时间为 2011 年 8 月）

从 MBQ 该段口述内容可看出，她在该阶段参与旅游接待主要是因为受到了其他妇女精英的号召和感染。在口述中，她对本民族文化和 XYX、QSS 的认同表述，显示出她对于社区的社区归属感以及信任感都较强。尽管她是被动进入到社区民族旅游接待的队伍中，但这也为她后来在旅游经营中的发展打下一定的基础。在该阶段中，MBQ 在各方面的资本拥有情况见表 7-12。

表 7-12　社区旅游萌芽阶段的资本概况（MBQ）

资本类型	资本概况
政治资本	尚无
经济资本	以务农为主的经济收入
人力资本	初中文化；单纯的跟从先锋型、跟从型类妇女学习歌舞表演
社会资本	以社区妇女为主的关系网络；对社区的社区凝聚力、归属感和信任感强

（二）社区旅游个人参与阶段

在社区旅游个人参与阶段，MBQ 仍然是其他妇女精英的跟随者，偶尔参与到针对游客的民族舞蹈表演和练习中，但她开始发挥自己在民族刺绣技艺方面的特长。以下是 MBQ 的相关口述内容：

> 好多团队都来了，我们整天都忙着表演，村里后来也建了个舞蹈队，那会儿我们因为不懂嘛，她们（XYX、LSL 等）请大庄的 NWF、DSM 老师过来指导我们。村子里那些小媳妇都跟着学跳，也不收钱，每周隔三岔五的，村子里［的人］都很积极……我从 8 岁上学就开始学习针扎和盘绣，到初中一年级就没去过学校了……后来看到来的客人都喜欢我们的衣服，也爱要我们自己扎的东西，像鞋子啊、腰带啊什么的，我就觉得这个可以搞一搞。后来我自己，有时候也托别人去，到东沟啊那些沟沟里收便宜针扎拿来卖……（访谈时间为 2011 年 8 月）

由 MBQ 的口述内容可以发现，在小庄村社区旅游的参与阶段，大多数的社区成员都开始投入到民族歌舞表演、民族餐饮招待等旅游接待活动中；而 MBQ 则从自己的爱好特长和对游客需求的了解出发，开始销售民族刺绣工艺品，并获得了不错的收益。

在该阶段中，MBQ 意识到自己所擅长的民族刺绣受到游客喜爱，且具有独特价值，并开始了刺绣工艺品的销售。在销售刺绣工艺品的过程中，MBQ 的社会关系网络从最初的以社区妇女为主转变为以游客为主，社会关系网络扩大。同时，随着民族刺绣给她带来更多的收益，她对于民族文化的认同感也进一步增强，进而提升她的社区归属感和对社区凝聚力的认可。MBQ 在小庄村民族旅游参与阶段各项资本的拥有概况见表 7-13。

表 7-13　社区旅游参与阶段的资本概况（MBQ）

资本类型	资本概况
政治资本	尚无
经济资本	务农和土族刺绣工艺品销售兼有的经济收入
人力资本	初中文化；具有民族歌舞技能且在土族盘绣方面技艺超群
社会资本	社会关系网络逐渐扩大；对社区凝聚力、归属感和信任感更加认可

（三）社区旅游大众参与阶段

在小庄村民族旅游无序的大众参与阶段，MBQ 凭借着精湛的刺绣技艺和刺绣工艺店的经营积累了一定的经济资本；加之政府对非物质文化遗产的重视，她获得了来自多方面的帮助，其中包括镇县政府领导和 DSM 等当地文化界名人，还得到了众多荣誉称号；并在政府主导筹办的"彩虹部落"进行土族刺绣工艺的展示和销售活动，"彩虹部落"是当地政府筹划建设的大型土族文化风情园，集博物馆、民族文化风情展示、旅游食宿接待等功能为一体。以下是 MBQ 的部分相关口述内容：

> 刚开始我卖这个刺绣是流动的，一会儿听说 XYX 那儿团队多就去那儿，一会听说外面那些风情园的团队多，我就过去，家里有事的话我就不去，他们那边的游客就上门来这儿要我的盘绣。到后来，村子旁边有了个土族民俗博物馆，DSM 老师说是在他们［博物馆］弄个展台，专门展示土族刺绣。我个人倒是很乐意的，就怕挣不了钱又给人添麻烦。不到一个月，我的生意还不错，是我在家里零散卖的好几倍价钱。……中华故土园这个商铺，我每天早上十点来，下午五点半回家，比博物馆员工的工作时间还少，周一到周五每天定时上下班。政府领导来的话也来我这儿看。这个盘绣花费时间长、工艺也讲究，年轻人不愿意学，它就是我们土族人生活的一部分啊，就这么丢失了我着急啊，我家里的孩子除了上学的时间外都跟我学。前两年省上文化厅还给我颁发了"传统美术（土族盘绣）代表性传承人"奖牌。几个月前，我被县上评为"致富女能手"，现在有政策保护，我就想着我们土族年轻人都能有这个意识，重视学习我们的传统盘绣艺术。（访谈时间为 2011 年 8 月）

在社区旅游无序的大众参与阶段的初期，MBQ 的刺绣工艺销售方式属于流动性，跟着游客移动，属于较低水平的参与方式。但凭借自身优秀的民族刺绣技艺，她获得了政府和土族文化老师的认可，并获邀加入政府的民族文化展示工作，获得在大型土族风情园展示和销售民族刺绣的机会。同时，MBQ十分担忧土族刺绣技艺的传承问题，她希望更多的社区年轻成员能够认识到土族传统刺绣技艺的价值和重要性，以促进土族文化的保护与传承。

在自身掌握和提升民族刺绣技艺的基础上，MBQ关注民族文化面临的危机和传承，在力所能及的情况下将自身的刺绣技艺传承下去，这对于土族民族文化的保护具有积极意义，也有利于小庄村民族旅游的可持续发展。MBQ对于本民族文化具有较强的认同感，并热衷于本民族传统文化的保护。她对保护土族的非物质文化遗产"盘绣"做出了贡献。在该阶段，MBQ的社会关系网络进一步扩大，社会互动频繁，其社区归属感和社区信任感也不断增强，并认可社区凝聚力。她在各方面的资本拥有情况如表7-14所示。

表7-14　社区旅游大众参与阶段的资本概况（MBQ）

资本类型	资本概况
政治资本	获"传统美术（土族盘绣）代表性传承人""致富女能手"等荣誉；获各级政府领导多次接见
经济资本	以土族盘绣手工艺品为主，经营土族盘绣等旅游纪念品店
人力资本	土族刺绣艺术精湛；已出现品牌效应；声望较高
社会资本	社会关系网扩大；社区凝聚力、归属感、信任感极强；社会互动加强

综上所述，作者将MBQ成长为精英的过程总结为"后起型"精英化模式。可以说，她受益于"先锋型""流转型"精英化模式下的妇女精英所开拓的社区民族旅游局面，并在随后利用自身所具有的精湛民族技艺开辟出自己独特的发展道路，同时为民族文化的保护与传承做出一定贡献。

影响"后起型"精英化模式的主要因素由强到弱依次为：民族文化积淀、民族艺术爱好、精湛盘绣技艺、市场敏感度、社会网络/社区归属感/社区凝聚力，如图7-5所示。

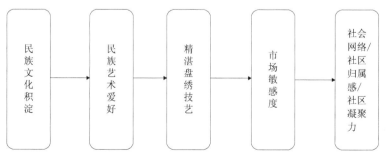

图7-5　"后起型"精英化模式的主要影响因素（由强到弱）

在缺乏家庭背景和社会关系网络的情况下，"后起型"精英化模式下成长起来的妇女精英一开始在社区民族旅游接待中并没有突出表现，在后期才依靠其自身的勤劳、坚持和民族技艺成为精英。基于此，作者将该类妇女精英的发展模式定义为"后起型"模式。

五、社区妇女精英化模式研究小结

通过对小庄村妇女精英的精英化过程进行分析，作者总结出小庄村社区妇女精英的四种精英化模式，即"先锋型""流转型""跟从型""后起型"。民族文化和社区认同是影响四种精英化模式的重要因素，这一因素促使四种模式下的妇女精英在社区的民族旅游参与中走向成功，而她们在民族旅游参与中的成功反过来又促进了她们对本民族文化和社区的认同。

"先锋型"精英化模式的妇女精英凭借着自身对于社区和民族文化的强烈认同、对民族旅游的高层次认知和逐渐积累的社会网络，在社区民族旅游发展的各个阶段始终坚持民族文化传统，将民族传统融入社区旅游接待中，并保持良好的发展势头，从而引领其他社区成员。影响"先锋型"精英化模式的主要因素由强到弱依次为：社会网络/社区归属感/社区凝聚力、民族文化积淀、旅游接待经验、管理统筹能力、民族艺术爱好。

"流转型"精英化模式的妇女精英利用自身具备的政治资本和较高文化知识水平积极主动地引导社区其他妇女发展民族旅游接待业，获得社区成员认可，政治精英地位得到巩固；在进入民族旅游无序的大众参与阶段后，她适时退出，探索新的经济发展道路，并获得成功，再次成为社区经济发展的引领者。影响"流转型"精英化模式的主要因素由强到弱依次为：自身政治精英角色、社会网络、受教育水平、家庭环境、新的发展技能。

"跟从型"精英化模式的妇女精英跟随"先锋型"发展模式的妇女精英，从社区旅游参与的萌芽阶段到无序的大众参与阶段一直保持着较为平稳的发展态势，在社区中具有一定威望，成为社区旅游中较为出色的旅游接待户。但是由于自身思想的局限性和资本积累不足导致其无法超越现有旅游接待模式。影响"跟从型"精英化模式的主要因素由强到弱依次为：民族艺术爱好、旅游接待经验、民俗餐饮烹饪及刺绣技能、社会网络。

"后起型"精英化模式的妇女精英受益于"先锋型"和"流转型"妇女精英所开拓的社区旅游市场，随后利用自身所具有的精湛民族技艺开辟出自己独特的发展道路。民族技艺成为该类妇女精英走向民族技艺发展道路不可缺少的因素，并由于在民族技艺上的极高造诣获得社会各界的关注，持续扩大的社会网络规模对其成长也具有积极作用。影响"后起型"精英化模式的主要因素由强到弱依次为：民族文化积淀、民族艺术爱好、精湛盘绣技艺、市场敏感度、社会网络/社区归属感/社区凝聚力。

民族旅游社区妇女精英的角色：
改变中的作用与困惑

　　个体"高度"与"素质"的差异促成了精英与大众的社会分层，精英作为社会阶层中的上层人士，在家庭、社区、区域和国家发展中扮演着举足轻重的角色，一直以来都是学者们关注的焦点。在国内，乡村精英成为研究者更为重视的群体，特别是其中的治理型精英。然而，在普通乡村社区，精英多为男性，妇女则受到传统角色定位的束缚，无法获得与男性同等的发展环境和机遇，相对难以成长为精英。但随着乡村旅游的快速发展，妇女作为乡村社区旅游的参与主体获得重视，特别是在西部民族地区，当地旅游的蓬勃发展给社区妇女带来了就业机会，她们在获得经济收入的同时拥有了新的角色：旅游从业者。社区内部就业的方式为她们在家庭角色和职业角色间找到平衡点提供了有利条件，这使得她们能够较为充分地发挥自身能力和利用环境优势，因此，民族旅游社区成为妇女精英成长的沃土。

　　在第七章中提到，个别妇女利用超越其他社区成员的资源，获得旅游参与成功，并在为社区做出贡献的基础上积累个人影响力，最终成为民族旅游社区中的妇女精英。这些妇女精英作为新型的社区精英，成长在民族旅游社区的特殊环境中，这意味着妇女精英与普通社区精英存在差异，这种差异不仅体现在她们的精英化因素具有特殊性和具有不同的精英化模式上，还体现在她们所扮演的角色与面临的困难上，但相关内容却尚未得到足够的关注。本章以多个典型民族旅游社区中的多位妇女精英为例，对她们在民族旅游社区中所扮演的精英角色进行了较为全面的探讨，同时分析了妇女精英在旅游参与过程中遇到的障碍，以期为社区妇女的精英化和社区旅游管理提供参考。

第一节 基础理论

陆学艺（2001）认为在某种意义上，精英是社区内发性发展的主导力量，乡村精英利用他们的资源优势，在一个或者几个行动领域中获得个人成功，这种成功使他们的行动对维持既有的社会结构有贡献，或者能够推进社会结构发生变化。折晓叶和陈婴婴（2000）通过"超级村庄"的研究发现，乡村精英常常在村庄日常生活中扮演着管理者和决策者的角色，成为影响农村生存和发展的关键人物。目前，虽然不同学者从各自的角度出发来界定农村精英与其影响，但这种也有共同点，就是认可乡村精英具有特殊才能，对农村建设做出了贡献，对农村的发展具有很大的影响力（王莉花，2010）。可见，乡村精英在社区中占据的特殊地位，甚至于能够影响农村社区的生存与发展，因此，他们在社区中扮演的角色对于社区发展而言至关重要。

一、乡村社区精英的角色

郑杭生（2002）认为，角色是"指与人们的某种社会地位、身份相一致的一整套权利、义务的规范与行为模式，它是人们对具有特定身份的人的行为期望，它构成社会群体或组织的基础。"一个人可以扮演多种角色，他的角色与其社会地位和拥有的身份有着密切关系。精英是不同社会群体中的核心人物，其角色对群体结构和群体发展具有重要影响，因此，其在社区、组织、民族和国家中所扮演的角色历来受到人们的关注。

中国乡村精英角色问题的缘起，最早见于 Weber 对中国传统社会结构的讨论。在《儒教与道教》（*Konfuzianismus und Taoismus*）一书中，Weber 前瞻性地指出中国乡村地区具有自治性质，非正式官僚的"地方人士"在乡村地区实际治理过程中发挥着重要作用（孙秀林，2010）。在精英角色研究的发展过程中，学者们尤为关注体制内精英（或称为治理精英或政治精英）对于社区发展的重要意义。20 世纪 90 年代中期以后，随着经济精英的成长，他们在农村权力结构的地位和功能也获得了学者们的充分注意（胡杨，2006）。在村落精英的地位与其积极效应获得重视的同时，他们在农村社区发展中产生的消极影响也引起了学术界和政策层面的广泛关注（龚晓洁和许淑华，2011）。

（一）积极角色

社区精英，特别是政治精英和经济精英在乡村社区中所扮演的积极角色获得了学者们的广泛关注，其中，现有研究涉及的精英积极角色主要体现在经济、政治、文化、社会发展四个方面。

经济方面：社区精英往往起着先锋模范作用，他们带领和扶持广大社区成员致富，吸纳社区中的剩余劳动力，优化产业结构，扩大社区经济体量，促进社区整体经济发展等（吕世辰和胡宇霞，2003；旷宗仁和杨萍，2004；高丹，2011）。

政治方面：社区精英通常具备较高的政治觉悟，能够遵守道德行为规范，进而对其他社区成员产生良性影响，推进社区政治的现代化、民主化进程，并促进社区利益的表达与协调等（王中标，2007；李丽和宋清国，2007；龚晓洁和许淑华，2011）。

文化方面：在社区精英的推动下，文化工作被列入乡村议事日程，他们不断加对大文化事业的投入，组织开展多种形式教育宣传，注重农村精神文明建设，这有助于培养新一代高素质农民（李肖燕，2011）。

社会发展方面：社区精英将现代生活理念和方式引入农村社区，如更加注重社区环境质量的改善，利用自身的资源优势为社区提供公共产品，推动社区公益事业的发展完善；同时，乡村精英还在维护社区内的社会稳定和彰显社会规范等方面发挥着重要作用（吕世辰和胡宇霞，2003；陈冰和吴国清，2007；伍佩鲜等，2009）。

（二）消极角色

然而，乡村社区精英的角色具有两面性，在扮演积极角色的同时，他们的消极角色也不可避免地对社区成员和社区整体产生负面影响，现有研究涉及的消极角色主要包括以下几个方面。

（1）社区精英在自身不断发展的同时垄断社区经济利益，存在严重的利己行为倾向，甚至和其他社区成员间产生激烈的恶性竞争；由于专业知识有限，部分社区精英对于市场规律把握不足，盲目推广，导致社区成员与集体利益受损（杜赞奇，1996；吴素雄和陈洪江，2004；陈莉和左停，2008）。

（2）在获得较大经济利益的同时，社区精英可能操控社区政治，加之法制意识淡薄，进而影响乡村社区的民主化进程；部分社区精英贪污腐化，激化社区矛盾，或由于文化水平低，管理方法简单粗暴；还有部分社区精英由于年纪大，思想比较保守，可能会阻碍社区的现代化发展；一些研究者指出，乡村社区精英往往一味积极地向政府靠拢，在一定程度上脱离了社区民众（伍佩鲜等，2009；邓辉，2011）。

（3）在拥有丰厚经济收入和掌控社区权力的前提下，社区精英还可能在社区公共产品供给及公益事业推动中以自我为中心，偏离社区需求本身；部分社区精英甚至欺压其他社区成员或组织结盟对抗政府，妨碍乡村社区的稳定与发展（陈莉，左停，2008；吕世辰和胡宇霞，2003；龚晓洁和许淑华，2011）。

二、乡村旅游社区精英的影响

随着乡村社区旅游的快速发展，部分乡村能人依靠自身的优势资源，在社区旅游中获得成功，并依靠自身的成功为社区做出贡献，对社区成员和社区发展，特别是对社区旅游发展产生独特影响，成为旅游社区中的新型精英，他们在社区中扮演的角色也受到了部分研究者的关注。

（一）积极层面

宗晓莲（2002）指出，地方精英往往充当着本民族旅游开发呼吁者和设计者的角色，还扮演着本族文化保护者和民众文化认同引导者的角色，许多已经消失的传统文化的恢复和传承也少不了他们的积极参与。

吴其付（2007）认为，在社区参与旅游发展过程中，诞生了一批新的社区能人，他们依靠旅游发展走上了富裕之路，成为在社区内有影响的精英人物，并把他们称为旅游精英。他认为旅游精英与传统类型的精英有很多相似之处，但又在经济实力、权力占有、社会威望等方面与原有精英群体有着明显的不同。

王林（2009）基于平安壮寨的分析，提出了基于该社区的"遗产的精英治理"模式，她认为在现行政府监管和企业运营的前提条件下，社区体制精英利用其自身的影响力能够引导居民思考并参与遗产保护工作，进而促使村民更好地进行旅游开发，从而获得较好的经济收益。

王广强（2010）提出通过采取基于"文化自觉"的心理认同、目的地产品化、差异化体验与特色化品牌战略、规模化开发与本地化联合经营战略等措施来构建基于乡村性的乡村旅游精英治理模式，并以此来保持乡村旅游目的地的乡村性。

陈志永和吴亚平（2011）就经济精英参与乡村旅游发展的动机及其对

乡村旅游发展的影响进行探讨和分析。他们提出经济精英对乡村旅游业的积极影响主要体现在以下方面：提高了乡村旅游业的市场化运作程度，使资源得到合理有效利用；提高了乡村旅游从业人员的素质，促进了乡村旅游的快速、健康、规范发展；避免飞地效应，有利于乡村旅游可持续发展。

朱璇（2012）以虎跳峡徒步路线为案例，揭示了乡村经济精英的另一种形成途径，并将他们界定为"新乡村经济精英"。她指出旅行者在培养新的乡村经济精英过程中起到了关键性作用，而新乡村经济精英在推动当地经济社会进步上产生了核心示范效应，他们积极维护乡村旅游环境，为社区物质环境建设、生态理念提升和经济利益分配出力。

（二）消极层面

Tosun（2000）指出，在习惯于精英模式的发展中国家，精英们常常以牺牲大众的利益来为自己服务。在旅游目的地的本地社区居民参与中亦是如此，处于中心地位的社区精英群体控制了社区和社区所依赖的资源。

Walpole 和 Goodwin（2000）的分析进一步表明，在每一个区域内，当地的经济精英给游客提供的高档设施和无孔不入的服务项目使社区的民居旅馆和其他服务项目受到严重挤压，导致社区利益分配更多地被精英所占有。

吴其付（2013）通过研究发现，民族旅游村寨中还普遍存在着精英与民众之间的矛盾、精英与开发商之间的矛盾。但社区精英在社区管理和村民日常行为引导方面有着很大的发言权，一方面他们对管理部门出台的相关政策有着较为审慎的态度，更为顾忌村民们的反应；另一方面，他们对于村民的一些短视行为、和不利于本民族文化延续的行为有着批判和规劝的意识，较为注重本族文化的保护与传承。

周春发（2013）通过分析徽村村干部 LG 的形成过程，指出其在领导当地旅游开发过程中，由国家政权与村民的"双重代理人"蜕变成"营利型经纪人"，他将自己雄厚的政治资本、社会资本转换为经济资本，从而成为徽村的首富乃至当地最有权势的村落精英，最终成为当地旅游发展中最大的利益获得者。

综上所述，研究者对乡村旅游社区中的新型旅游精英研究侧重于旅游精英现象描述、旅游精英个案成长及其在乡村旅游社区治理中的作用。然而，作为新型社区精英，旅游精英在社区旅游中扮演的角色具有特殊性，同时他们在具有优势的同时也面临着多重发展困境，而学者们却较少对其角色和发展障碍进行深入探讨，即使涉及旅游精英作用研究也多基于积极视角，缺乏更为全面的分析。

社区妇女是社区旅游的参与主体，而妇女精英更是其中的佼佼者，作为优秀参与者，她们获得了旅游经营的成功，作为精英，她们拥有一定的个人影响力；同时，她们在长期的旅游经营经验积累和思考中形成了关于旅游经营和社区旅游的独特见解；她们是社区旅游开发过程中的重要人物，能够影响社区成员的各方面行为和社区旅游的发展，因而，深入理解妇女精英在民族旅游社区中的角色，关注其面临的发展困境具有重要意义。

第二节　研究设计与案例地

一、研究方法

（一）扎根理论

本书第四章和第七章已经对扎根理论方法进行了阐述，并论述了其在妇女研究中的特殊价值和优势，因此，此处不再说明。本章的扎根理论方法主要通过分析妇女精英的访谈内容来探讨她们在社区中扮演的角色。

（二）参与式乡村评估法

该方法已经在第二章中进行过介绍，本章主要运用参与式乡村评估法对妇女精英的发展障碍因素进行排序。由于西部民族旅游社区妇女群体所面临的大环境和自身基础情况有着较强的相似性，因而其所面临的发展障碍因素亦具有一定共性，基于此，作者以小庄村参与旅游业妇女的旅游发展障碍因素调查分析为基础，将调查所得的障碍因素作为本章妇女精英发展障碍因素的基础性因素。这些基础性障碍因素包括缺少资金、竞争激烈、劳动繁重、无决策权、位置限制、文化水平与能力限制、其他因素七大因素。

同时，考虑到不同案例社区的环境差异，妇女精英情况与一般妇女参与者不同，同时融合了后续调研中新调查对象提出的新因素，基于此，作者对发展障碍因素进行了调整，最终形成 10 个障碍性因素，因素调整详情如表 8-1 所示。

表 8-1 妇女精英发展障碍因素排序表

障碍因素	排序	障碍因素	排序
景区管理问题		时间限制	
营销不到位		能力限制	
缺少资金		人脉关系不足	
位置限制		文化水平偏低	
竞争激烈		无家庭决策权	

其中，鉴于妇女精英面临的劳动繁重障碍导致她们没有充足的时间经营旅游，因此将劳动繁重划为时间限制，时间限制因素涵盖劳动繁重、年纪较大、照顾老人孩子等内容，以降低因素之间的重叠性。

"景区管理问题"这一障碍因素源自案例社区的管理模式差异，桃坪羌寨、西江千户苗寨、肇兴侗寨和平安壮寨均属于景区的一部分，阳朔高田镇历村邻近月亮山和大榕树景区，对景区具有依赖性，而小庄村所在旅游社区并未成立景区，社区管理主要是村委会的职责。"营销不到位"和"人脉关系不足"这两个障碍因素也是民族旅游社区妇女在社区旅游不断发展过程中必然会面对的问题。

根据实地调研和受访者表述可以判断，对少数民族妇女而言，"文化水平偏低"和"能力限制"两个因素所代表的意义不同，应该是两个相互独立的问题，分开来更能够充分体现因素的含义，并可以比较两者的差异所在。此外，根据调研情况发现，受访妇女们多将"无决策权"理解为在家庭中没有决策权力，因此，将其调整为"无家庭决策权"，意思更加明确。

在调研实施过程中，妇女精英根据自身的实际情况对阻碍其旅游经营发展的因素进行排序，并简要描述自己对各个因素的理解。在排序中，将自己认为阻碍作用最强的因素排在第一位，阻碍作用最弱的因素排在最后一位。在数据录入和分析中，首先完整如实地录入排序结果；随后，根据排序结果对障碍因素进行赋分，具体来说，对排名第一的障碍因素赋10分，排序第二的因素赋9分，以此类推，排序第十的障碍因素为1分，分数的高低体现阻碍作用的大小。

二、案例地概况

本章中的妇女精英样本来自八个典型民族旅游社区，案例社区和样本与第七章相同，各个案例社区的概况已在前述各章中介绍，在此不再描述，样本概况见表7-1。

第三节　民族旅游社区妇女精英的角色

在传统中国乡村中，社区精英以男性居多（吕世辰和胡宇霞，2003），而妇女由于受到多种社会因素的影响，较难成长为社区中的精英成员。同时，在传统社会学的乡村社区精英研究中，政治精英及其作用往往成为关注的焦点；即使是在经济精英或社会精英探讨中，研究者也十分注重其在社区治理中发挥的作用（杜赞奇，1996；邓辉，2011；龚晓洁和许淑华，2011）。然而，妇女精英在传统乡村社区中的数量有限，且多居于权力结构的边缘，这使得她们的角色不易显化，因而她们常被乡村精英研究所忽视。

社区旅游为当地妇女提供了更多精英化的机会，当地妇女精英数量得以增加，考虑到其精英化有自身的特殊性，有必要对其角色进行深入探讨。本章通过对 23 位妇女精英的角色进行分析，在明晰民族旅游社区妇女精英特点的同时，折射出乡村妇女精英的角色问题。

一、社区妇女精英的积极角色

通过对多位民族旅游社区妇女精英的深度访谈内容的编码分析，作者归纳出，妇女精英在民族旅游社区中扮演的精英角色主要包括社区旅游"引领者"、民族文化"守护人"、社区旅游"管理者"，社区和谐发展"促进者"四种，详细解释见表 8-2。

表 8-2　妇女精英积极角色及内容

角色名称	角色内容
社区旅游"引领者"	成为旅游带头人；成为社区旅游名片，参与社区旅游形象营销；同社区其他成员分享旅游经营经验、技术和客源
民族文化"守护人"	促进民族特色传统技艺；民族特色歌舞的传承与保护；民族特色建筑的传承与保护；民族特色习俗的传承与保护；民族特色餐饮的传承与保护
社区旅游"管理者"	向政府机构反映村庄旅游发展情况，提出建议；加入社区旅游集体组织；成为社区旅游管理层
社区和谐发展"促进者"	帮助社区内外成员实现就业、增收、个人成长等；为社区公共产品的供给做出贡献

（一）社区旅游"引领者"

在民族社区的旅游发展过程中，部分妇女较早意识到旅游业对于社区发展的重要意义，并积极参与其中，她们多半是社区旅游发展的先锋，并带领社区成员通过旅游发家致富，成长为社区中的妇女精英；其中，也有部分妇女精英在自身发展势头良好的基础上，拥有大局观念，关注社区整体旅游发展，她们是社区旅游的"引领者"。

1. 社区旅游"带头人"

在 23 位民族社区妇女精英中，有 5 位被其他社区成员、政府、社会媒体等称为是社区旅游的"带头人"，她们是社区中最早意识到旅游能够给社区带来新生机的人，并看到本社区具有开展旅游接待的价值，便组织社区成员开展社区旅游接待活动。下面以青海小庄村妇女精英 XYX 的访谈来说明。

XYX 提到："我和 QDZ 跑到互助县县城和西宁，我们边卖刺绣品边打听青海别的地方搞旅游的事，我们问他们哪里的外国客人多，他们说是塔尔寺和青海湖最多，我们就搭车去了塔尔寺。……后来我们（QDZ、QSS 等）几个就找人写了宣传册，然后拿到西宁复印了以后，就开始背着这些东西一边卖刺绣，一边发宣传册做宣传，我们去了很多地方，西宁的各大单位我们都跑了，给人家发传单，做宣传。"作为最先意识到旅游对于社区的重要意义的少数社区成员之一，XYX 和其他几位社区成员为社区旅游发展各处奔走。

XYX 还说："当时散客不接，都是接外地团和外国团，以前接待都接别人院子，有时六七家的同时接待，一个外地团 80～100 元/人，一个外国团 120 元/人，我们几个组织村上的人接了几年团队……"作为社区旅游"带头人"，XYX 同其他几位成员一起积极组织大家接待游客，引领社区走向旅游致富道路。

2. 成为社区旅游名片，参与社区旅游宣传营销

在本章的 23 位民族社区妇女精英中，有 6 位称得上是社区旅游名片，她们凭借自身的特殊才能和在社区旅游中的出色表现，得到社区成员、政府和社会各界的广泛关注，并在社区旅游宣传营销中扮演重要角色。下面以桃坪羌寨的 LXQ 和西江千户苗寨的 AX 为例。

WZQ 在访谈中说道："我们培训老师讲道'LXQ 现在相当于是桃坪羌寨的一张名片，因为从开发旅游到现在她所带的人，再来桃坪羌寨的人有很多'，她们家老寨作为参观点，是我们寨子的主要景点之一。"（WZQ 是桃坪羌寨村民，也是寨子所属景区的讲解员。）

LXQ 接受各级领导接见，参与拍摄社区旅游宣传片，并接受多家媒

体采访，她带动当地旅游的事迹得到广泛报道，有许多游客就是为了看看她和她所讲述的"东方古堡"才来到桃坪羌寨，可见，她已经和桃坪羌寨的社区旅游形象融为一体了。

AX 提到："自我参加一些节目以来，学生放假的时候'粉丝'很多，一天唱歌剧海豚音唱五六遍，去参加过中国梦想秀；我出去哪里比赛第一句总是宣传西江的。" AX 热衷于唱歌跳舞，经常参加选秀节目，正在经营的农家乐也挂的是参加节目的场景，外出参加比赛也强调自己来自西江，为西江做宣传营销。

3. 同社区其他成员分享旅游经营经验、技术和客源

在 23 位妇女精英中，有 10 位提到会跟社区其他参与旅游业成员交流旅游经营的成功经验，比如告知其装饰和服务技巧；或在自家接待能力有限的情况下，将客人推荐给社区其他成员，促进社区整体旅游参与水平和接待规模的提升，下面以 YFY 和 YCH 为例。

YFY 说道："我们自己觉得需要出去看看学习一下，我学到的东西还要传授给其他人，我不怕他们影响我生意，要让更多的人做，这个旅游要做好，你不要只看到眼前的这一点，你要让大家都有同一种想法、同一种做法，那样才好，大家都做好，客人就多了。" YFY 认识到社区旅游要想发展好，不能只依靠自己一己之力，只有大家都做好了，才能保证可持续发展。这表明妇女精英拥有良好的经营理念和大局意识，并在行动中体现出来，进而促进社区旅游的和谐发展。

YCH 提到："考村干部我抱的是什么心态呢，经历了地震灾难，我不想浪费我的时间去挣很多钱，我要给村民做点事。我接的大型学生团来了，如果我安排不下，我要分给老百姓，我一般的客人来了我都要分配给当地的人，本地的人房子最好不要太偏，从困难入手，让大家都挣一点，去年接了两百多人的学习团，本来我们接的就便宜，就是人多量大，我自己没赚钱，我给老百姓带来利益。" YCH 认为大家一起富裕才能开心、幸福，钱不是生活的唯一目的，主动将自己拥有的丰富客源分配给社区其他成员，促进社区整体收益增长。

（二）民族文化"守护人"

民族社区中的妇女精英大都属于本民族成员，她们热爱本民族的传统特色文化艺术，深刻意识到它们对于民族和社区旅游发展的重要价值，并决心身体力行地去传承和保护本民族的文化艺术，并且大都得到政府的

大力支持，她们成为社区的民族文化"守护人"，该角色的充分发挥有利于保持社区旅游的核心特色。

在我们访谈的 23 位妇女精英中，有 12 位提到关于民族特色文化艺术的传承与保护，下面将分为民族特色传统技艺、歌舞、建筑和习俗及餐饮三个方面来具体阐述。

1. 民族特色传统技艺的传承与保护

民族特色传统技艺指少数民族居民特有的手工艺品制作工艺，民族社区妇女精英不仅热爱这些民族特色技艺，并拥有精湛的技艺，而且在这些技艺的传承和保护中发挥着独特作用，下面以 MBQ 和 ZYM 为例。

MBQ 现年（2011 年）56 岁，目前在互助县投资建设的土族博物馆内制作并销售土族刺绣、盘绣艺术品，2009 年被评为"致富女能手"，2010 年 11 月被青海省文化和新闻出版厅评为"传统美术（土族盘绣）代表性传承人"。MBQ 以其精湛的刺绣技巧获得了众多荣誉，以在博物馆制作、展示、销售土族刺绣工艺品为主要工作，成为宣传和展示土族刺绣工艺的典型代表。

ZYM 说道："我喜欢羌绣，就琢磨配色方案自习绣来自己摆弄着玩。……我们主要是做羌绣，以后在新区有一个专门的羌绣展示厅，羌绣的发展还是挺好的，原来我在这个地方有一个展示厅，后来一直改，现在改到新羌寨了，这两年可能也就几万块钱，也没统计过，一般是订一次货一两万块钱马上投入到生产上，再研发新的产品，就靠我们的脑力，所以说还是不够［的］，现在是最原始的方案，找一些学设计的美术［专业］的大学生，对民族元素有一点了解的，让他们来做设计构图，结合民族元素和市场的时尚做一些包包啊这些，主要在羌绣馆卖，也有订……政府现在要把羌绣馆做大，做一个很好的展示平台，政府也很支持的，政府会投一笔钱装修我那个羌绣馆，作为一个展示生产销售为一体的基地。"ZYM 在桃坪羌寨的新寨设有羌绣馆，主要用于展示和出售羌绣工艺品，且拥有网络销售渠道，这使得羌族的传统刺绣工艺焕发了新活力，实现了市场化的良性传承与保护。

2. 民族特色传统歌舞的传承与保护

能歌善舞是众多少数民族居民的特色，因此民族特色歌舞不仅是民族旅游社区的独特文化艺术，也是民族旅游的重要吸引要素之一。而民族社区妇女精英不仅喜爱民族歌舞，能歌善舞，还用自己的智慧和辛勤来推动民族特色歌舞的传承与保护，以 LXM 和 XYX 为例。

QYG（小庄村村民）讲道，"早年时，XY阿姨（指XYX）教我们学唱土族歌、教我们跳舞，还有土族的安昭舞"，XYX自己提到："[我们家经常联系的]村子里跳舞的阿姑就有十几个，厨房里还有四个，全部都是村里土族的，我们自己的村民，团队歌舞表演也雇佣村民；我这儿有团队来的计划安排表，一般会提前告诉阿姑她们……"XYX自身拥有良好的民族歌舞基础，为了保证社区旅游接待的民族特色，并让社区成员看到民族歌舞在旅游发展中的重要作用，她向社区中其他成员教授民族歌曲和舞蹈，并让他们在旅游接待中利用民族歌舞获得收益。

LXT说："歌舞表演传承有时候我也要去开会，因为我写得很多，还有一些歌谱我也有，自己整理的也有，我请的那个老师来教我们侗族大歌，请他来唱一些新的歌，创新一点，创新以后效果还可以，真的很好。我就是怕传统丢失嘛，因为这些年轻人都很不喜欢这些，年轻人在家里无所事事，我就召集他们来；每一首歌我都要自己跟老师学来，我学会了然后又来教我们队员，就是新歌，那些老歌有的人会有的人不会，像这些歌我就和老师抄了，他就唱，我就用我自己能听得懂的变出侗话来，我拿手机录了回家来练，练好了就去教他们……"LXM个人自幼就特别热爱侗族侗歌，自己和朋友私人成立起侗歌队伍，召集社区内的年轻人和老年人一起学习表演，对于侗族的侗歌传承具有重要意义，而且她注重歌曲创新，有利于侗歌的可持续发展。

3. 民族特色传统建筑、习俗及餐饮的传承与保护

少数民族不仅拥有特色工艺和歌舞，通常还有具有特色的建筑、习俗和餐饮，这些也是民族旅游社区的重要吸引元素，深受广大游客的喜爱，妇女精英在旅游经营实践中清晰地看到这点，并意识到社区旅游发展必须注重特色建筑、习俗和餐饮的传承与保护。下面以部分妇女旅游经营访谈内容为例。

XYX讲道："我们村子一定要保持原貌发展，保持民族餐饮、建筑、民俗特色。"XYX认为只有"原原本本"的民族的东西才是最吸引游客的。

YCH提到："我们一定要坚持我们的羌族特色菜，来客人我就要推荐我们的特色菜。"YCH意识到民族特色菜品才是远道而来的游客最想吃到的。

CZF说："娘家房子由我来管，是全村仅有的两座碉楼里的一座，古老的东西不便于去破坏它，我们自己有收入我们就很有意识要保护我们的房子，桃坪羌寨在世界上都是独一无二的。"CZF为民族特色建筑感到自

豪，并认识到古老建筑的独特价值，不能破坏。

AX 说："我要让全世界到我那里的人都享受到苗家的酒文化，还有这些歌舞文化，他进门都有好多酒文化，迎宾酒啊，敬酒歌啊，发财酒啊，细水长流啦，送客酒啦；这些服务员就是你不在一两个人可能就偷懒不唱，对他们进行培训，淡季的时候星期一几乎都是没客人，大家打扫完卫生就学唱歌，跳舞……"AX 热爱苗家的酒文化，并希望将这种有民族特色的习俗传达给每位游客，让他们感受苗家的热情好客。

同其他社区成员相比，妇女精英拥有民族特色文化艺术的传承和保护意识，这对于社区旅游的可持续发展来说十分宝贵，她们能够通过自身在社区的影响力来散播这种正确理念，并推动实际传承和保护行动的前进，从而促进社区旅游的良性持续发展。

（三）社区旅游"管理者"

在传统乡村民族社区中，少数民族妇女的地位普遍较低，生活活动也多被局限在家庭领域，更无法在社区管理中获得话语权。然而，由于社区旅游的蓬勃发展，社区女性的地位得到大幅提高，特别是妇女精英，她们在自身旅游经营获得成功后，家庭地位和社区地位得到提升，并获得社区发言权。随后，她们开始关注社区旅游的整体良好发展，并希望通过向政府机构反映情况，提出建议，加入社区旅游集体组织或进入社区旅游管理层，肩负起对社区旅游管理和发展的责任，成为社区旅游"管理者"。

1. 向政府机构反映社区旅游发展情况，提出建议

虽然意识到社区旅游发展存在问题的社区成员很多，但是若不直接影响个人利益，并不是每个人都会向政府机构提出自己的看法和建议，而妇女精英则会这样做。即使看法和建议未必会变成现实管理，但这些妇女精英将社区居民的利益表达出来，这本身就是为社区旅游管理出谋划策。

CZF 说道："我有时在和村主任提，能不能换种方式把所有这批闲杂人员都安顿了，他们都有职业了，他们就不去大门口了，治安就好起来了，而且影响就越来越好了……"

LQH 提到："上个月县里组织我们中共桃坪乡党委和桃坪村中共党员小组开会，有人反对我，但是我坚持给政府、旅游公司，提了很多很好的办法，我就说景区用人在同等条件下优先考虑本村的村民。"

LXM 讲道："我到县里面去一般也跟他们提过嘛，肇兴要建设好，环境卫生各方面都要搞得好，能够把肇兴带动上来，多一些旅游的人来这里旅游。"

2. 加入社区旅游集体组织

随着社区旅游的快速发展，所面临的问题也越来越多，有些民族旅游社区会通过成立一些社区旅游集体组织作为解决途径，让旅游集体组织承担社区旅游发展的部分监督管理工作。一些妇女精英的积极参与到这些旅游集体组织中，充分显示了她们愿意为社区旅游发展尽一份力。

LZ 提到："[很多旅游经营户店内] 贴的卫生监督员的标识贴的都是我和小侯，就是选的有代表性的两个，做得比较规范，周边的同行都没有很恶劣的竞争。"

PJZ 说："我是我们组的组长，我也教他们，那时候开始学的时候就要教，你不教人家就不会，你像声音你不教同唱的就不齐心，唱了也不好听，我去一家一家告诉他，今晚上要来学这个舞蹈，他就可以过来了。"

LQH 讲道："2009 年我是桃坪乡羌绣协会的会长，党委政府让我担任会长，是民间团体，不能经商不能营利，然后转为公司化运作，成立一个理县桃坪尔玛羌绣开发有限公司，得到了中国村社发展促进会的支持。"

这些旅游集体组织多数由政府出面组建，而妇女精英则成为其中一员，并在组织中扮演重要角色，为促进社区旅游的更好发展做出贡献。

3. 成为社区旅游管理层

吕世辰和胡宇霞（2003）对山西 60 个农村进行调查，他们认为："从性别情况看，被调查的对象基本是男性。这是农村的现实情况。在农村，尽管妇女的地位有了很大提高，但较高的社会职位仍主要由男性占有。"那么这种情况在民族旅游社区是否会有所变化呢？作者通过分析发现，有些民族社区的妇女精英在自己获得旅游经营成功之后，走上了社区管理层。

LSL 是小庄村的村会计兼妇女主任，且是村子里的致富能手，她在访谈中说："我们这村子是个旅游示范村，从省里、市里、县里都会有大小检查和接待，我每天都要来办公室，即便不来办公室，也要去镇上、县里开会的……我是希望我们这个村子里都最好自己经营农家院子，你看现在，有的院子转租出去后，我们本民族的很多优秀文化、风俗保留得不如从前，他们（指承租户）已经把这个旅游接待纯粹地理解为搞餐饮了，完全丢失了我们小庄村搞旅游接待的本质。"可见，LSL 作为旅游社区村委会成员，顺其自然地肩负了旅游管理职责，且她拥有较为先进的旅游经营观点，这必然会对其他社区成员产生影响。

YCH 是桃坪羌寨的村委会会计，她提到："作为村干部出去学习回来后主要是告诉老百姓怎么做才能使这个地方进步。"YCH 认识到自己对于社区成员的责任，表示需要向他们传播正确的做法。

基于社区旅游的特殊性，社区管理通常也都肩负着社区旅游管理职责，因此，她们在旅游经营中的高素质和可持续理念会在社区旅游管理中有所体现，进而促进社区旅游的规范发展。

（四）社区和谐发展"促进者"

在获得旅游经营的成功之后，妇女精英积累了一定的财富和名气，但他们更渴望获得社区成员的认可，她们主动利用自身的能力和财富来为社区其他成员提供力所能及的帮助，给社区集体带来良好效益，为社区整体发展做出贡献，成为社区和谐发展"促进者"。

1. 帮助社区内外成员实现就业、增收、个人成长等

在本章的 23 个妇女精英中，有 12 位在访谈过程中提到，自己曾为社区内外成员提供就业和增收机会，并对其进行培训，促进其个人成长，下面以 LZ 和 LQH 为例。

LZ 提到："我们解决的就业人员也多，有 46～50 个员工，正式签约的有 32 人，都是附近村和这个村的……[我们会]给员工开会培训，这个冬天，别的家都放假了，我们不放假。我们不放假的原因是我们有很多事情做，需要看菜谱里需要整改的地方；工作的时间，我们把需要改进的地方来沟通来讨论，就像上课一样，我就不断地学习，让大家也不断地学。"LZ 在解决社区成员就业问题之外，还对他们进行培训学习，促进其个人发展，有一些在她这里获得丰富经验之后自己出去做得也很好。再如 AX 讲道："刚好 LZ 叫我去帮她，到那里打工算是一边学习，一边熟悉一下客户，几乎来这吃饭的人都认识我，我刚开始就在 LZ 家下面，[就是]叫作阿米家那里那栋老楼。"

LQH 说道："我这个[羌绣工坊]是带动全乡五个村的妇女，实实在在的，没有浮夸虚报的，带动五个村 480 多个绣女，外头有订单我就弄成计件的。[她们都是]经过阿坝州羌绣技能培训班培训出来的具有羌绣刺绣的独特技巧的，首先就先考虑这部分。我自己出去到处签单，这个公司是我自己投资[的]，投资了三万块钱，对目前的收入满意。我这个羌绣具有带动性、鼓励性、再就业，给他们找个门路。"LQH 通过经营羌绣工坊给当地社区内外的羌族妇女，带来了新的收入渠道，不仅促进了羌绣的发展，还带动了当地社区成员的就业。

2. 为社区公共产品的供给做出贡献

曾福生和匡远配（2007）指出农村公共产品是相对于农民"私人产品"而言的具有非竞争性和非排他性、用于满足农村公共需要的产品，是由于市场失灵而不能完全由私人提供的所有社会产品，而且他们认为农村精英作为农村中的崛起阶层，在农村公共产品的供给中发挥着越来越重要的作用。社会学的精英研究中强调社区精英（多为男性）在社区公共产品供给中的重要作用，我们在访谈过程中发现，民族社区的妇女精英在成为精英之后，自觉或不自觉地为社区公共产品的供给做出了贡献，以 LXQ、WZZ 和 XXZ 为例。

JYY 说："[我] 和姐姐（LXQ）合办的幼儿园作为一种公益事业，姐姐出资我出力，我们这儿的孩子很少，去年最多，加上我的女儿一共十二个孩子，我们还要倒贴，就是寨子和附近的一些孩子，我们还要请两个老师和一个厨子，我们不图孩子上面有任何回报，只是做一个公益事业，但是别人就没有这个机会，幼儿园我们一定要办好。"

WZZ 提到："特别是我们的电今年不够，洗澡都洗不上，他们就着急，就跟我去找关系，去找区长啦、记者啦，村里人怕得罪电管所啊，村主任都不去，我去的，后来安了一个变压器，本来说 12 月份保证通电，结果 11 月 25 号就接进来电了，我就去感谢他们，我就写了一封感谢信感谢区长……""开办养老院，老人都是贵阳的和石板镇的，大多说自己有退休工资；我也给村主任他们建议，我跟他们讲从博物馆那边搞一条路，他们搞了，那是以前老村主任找我摆龙门阵我建议他的，我说这个水库旁边搞一条路 [让] 游客散步……""开个幼儿园，我们淡季不闲着，以后村子里的小孩子也就不用跑那么远去上学了……"。

XXZ 讲道："前年我让我的堂弟用手推车拉那个石头，我也不用政府出钱，我自己出钱去填那个洞，我买了 200 块钱的石头拉了两车，进来那个路是我填的，过了两个月下雨又冲掉了，政府又叫人拉，政府自己出钱。"

总体来说，民族旅游社区的妇女精英在自己拥有一定实力和影响力之后，愿意以一己之力为社区公共产品的供给做贡献，并且不求社区成员的回报，这充分表明女性精英也可以承担起社区发展的重担。

二、社区妇女精英的消极角色

陈莉和左停（2008）的研究中提到农村经济精英对村域经济的发展具

有十分重要的引导作用，有优势也有弊端。展丽丽（2008）认为乡村精英作用的发挥也存在困境，影响甚至阻碍了农村社区的发展。由于市场经济体制、社区发展模式、个人综合素质等多方面的限制，民族社区的妇女精英角色也不可避免地存在一定的消极影响。通过对多位民族旅游社区妇女精英的深度访谈内容的文本分析，作者归纳出，在民族旅游社区中，妇女精英的消极角色主要体现在以下四个方面：社区旅游客流"主导者"、政治关系"掌握者"、社区旅游"利益集成人"和非"自觉"矛盾"引发者"。详细解释见表 8-3。

表 8-3　妇女精英消极角色解释

角色名称	角色内容
社区旅游客流"主导者"	拥有和供应大规模、高层次、现代化的旅游产品和服务，能够主导社区客源流向
政治关系"掌握者"	经营牢固政治关系网络，对其他社区参与成员的发展造成不良影响
社区旅游"利益集成人"	以个人既得权力或影响力在社区旅游经营中为自身谋求更多利益
非"自觉"矛盾"引发者"	贫富差距不断增加，经营观念差异扩大，社区矛盾激化或难以化解

（一）社区旅游客流"主导者"

社区旅游客流"主导者"指的是，拥有大规模、高层次、现代化的旅游产品和服务供应，能够主导社区客源流向的社区成员。同其他社区旅游参与成员相比，妇女精英资金雄厚，规模大，在接待设施方面注重跟随游客需求，采用高质量设施；同时，多年的经验让她们十分看重服务层面，因此她们的接待往往受到许多游客的青睐，能够主导社区旅游客源的流向，致使其他社区成员的旅游经营受到挤压，甚至放弃自家的旅游经营活动。

YAG 提到："我［们家］的住宿条件已经算是马马虎虎在西江头等的了，旺季的时候我们全部靠订房，像我们这样的条件在西江不算很多……""旺季的时候客人特别多，住不下也没办法，只能说是'对不起今天没房了'，介绍去别家的话，客人可能会觉得条件不好，像我们这里观景又好，看得到全寨的风景，房间里卫生条件比较好，还有冷暖气、数字电视、网络，那时候装的时候我们就想装得好一点"。

再如 AX 说："我的能力现在就是我们凯里市的单位全部下我这里来，并不存在谁抢谁的客人。你做好了，客人高兴就 OK 了，他就记得你这里……"

可以看出，妇女精英把握并满足了游客的需求，因而能够控制社区客源流向。虽然在一些情况下，妇女精英会跟其他人分享客源，但是由于游客习惯了其较高层次的旅游产品和服务，其他社区成员依然无法获得实质性帮助，随后，妇女精英也不再对其提供帮助。

（二）政治关系"掌握者"

政治关系"掌握者"指部分社区成员经营牢固政治关系网络，并享受政治关系带来的良好机会和政策，进而对其他社区参与成员的发展造成不良影响。妇女精英通常是社区中较早参与旅游接待的成员，在自身的旅游经营发展过程中同政府机构及人员接触频繁，而她们善于处理政治关系，从而积累了大量的政治人脉关系；并获得政府的多种支持，如成为定点接待处，获得政府大力支持的资金、人力或政策优惠等，这对于她们的旅游经营发展具有十分重要的意义。但在客观上，这种情况也不可避免地对其他社区旅游参与者产生了负面影响。

LZ说："来这儿的人周边的也有，省外的也有，省外的是我们县里的、州里的单位接待的客人，州、县指定的接待点，省长接待级别比较高的客人都会放到我们阿浓苗家。我们这么正式地搞迎宾，有迎接、唱歌、进门酒、红蛋，我们从事迎宾的人员多一点，服务周到一点……""我昨天被评为2012年中国旅游风采人物，应该是政府推选的吧"。

YXM讲道："我们这里接的单位比较多，到处都有的，我们接的单位有公安局、供电局，还有州气象局啊，很多……"；LYF说："你靠一个人的努力还是不够 [的]，还是 [要] 靠政府的宣传、政府的扶持。政府过来告诉我们说你们要搞得干净，还带我们去贵阳，他们住的都是纯白色的床单被子，我们这里还没有习惯，一家看一家，相互学习，慢慢就习惯了，我们家开始做可以说完全是政府的引导。"

LXM说："要是上面有领导下来，政府就直接安排我们表演；歌舞表演传承有时候也要去开会……""县里面邀请我们去暗侗（侗歌比赛），肇兴只要一支队伍就是我们去的，县里面安排去那里表演"。

可以看出，许多妇女精英在旅游发展过程中获得了政治关系的支持，而这些因政治关系获得的资源从某种意义上说，应由社区所有成员集体利用。但事实并非如此，也就是说，妇女精英获得并利用了本应由社区共享的政治资源，一定程度上限制了其他社区参与成员的旅游发展。

（三）社区旅游"利益集成人"

社区旅游"利益集成人"指部分社区成员依靠个人既得权力或影响力，

在社区旅游经营中为自身谋求更多利益，而在一定程度上损害了其他社区成员的利益，同时在社区旅游发展中获得了超越其他成员的利益。妇女精英通过旅游经营的成功获得了相应的权力或影响力，在社区旅游竞争不断加剧的过程中，他们发挥这些既得权力或影响力的作用来为自身谋取更多利益，进而间接损害了其他参与成员的利益。

AX 提到："LZ 是本地人，县政府、镇政府都扶持她，占着这种本地人的优势；本地的政府、县里面的政府每年都是固定的那么多的接待费在她那里。"YXM 也说："我们家还可以，比起 AN 家（指 LZ 家）就不是很好了，她都是等于一个品牌。"这些间接说明相对于其他社区成员，甚至是部分其他妇女精英来说，LZ 的个人影响力使得她获得了更多的旅游收益。

而 AX 本人说："整个西江的农家乐没有哪一家的气氛像我家那样，搞服务行业做农家乐最重要的就是要有气氛，你的环境要好，服务方面也要好⋯⋯""我们那里几乎都是单位上的领导，都是看你的气氛比较好他们才来的⋯⋯""我的能力现在就是我们凯里市的单位全部下我这里来，并不存在就是谁抢谁的客人。你做好了，客人高兴就 OK 了，他就记得你这里。主要是贵州省的，省外的也有"。可以看出，AX 本人也拥有较大的影响力，并充分利用这种影响力在社区旅游竞争中获得了较多的旅游经济收益。

（四）非"自觉"矛盾"引发者"

非"自觉"矛盾"引发者"指部分社区成员在社区旅游发展中获得较多利益，他们同普通参与成员间的经营观念差异大，随着社区成员间贫富差距的不断增加，社区矛盾激化或难以化解。妇女精英经营成功产生的丰厚旅游收益和超前的经营理念，使得她们获得了成功和影响力，成为社区旅游精英，但同时也使得她们与普通社区成员之间的差距日益扩大，进而在某些方面脱离普通成员，从而导致社区矛盾的出现。

XYX 说："我们村里像有这方面的想法的人不多，我跟她们聊这个，她们都觉得目前这样挺好的，说什么，反正我家现在有客人，能挣钱就行。现在这个品牌慢慢地都砸了，再翻身就很难了⋯⋯凭着外面和村里熟悉的人，我的这个歌舞表演、民族菜的知名度，我开个茶园不怕搞不起来，一点不愁没人来的，但是这有啥意义？""去年 11 月份，青海省发改委，这都是常客，要来我们这边看表演，[村里风情园没开]省里直接定到我们家了，县里发改委的主任来了看了一下子，[就]把他们拉到村子里的一个茶园去了。我最后直接跑到他们那边去问清楚后才得知，省里发改委本意是想来我们这边看看民族旅游的，被这个主任误解了，我很生气，打电话向旅游局投诉了"。从这些表述中，可以看出XYX对社区其他成员的旅游经营方法存在很大意见，她认为这些经营方式并不是真实的民族旅游，并因此跟社区成员产生分歧，她的经营理念本身或许是合理的，但是随着这种经营理念差异的不断扩大，她与社区其他成员的矛盾也不断增加。

JYY提到："我们的关系现在很微妙，毕竟我们（指LXQ、JYY和她们的其他家人）是起步最早[的]，但是在地震的时候她（指YFY）才生意一下好起来，地震之后的四年给她带来了巨大的财富，所以现在说我们的关系坏也不是，好也不是，好像是你不靠我我不靠你，彼此之间也是这样相处，要说亲戚算下来也有一点亲戚[关系]，但是开发旅游之后人与人之间就是有一种自私，所以我现在都不想和那些做得很好的靠得很近，她们觉得你有利可图，反而相互之间就开始防范。"虽然这里说得很委婉，但是能从字里行间感受到一种她所说的"微妙"关系，JYY这种观点不仅道出了自己家（指LXQ带领的JYY和她们的其他家人）与YFY家的"微妙"关系，也道出了她们与其他普通社区成员间也存在着这种关系，这些某种程度上可以称为"矛盾"的关系在多个案例地中均有出现，成为社区妇女精英和普通社区参与成员间不可避免的消极关系。

XXZ讲道："好多游客看电视看到'××××'（XXZ的著名别称）来我这里，很多马来西亚、泰国的都来我这里吃饭，冲着我来的。我认识瑞典的、德国的、法国的、以色列的，有的人说全部都是'××××'农家饭。我说你们搞错了，我'××××'只是一家，那不是有名字吗，都是导游骗他们的。所以我说我不想出名，都是给他们做好。现在导游太多了，他去别的地方一吃，他们给的[提成]多，我们没有给那么多，所以他们就不来这里吃，他们就说'××××'死掉了，有的说我是'××××'的儿子。那天有人找'××××'农家饭，[他们说]'××××'早都不开了。嫉妒啊，害我……"XXZ是当地的社区名片，名扬海内外，她自己说很多游客都是冲着她来的。XXZ在当地社区旅游中的发展超越了多数成员，也因此受到了其他社区成员的嫉妒，甚至故意损毁她的声誉。这一方面是由乡村民族社区成员的综合素质不高和社区管理机制不健全所导致的，另一方面也是由于社区精英在利用社区共享资源获得成功的基础上，却没有为社区整体发展做出相应贡献所引起的。

三、社区妇女精英角色研究小结

有研究表明，在中国传统农村社区中的女性精英，无论是政治精英还是社会精英，是经常处于风口浪尖的人物，而且精英中的女性经常成为斗争的牺牲品，这不仅仅是对女性精英名誉、道德的损伤，同时也为女性精英的发展道路设置了一道无形的障碍（吴限红，2010）。然而，我们在民族旅游社区中了解到的情况却有所不同，社区旅游开发为社区妇女提供了更好的发展机遇，其中部分妇女不仅抓住机遇，而且充分利用自身的优势资源获得了旅游参与上的成功，并逐步成长为社区旅游精英。同时，由于成长环境和路径的特殊性，这些妇女精英的角色主要体现在社区旅游发展中，而且存在积极角色和消极角色。

高水平的旅游参与，较高的知名度，大局意识使得妇女精英成长为了民族旅游社区的"引领者"。妇女精英是民族旅游社区旅游发展中的佼佼者，她们掌握先进技术和理念，她们中有许多是社区旅游发展的带头人，将本社区旅游引入到公众视野，引领社区成员一步步走向旅游发展道路，得到大多数社区成员的尊重和认可。在社区旅游的发展历程中，她们以带头人的身份结识游客、企业人员、政府人员、学者等，并受到诸多媒体的关注，出现在社区旅游的宣传册、宣传片、表彰会议中，成为当地社区旅游的代表性人物，即"社区旅游名片"。而在获得旅游参与上的成功之后，妇女精英十分关注社区整体发展，大多数时候乐于同其他社区成员分享自己在旅游参与中的经验、技术，甚至客源。

作为民族特色技艺的一种，民族刺绣的传承中尤以民族女性最为出色，她们对于色彩和花样拥有与生俱来的敏感。以民族刺绣为旅游参与方式的妇女精英，在民族刺绣方面往往有着自己的独到见解，她们热爱刺绣，认识到本民族的刺绣独具特色和价值，召集社区同样热爱民族刺绣的成员一起积极投入到民族刺绣的继承、保护及创新发展中。"能歌善舞"是我国许多少数民族的特色，民族女性在民族歌舞中的角色极为重要，她们往往成为歌舞表演中的靓丽风景。以民族特色歌舞为旅游参与方式的妇女精英热衷于民族歌舞，对歌曲舞蹈情有独钟，为民族歌舞文化的遗失感到担忧，具有强烈的民族文化传承的使命感。民族特色习俗和民族特色餐饮的传承与保护是许多妇女精英的共识，她们认为这些民族特色是民族的宝贵文化，是社区旅游发展的核心，不能丢失。民族社区中的妇女精英大都属于各自本民族成员，她们热爱本民族的传统特色文化艺术，深刻意识到它们对于民族和社区旅游发展的重要价值，并决心身体力行去传承和保护民族文化艺术，也大都得到政府的大力支持。她们成为社区的民族文化"守护人"，主要体现在刺绣技艺和民族歌舞方面，她们的努力和成就促进了社区旅游核心特色的保持。

作为民族旅游社区中的成功人士，少数民族妇女精英拥有更宽阔的视野和大局意识。她们意识到自我的成功与社区整体密不可分，没有社区旅游的良性发展，自己也无法实现可持续发展。然而，社区旅游的良好发展也不是一己之力能够完成的，因此，她们积极参与到社区旅游的"管理"中或成长为治理层，引导社区成员共同完成。部分妇女精英在意识到社区旅游发展中存在问题后，主动向自己所能接触到的政府人员，包括社区治理人员，乡、县甚至更高层领导反映社区的旅游发展情况，并提出自己的见解，希望政府能够伸出援手，从而促进社区旅游的健康发展。部分妇女精英还加入了社区旅游集体组织，甚至成为社区旅游管理层，在自己的工作中融入自己较为进步的旅游发展理念，利用自己所掌握的权力来为社区发展谋福利。

已有研究表明在传统农村社区中，多种因素致使女性精英对公共事务的参与望而却步，而民族旅游社区中，这种情况得以改善。基于旅游社区和旅游业的综合性和开放性，民族旅游社区成员对于社区妇女精英的态度更为包容，特别是在她们为社区做出一定贡献之后，他们在社区中的影响力就更加突显。民族社区中部分参与旅游业妇女在成为社区精英之后，她们渴望得到社区成员的认可，她们主动利用自己的能力和资源来为社区提供力所能及的贡献，比如帮助社区内外成员实现就业、增收、个人成长等；比如修路搭桥，为社区公共产品的供给做出贡献等。在此基础上，妇女精英成为民族旅游社区和谐发展的"促进者"。

作为社区旅游参与中的"高手"，妇女精英有着自己独特的成功之路。在第七章的分析中，我们发现她们大多拥有较强的经营能力、良好的人际关系，敢于冒险并吃苦耐劳。这些特质促使她们脱颖而出，走上成功之路，但也不可避免地使她们获得和掌握更多有利资源，导致社区资源分配不均问题，并激化潜在矛盾。妇女精英的消极角色具体表现在以下几个方面：由于拥有良好的旅游接待设施和人脉关系，妇女精英受到众多游客的青睐，她们自然而然地成长为社区旅游客流的"主导者"；基于旅游经营的成功，她们受到政府人员的关注，并被树立为优秀典型。这使得她们比其他社区成员更容易获得政府的关注和支持，她们成为政治关系的"掌握者"。拥有丰富的客源、先进的经营理念、多方的支持，最终妇女精英成为社区旅游的"利益集成人"；丰厚的旅游收益和更加超前的经营理念一方面使妇女精英获得成功和影响力，另一方面，也使她们与普通社区成员之间的差距日益扩大，进而在某些方面脱离普通成员，从而导致社区矛盾的出现，而她们也许并未意识到这一点，所以作者称之为非"自觉"矛盾的"引发者"。

第四节　民族旅游社区妇女精英的发展障碍

在少数民族社区的旅游发展中，妇女精英发挥着越来越重要的作用，同时她们也必然会遇到种种发展困惑，而障碍则是这些困惑产生的主要根源。在妇女精英受到发展障碍的多方面困扰时，她们期待政府部门和社会各界能够关注她们所面临的障碍，并给予帮助。

妇女精英是社区旅游的"引领者"，其他参与者主动或被动地在旅游参与活动中受到她们的影响。如果妇女精英的发展障碍得不到解决，其精英积极角色也必然受到限制，进而必然导致整个社区的旅游参与受到影响。基于此，作者以多个典型民族旅游社区的妇女精英为例，对少数民族社区中妇女精英所面临的障碍进行较为全面的分析，以期促进少数民族妇女发展及其精英成长和旅游社区的和谐发展。

基于第二章中获得的妇女参与旅游发展的障碍因素和依据妇女精英情况及调研观察获得 10 个障碍性因素，包括缺少资金、无家庭决策权、人脉关系不足、文化水平偏低、能力限制、时间限制、营销不到位、竞争激烈、景区管理问题和位置限制，并将这些分为经济因素、家庭因素、个人因素和外部环境因素进行分析。

一、四川桃坪羌寨

通过对桃坪羌寨 7 位妇女精英的发展障碍因素排序表进行汇总统计，得到当地妇女精英发展障碍因素的得分图，从得分情况来看，她们的发展障碍因素从强到弱依次是缺少资金、竞争激烈、景区管理问题、位置限制、营销不到位、人脉关系不足、文化水平偏低、能力限制、时间限制、无家庭决策权。具体如图 8-1 所示。

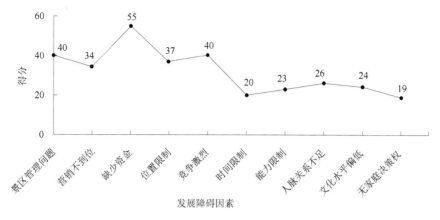

图 8-1　桃坪羌寨妇女精英发展障碍因素

（一）经济因素

从桃坪羌寨妇女精英的发展障碍因素得分结果可以看出，缺少资金是阻碍她们旅游经营发展的首要因素。首先，桃坪羌寨地处西部偏远乡村地区，区域整体经济基础薄弱，个体发展难以获得多样的资金支持；其次在地震之前，桃坪羌寨旅游发展势头良好，其妇女精英大都具有较好的经济资本积累，但由于旅游发展受到地震影响，她们也遭受较大损失，因此在后续发展中出现资金缺口；再者，作为妇女精英，她们对于未来的发展计划规模可观，对设施要求较高，相应地也需要较大的资金支持。

（二）家庭因素

根据桃坪羌寨妇女精英的发展障碍因素得分情况可知，无家庭决策权的得分最低，表明传统的"男主外，女主内"思想已并非束缚当地妇女精英旅游经营发展的主要因素，她们在家庭中拥有较多或部分决策权。随着当地旅游的持续发展，桃坪羌寨女性自身的增收能力和文化水平得以提升，这是她们获得决策权的根本原因；加之受外来游客的现代思想和价值观的影响，她们接触并认可"男女平等"的思想，并肯定自身存在的价值。

（三）个人因素

影响桃坪羌寨妇女精英旅游经营发展的个人因素主要包括营销不到位、能力限制、文化水平偏低、时间限制。在桃坪妇女精英的发展障碍因素得分中，个人因素中的营销不到位得分排在第五位，属于个人因素中较为主要的障碍因素；而文化水平偏低、能力限制、时间限制则分别排在第七、八、九位，说明当地妇女精英并不认为这三种因素是影响她们旅游经营发展的主要障碍因素。

营销不到位主要指妇女精英为自己的旅游经营发展所采取的营销措施不足，如她们普遍提到自己不会使用电脑，不懂网络，无法进行网络营销宣传；没有熟人在旅行社，自己也不会跟导游打交道，不能接团队客人等。能力主要是指歌舞表演和个人交际能力，桃坪妇女精英大都能歌善舞，且乐于沟通，因此，她们认为能力并不是主要限制因素。

桃坪羌寨 6 位妇女精英中 4 位具有高中及以上文化水平，这在当地社区已经属于较高文化水平人群；一位具有初中文化水平，但多年担任村干部，工作经历中得到历练，并在工作中学到很多知识；其中一位小学文化水平的精英认为文化水平并不影响她发展旅游，重要的是要脑子灵活。时间限制因素主要是指个人年龄与身体状况、需要照顾老人孩子，或从事繁重农业劳动，无法专心参与旅游工作的情况。在桃坪羌寨妇女精英中，2 位的孩子已经长大成人，家中没有老人需要照料；其中有 3 位的孩子已经入学，家中老人身体健康；1 位的孩子虽然还小，但是家中老人一直在帮忙照看；且 6 位妇女精英的家中已经没有田地，不需要从事农业劳动，因此，她们大都能够全身心投入到旅游业中。

（四）外部环境因素

阻碍桃坪羌寨妇女精英旅游发展的外部环境因素分别为景区管理问题、位置限制、竞争激烈、人脉关系不足。其中，景区管理问题和竞争激烈这一障碍因素的得分并列第三，仅次于缺少资金；而位置限制的得分排列第五，人脉关系不足的得分则排在第六位。

妇女精英普遍认为景区管理有待提升，且新的管理委员会为了收回景区建设成本，门票定价比地震前多出一倍，定价过高，致使客人游览成本增加，进而影响社区居民的旅游经营活动，但她们依然相信高效的景区管理能够给社区居民带来更多效益，并希望景区管理人员能够更多地为当地居民着想。

在竞争激烈问题上，一方面是桃坪羌寨周边县乡同质旅游社区的兴起，导致外部竞争愈加激烈，如水磨羌寨、吉娜羌寨、黑虎羌寨等，导致桃坪羌寨的客源被分流；另一方面由于总体客源的减少，桃坪羌寨社区内部旅游经营成员之间争抢客源的现象较为普遍，甚至因此出现严重的利益矛盾，影响社区居民间的和谐关系。

在位置限制方面，多数桃坪妇女精英认为自家经营场所位置不佳，距离游客集中区域有一定距离，在一定程度上影响了自家的接待量，说明桃坪羌寨的游客重游率较低，而一次性观光游客通常会选择核心景点附近的经营场所消费，导致位置成为限制旅游经营发展的因素。人脉关系不足的得分排在第六位，较为靠后，表明桃坪羌寨妇女精英对自身的人脉关系量较为自信，基本不会影响目前的旅游经营状况，但她们也认识到进步扩展人脉关系的重要性。

二、贵州西江千户苗寨

通过对西江千户苗寨6位妇女精英的发展障碍因素排序表进行汇总统计，得到当地妇女精英发展障碍因素得分图；从图中可见看出，当地妇女精英的发展障碍因素得分从高到低分别是营销不到位（并列第一）、文化水平偏低（并列第一）、景区管理问题、缺少资金（并列第三）、能力限制（并列第三）、时间限制、竞争激烈、位置限制、人脉关系不足和无家庭决策权。具体如图 8-2 所示。

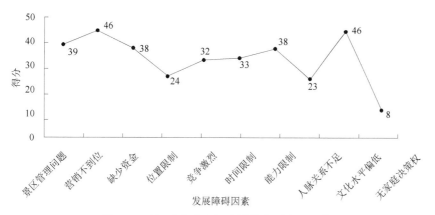

图8-2 西江千户苗寨妇女精英发展障碍因素

（一）经济因素

在西江千户苗寨妇女精英的发展障碍因素中，缺少资金得分相对于桃坪羌寨的该项得分有所降低，排第三位（和能力限制并列第三）。这主要是由于西江千户苗寨是贵州省近年来主打的民族旅游景区，当地妇女精英的旅游经营受到政府的大力支持，西江千户苗寨的 5 位精英大都具有贷款经历，有 4 位依靠外出打拼所获资本一点点发展到今天，具有一定的资金积累；但缺少资金依然是得分靠前的阻碍因素，这同西江千户苗寨所处地域的薄弱经济环境是分不开的，加之西江蓬勃的发展态势，妇女精英认为前景看好，纷纷扩大规模，加大资金投资力度，资金压力偏大。

（二）家庭因素

在西江苗寨妇女精英的发展障碍因素中，无家庭决策权因素的得分最低。这表明，随着社会发展和旅游开发，"男尊女卑"的思想在当地已经过时，妇女精英普遍表示家人很支持自己的旅游事业，在家庭大事上也会听取自己的意见。这说明妇女精英家庭地位大大提升，在家庭中已经获得话语权，能够在自己主导的家庭旅游经营活动中决定发展方向。

（三）个人因素

在西江千户苗寨妇女精英的发展障碍因素得分中，文化水平偏低和营销不到位的得分并列第一。在西江千户苗寨的 6 位妇女精英中，有 2 位高中毕业，2 位初中毕业，2 位小学未毕业；她们均对自己当初过早辍学感到惋惜，认为如果拥有更多的知识，对于她们现在的旅游经营将会有很大的帮助。在营销不到位方面，当地妇女精英普遍认为在现代化社会中，营销是十分重要的经营措施，特别是逐渐流行的网络营销，不能坐等客人上门，必须通过营销宣传手段来吸引更多游客。

能力限制与缺少资金的得分并列第三位，能力主要是指歌舞表演和个人交际能力。在西江千户苗寨 6 位妇女精英中，只有一位具有丰富的歌舞表演经验，且十分认可自己的社交能力；其余 5 位均表示自己较少参加歌舞表演，且交际能力有待提高。因此，能力限制被认为对她们的旅游经营发展限制作用偏大。

时间限制因素主要是指个人年龄与身体状况、需要照顾老人孩子，或从事繁重农业劳动，无法专心参与旅游工作的情况。西江千户苗寨的 6 位妇女精英已不需要进行农业劳动，其中 3 位精英的孩子已成人，也不需要照料老人；2 位的孩子已经入学，老人健康；1 位孩子虽小，但是有丈夫照料。因此，她们都能够专心从事自己的旅游经营。

（四）外部环境因素

景区管理问题得分排第三位，是西江苗寨妇女精英认为的主要障碍因素之一。西江千户苗寨景区门票 100 元，妇女精英认为该价格偏贵；而且景区的基础设施也有待提高，如停车场、公共厕所、步道建设还不到位；景区对于景区经营者的管理不够规范，存在不公平现象。

竞争激烈、位置限制和人脉关系不足得分分别排在第七、八、九位，表明这三个因素并不是西江妇女精英认为的主要发展障碍。目前，西江苗寨的旅游正处于上升发展期，游客量较大，大多数时候（特别是旺季）供给是跟不上游客需求的。因此，对于经营状况良好的妇女精英来说，竞争并不是阻碍她们发展的主要问题。且在 6 位妇女精英中，有 5 位认为自家的经营场所在社区中所处的位置较好，方便游客寻找。而且，西江千户苗寨的 6 位妇女精英大都已经形成固定的客源群体，大都同固定的政府机关、事业单位和旅行社保持稳定联系。

三、贵州肇兴侗寨

通过对肇兴侗寨 2 位妇女精英的发展障碍因素排序表进行汇总统计，得到肇兴侗寨妇女精英发展障碍因素得分图；从图中可见看出，得分从高到低的发展障碍因素分别是景区管理问题、时间限制、缺少资金、竞争激烈（并列第四）、能力限制（并列第四）、人脉关系不足（并列第四）、营销不到位、文化水平偏低（并列第六）、位置限制（并列第六）、无家庭决策权。具体如图 8-3 所示。

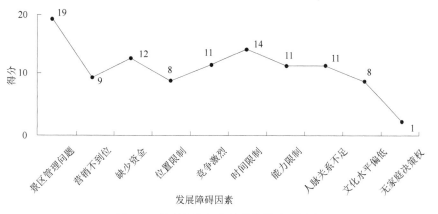

图 8-3　肇兴侗寨妇女精英发展障碍因素

（一）经济因素

从妇女精英的发展障碍因素得分结果可以看出，缺少资金是阻碍肇兴侗寨妇女精英旅游经营发展的第三个重要因素。首先，肇兴侗寨位于贵州省黔东南苗族侗族自治州的东南部，位置偏远，经济相对落后，妇女精英的个人发展难以获得来自政府、企业、社会组织的资金资助，大都只能依靠自身；其次，肇兴侗寨目前处于大规模建设阶段，游客量（特别是国际游客）有所减少，妇女精英的经济来源也因此受到影响；再次，肇兴侗寨2位妇女精英都是侗族歌舞表演队的领导者，而在当地，观看歌舞表演并非所有游客必选消费项目；最后，加之表演队成员众多，人力成本压力大，因此，在游客量有限的前提下，妇女精英的发展资金需求更为紧迫。

（二）家庭因素

根据当地妇女精英的发展障碍因素得分，无家庭决策权的得分在这几类障碍因素中排名第十。这表明目前肇兴侗寨妇女精英已经不是传统的完全附属角色，其家庭地位得到大幅提升，在个人发展与家庭事务中具有决策权。肇兴侗寨的两位妇女精英在表演队中属于领导者，且经常参加景区与政府的各种会议，受外界影响较多，具备文化传承使命感，对自身价值具有清晰认识。

（三）个人因素

影响肇兴侗寨妇女精英旅游经营发展的个人因素包括时间限制、能力限制、营销不到位、文化水平偏低。在肇兴侗寨妇女精英的发展障碍因素得分中，个人因素中的时间限制得分排在并列第二位，仅次于景区管理问题属于主要障碍因素；而能力限制、营销不到位、文化水平偏低分别排在第四（并列）、五、六（并列）位，这说明能力限制是较为主要的限制因素，而营销不到位和文化水平偏低的排名位置较为靠后。

时间限制主要是指年纪大了，身体不好，需要照顾老人孩子，或从事繁重农业劳动，无法专心参与旅游工作的情况。在肇兴侗寨2位妇女精英中，一位的孩子还小，家中老人也无法全身心帮忙照看，另一位虽然女儿已上高中，但自己还开办药店，加上丈夫较忙，所以需要分出精力照料药店和关心孩子，因此时间分配比较紧张。能力主要是指歌舞表演和个人交际能力，肇兴侗寨的妇女精英虽然都十分热爱民族歌舞，但认为文化传承需要更好的歌舞表演和交际能力，而自己在歌舞创新中存在能力不足的问题。

营销不到位主要指妇女精英为自己的旅游经营发展所采取的营销措

施不足，由于肇兴侗寨旅游处于较为初级的发展阶段，游客量有限，妇女精英所带领的歌舞队伍也处于成长阶段，加上挂靠景区或政府，营销手段受到限制，且营销观念有待提升。肇兴侗寨的2位妇女精英都是初中文化水平，其中一人是卫校毕业，在当地妇女中属于中上等水平，虽然文化水平有一定限制，但并非主要限制因素。

（四）外部环境因素

阻碍肇兴侗寨妇女精英旅游发展的外部环境因素分别为景区管理问题、竞争激烈、人脉关系不足、位置限制。

其中景区管理问题这一障碍因素排在第一位，是妇女精英的主要限制因素。目前，肇兴侗寨正处于景区建设阶段，加上之前的反复建设，导致景区一直无法稳定发展，各方面基础设施不够完善，日常管理也不规范，这在很大程度上影响了妇女精英的发展。竞争激烈这一障碍因素的得分排在并列第四位，也是主要限制因素之一。肇兴侗寨面积并不大，但却有三个歌舞表演队，一个隶属于景区，一个挂靠政府文化部门，另外一支完全由私人自行管理，各自之间是相互竞争的关系，加之目前景区游客有限，因此竞争较为激烈。人脉关系不足的得分排名并列第四，处于中间靠前位置。主要是两位妇女精英的民族歌舞队与景区和文化部门之间有密切关系，她们认为这是最重要的人脉关系，但是同时她们也认识到发展旅游需要更多人脉关系。位置限制排在并列第六位处于中间靠后的位置。这主要是由于民族歌舞队伍与餐饮、住宿、工艺品店等旅游参与方式不同，不会过多地受到地理位置的限制，更为关键的是资金支撑、营销宣传等因素。

四、广西平安壮寨和黄洛瑶寨

由于平安壮寨和黄洛瑶寨同属于龙脊梯田景区，且两个村子分别仅有一位妇女精英受访者，因此对其发展障碍因素排序结果进行统一梳理，得到平安壮寨和黄洛瑶寨妇女精英发展障碍因素得分图，由图中可见看出，得分从高到低的发展障碍因素分别是缺少资金、营销不到位、景区管理问题、竞争激烈（并列第四）、能力限制（并列第四）、文化水平偏低（并列第四）、时间限制、人脉关系不足、无家庭决策权、位置限制。具体如图8-4所示。

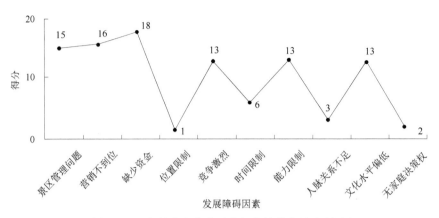

图 8-4　平安壮寨和黄洛瑶寨妇女精英发展障碍因素

（一）经济因素

从平安壮寨和黄洛瑶寨妇女精英的发展障碍因素得分结果可知，和桃坪羌寨、肇兴侗寨一样，缺少资金是对当地妇女精英阻碍最大的因素。平安壮寨和黄洛瑶寨虽然开发较早，景区管理相对规范，但正因如此，平安壮寨和黄洛瑶寨商业化程度高，从而涌入了大量的外界经营人员和大金额投资，进而致使社区旅游经营个体规模不断增大；随着游客对当地服务设施的要求不断提高，她们需要大量资金提升旅游经营的硬件设施，而相对于外来经营者，社区妇女精英的资金匮乏，所以无法跟上社区整体的发展规模，只能维持现状。

（二）家庭因素

在平安壮寨和黄洛瑶寨妇女精英的 10 类障碍因素中，无家庭决策权的得分排名靠后，是第九位。其中，以旅游、餐饮、住宿为主要参与方式的妇女精英认为，自己现在是家庭的主要收入创造者，什么事情都是与丈夫商量着来，且通常能够达成一致，不会出现家庭决策中的激烈矛盾；而民族歌舞表演组织精英的丈夫经常外出打工，平时家中事宜都由自己决定，且自己给家庭带来了更多的收入，因此不会出现无家庭决策权的情况。以上分析表明，平安壮寨和黄洛瑶寨的妇女精英不再受到缺乏家庭决策权力的困扰，这是参与旅游业带来的改变。

（三）个人因素

影响平安壮寨和黄洛瑶寨妇女精英旅游经营发展的个人因素包括营

销不到位、能力限制、文化水平偏低、时间限制。在平安壮寨和黄洛瑶寨妇女精英的发展障碍因素得分中，个人因素中的营销不到位的得分排在第二位，仅次于缺少资金成为主要障碍因素，而能力限制、文化水平偏低、时间限制分别排在第四（并列）、四（并列）、五位。这说明她们认为能力限制和文化水平偏低对她们的旅游发展阻碍较大，而时间限制也有一定的影响。

在营销不到位方面，平安壮寨和黄洛瑶寨发展较为成熟，但由于外界高水平经营者的大量加入，其高水平和多样的营销手段使得社区妇女精英充分意识到自身营销的不足，迫切希望掌握和运用营销技巧，以改善自身的旅游经营。能力限制主要是指在歌舞表演和个人交际能力中的不足。平安壮寨和黄洛瑶寨两位妇女精英中一位性格开朗，但是民族歌舞较为欠缺，另一位是民族歌舞表演的组织者，但性格较为内向，因此认为自身在该方面存在一定能力限制。

平安壮寨和黄洛瑶寨2位妇女精英的文化水平都偏低，她们表示这对其旅游经营发展存在一定影响，同时认为拥有较高文化水平能够促进她们的旅游经营，但现在已经无法改变，所以这并非主要阻碍因素。时间限制主要是指年纪大了，身体不好，需要照顾老人孩子，或从事繁重农业劳动，无法专心参与旅游工作的情况。在龙脊梯田2位妇女精英中，她们的孩子都已经外出上学，家中老人身体健康，无须她们照料，且主要从事旅游业活动，农业劳动时间很少。

（四）外部环境因素

阻碍平安壮寨和黄洛瑶寨妇女精英旅游发展的外部环境因素分别为景区管理问题、竞争激烈、人脉关系不足、位置限制。其中，景区管理问题这一障碍因素排在第三位，是妇女精英的主要限制因素。平安壮寨和黄洛瑶寨成立较早，但景区与社区之间的矛盾却较深。对处于核心景区平安壮寨的妇女精英而言，景区对房屋建设的限制和对外来进入者的放纵严重侵害了她们的利益；而对处在非核心景区黄洛瑶寨的妇女精英而言，景区对其所在社区的忽视也影响了她们的旅游发展。

竞争激烈在平安壮寨和黄洛瑶寨妇女精英的障碍因素中排名第五，属于主要障碍因素。平安壮寨和黄洛瑶寨发展历程较长，获得诸多关注的同时，也引来大量外界投资经营者，加上本村外出者也纷纷回归社区开展旅游活动，社区成员内部的竞争压价现象也十分普遍。此外，附近金坑

第八章 民族旅游社区妇女精英的角色：改变中的作用与困惑

279

大寨和龙脊古壮寨的开发使得社区游客被分流，打乱了社区原本的竞争格局，这也使社区最初的经营者手足无措。人脉关系不足排名第八，比较靠后。主要是两位妇女精英中，一位与村委会、县、乡等各级政府官员关系密切，并多次受到省级领导接见，另一位多次跟随景区和领导外出表演和宣传，她们对自己所拥有的人脉关系具有较高自信。位置限制排在第十位。主要是经营旅游、餐饮、住宿的妇女精英处于平安壮寨的核心位置，她认为自己的位置是最好的，对自家的旅游经营十分有利；另外一位妇女精英则认为，民族歌舞表演活动主要由景区通知安排，不存在位置影响问题。

五、广西阳朔县历村

通过统计阳朔县历村 1 位妇女精英 XXZ 的发展障碍因素排序，得到 XXZ 的发展障碍因素得分图；由此可以看出得分从高到低的障碍因素分别是文化水平偏低、时间限制、竞争激烈、位置限制，而她认为景区管理问题、营销不到位、缺少资金、能力限制、人脉关系不足、无家庭决策权都不是阻碍她发展的因素。具体如图 8-5 所示。

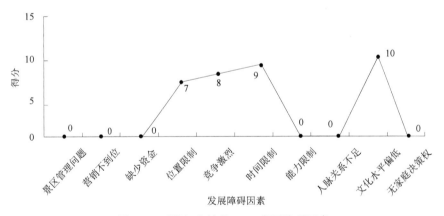

图 8-5　历村妇女精英 XXZ 发展障碍因素

（一）经济因素

XXZ 认为缺少资金并不是阻碍自己旅游经营发展的因素。XXZ 在多年的旅游经营中积累了较多的资金，且认为自己具有很高的知名度，认识了很多政府人员、企业家，其中有人主动提出要给她投资，帮助她在阳朔县和桂林市开设旅行社。对她而言，若想进一步扩大经营规模，得到充足资金支持并不是难事。

（二）家庭因素

XXZ 的旅游参与历程获得游客、政府和媒体的广泛关注，她认为自己很有名，且家里的旅游经营完全依靠她的名声；对于子女们所接手的经营活动，她也有很大发言权；而她自己的旅游参与活动则完全由自己决定，丈夫年纪比自己大，身体又不好，所以她拥有完全的家庭决策权。

（三）个人因素

XXZ 认为文化水平偏低是阻碍其旅游经营发展的首要因素。由于文化水平较低，她最初一直无法跟外国客人沟通交流；虽然后来自学成才，但是如果具有较高的文化水平，那么她自己可以更好地掌握外语，进而促进自己的旅游经营发展。时间限制也是限制 XXZ 发展的主要因素，她觉得自己年纪大了，身体也不如从前，这严重影响了她今后的发展，如果再年轻些，她就能有更多的精力来完成更大的计划。

（四）外部环境因素

竞争激烈和位置限制两个因素被 XXZ 认为是仅次于文化水平偏低和时间限制的两个阻碍因素。阳朔旅游发展势头良好，位于月亮山下的高田历村，经营旅游的人越来越多。而 XXZ 参与旅游业较早，在她成名之后，许多人使用与 XXZ 相关的词语来命名自己的经营场所，借她的名字做虚假宣传，但由于服务质量很低，以此又破坏了她的声誉；由于很多游客其实只是知道她的名字，并没有见过她本人，上当受骗后就质疑 XXZ 的品牌品质。XXZ 认为自家的经营场所位置隐蔽，为她而来的游客不能在第一时间看到，所以才导致了游客被其他人带走并受欺骗的情况。但事实上，这种位置限制的阻碍某种程度上也是由激烈竞争引起的。

第五节 促进民族旅游社区妇女发展的建议

综合六个案例地分析来看，在妇女精英旅游经营发展面临的障碍因素中，作为经济因素的缺少资金是阻碍民族旅游社区妇女精英旅游经营发

展的最主要障碍；内部障碍因素方面主要包括时间限制、营销不到位、文
化水平偏低和能力限制；外部障碍因素方面主要包括竞争激烈、位置限制
和景区管理问题（表8-4）。在小庄村妇女精英的发展障碍因素中，劳动繁
重因素可理解为桃坪羌寨、西江千户苗寨、肇兴侗寨、平安壮寨和黄洛瑶
寨、阳朔历村障碍因素分析中的时间限制因素。

表8-4　妇女精英主要发展障碍因素表

社区	障碍因素	排序	社区	障碍因素	排序	社区	障碍因素	排序
青海小庄村	缺少资金	1	四川桃坪羌寨	缺少资金	1	贵州西江千户苗寨	文化水平偏低	1
	无决策权	2		竞争激烈	2		营销不到位	2
	竞争激烈	3		景区管理问题	3		景区管理问题	3
	位置限制	4		位置限制	4		缺少资金	4
	劳动繁重	5		营销不到位	5		能力限制	5
贵州肇兴侗寨	景区管理问题	1	广西平安壮寨和黄洛瑶寨	缺少资金	1	广西阳朔高田镇历村	文化水平偏低	1
	时间限制	2		营销不到位	2		时间限制	2
	缺少资金	3		景区管理问题	3		竞争激烈	3
	竞争激烈	4		竞争激烈	4		位置限制	4
	能力限制	5		能力限制	5		无	5

　　根据不同民族社区案例地的妇女精英的发展障碍因素分析，作者提
出了一些具有针对性的意见，以期为我国西部民族社区的妇女进步和促进
社区旅游发展提供参考。

一、增加针对社区妇女的资金来源渠道

　　西部民族旅游社区大都地处偏远乡村区域，相对落后的经济发展水
平使得作为当地旅游主要参与者的妇女在发展旅游经营时无法获得相应的
资金支持。该情况不仅影响了民族旅游社区妇女的旅游参与积极性，进而
限制了民族旅游社区的旅游发展；而旅游业作为西部民族社区发展经济和
改善民生的最佳途径，其资金支持的短缺最终将阻碍少数民族地区的社会
经济发展。作为民族旅游社区中的妇女精英，她们在社区旅游发展过程中
扮演着举足轻重的角色。她们能够带动和引导民族旅游社区居民的旅游参
与活动，如果妇女精英的发展受到限制，那么整个社区的旅游发展都将受
到影响。

面对这种现实情况，在社区旅游开发前期，部分少数民族社区妇女精英选择外出务工，以积累足够的旅游经营发展资本，但这使得她们错过了最佳的参与时机，而且也不利于当地社区旅游的良好发展。还有部分妇女精英选择向亲戚朋友借款作为旅游经营资本，但在经济相对落后的西部乡村社区，并非所有妇女精英都能拥有能够为其提供资金支持的社会关系网络；更多潜在的优秀妇女则是在缺少资金的困难面前止步不前，无法实现个人在社区旅游中的发展计划。针对这样的现象，当地政府与企业应该给予更多的支持和帮助，以促进社区和区域的均衡发展。建议采取以下措施。

（1）适当放宽妇女个人小额贷款限制条件，简化程序，并积极宣传优惠政策，让更多妇女及时获得银行资本来发展个人旅游经营，实现个人计划。

（2）针对民族旅游社区妇女的实际，给予旅游经营定向贷款优惠，鼓励更多妇女通过贷款做起自己的旅游事业，使她们走向致富道路。

（3）将企业引入民族旅游社区管理的同时，应要求企业承担起帮助当地居民通过发展旅游来致富的责任，如从门票收入中给予当地居民更多的分红，在门票收入中设置固定款项以帮扶当地妇女发展个人旅游经营。

（4）政府应鼓励和联合当地社区和居民，通过积极争取非营利组织或个人志愿者的资金支持与帮助来发展社区旅游业。

二、提升社区妇女的旅游经营能力

针对妇女精英认为的时间限制、营销不到位、文化水平偏低和能力限制等内部旅游发展障碍因素，作者认为提升民族旅游社区妇女精英的旅游经营能力是关键所在。可采取以下措施加以改进。

（1）通过村民自发组建社区旅游委员会，同时推举出村庄中民族旅游参与的精英与骨干，尤其是妇女精英来从事旅游委员会的相关工作。

（2）以会议的形式定期召集村庄中的妇女精英和其他社区居民进行经验交流，了解她们在社区参与中所遇到的问题与困难，集思广益，积极提供解决的办法或有效的建议。同时，可以组织妇女精英到优秀民族旅游社区交流学习。

（3）开展旅游经营新技能培训班，组织妇女精英学习电脑操作，网页管理、外语交流、宣传策略等，提升她们的现代化旅游经营能力。

（4）对妇女精英进行旅游发展相关知识的普及，增加她们对发展社区旅游的进一步认识，增强旅游社区妇女的主人翁意识与民族文化保护的责任感；使得她们在参与旅游业发展的同时更好地认识到本民族的价值所在，进而增强她们的民族自豪感，促进民族文化的沟通交流和传承。

（5）邀请有经验的民族旅游从业者对社区妇女进行旅游接待知识和技能的指导与培训，如民族旅游经营场所风格布置、民族歌舞、刺绣、餐饮等，使她们能够传承民族文化精髓，把握民族旅游核心竞争力。培训的费用可以通过多种途径解决，如尝试由政府、景区管理委员会和妇女精英按一定比例共同分担，还可以积极争取大型企业或一些非营利组织的资助，建立妇女培训所需的基金。

（6）积极宣传旅游发展的多重效益和男女平等思想，促使妇女的家庭成员积极参与旅游业和支持她们的旅游经营活动，以减少其时间压力。

三、改善社区妇女的发展环境

针对民族旅游社区妇女精英的外部发展障碍因素——竞争激烈、位置限制和景区管理问题，应该不断改善其发展环境，以促进当地妇女的独立与进步。目前，在民族旅游社区中，妇女精英参与社区旅游业的整体层次较低，她们中的大多数旅游参与行为仅限于直接的旅游接待活动，而无法充分参与到社区旅游决策、开发、规划、管理、监督等旅游发展过程中，这将会影响社区旅游和社区整体的可持续发展。

（一）健全社区参与旅游业的决策机制

由于长期生活在偏远农村，民族旅游社区的妇女受到经济、社会、自然环境等各种因素的影响，思想观念较为保守，缺乏对自身权利的主张与诉求，习惯于服从政府、宗族长老和家中男性成员的安排，民主意识淡薄，参与社区决策的意识不强。在大多数以政府和企业为管理主体的少数民族旅游社区，由于当地居民与管理主体之间缺乏沟通，一系列矛盾不断涌现。而妇女精英作为社区旅游参与主体，是当地妇女中的精干分子，应该作为社区居民代表参与到社区旅游决策中，以推动社区旅游决策的科学化和民族化进程，以及改善管理主体与当地居民之间的关系，进而促进整个社区的和谐发展。

（二）完善社区旅游收益的分配机制

大多数以景区形式运行的民族旅游社区，基本都存在旅游收益分配问题，且主要集中在门票收益分配上。目前，民族旅游社区景区的门票收入除去景区建设、管理、人力和维护成本以外，大都归入管理主体囊中，社区居民分红寥寥无几，进而造成社区居民和管理主体之间的对立局面，阻碍了社区旅游的良性发展。该现象要求管理主体和社区居民正视旅游收益的分配问题，实行财务公开化、分红比例公平化，以求达到景区和居民间的互利互惠。

（三）组织社区内部的联合经营

当民族旅游社区发展到一定阶段，缺乏规范的管理和培训机制会导致社区居民参与方式单一、参与层次偏低、内部竞争激烈，整个社区的旅游参与活动长期处于无序状态，最终致使社区旅游逐步走向衰退。

而社区内部联合经营不失为改善当前无序状况的一条有效途径。在积极发展社区旅游业的同时，应该发挥民族乡村社区中传统农牧业的特色，让社区中无条件参与旅游业的居民和处于社区参与核心区之外的居民能够利用传统农牧业参与到民族旅游发展中，如发动社区妇女精英原料采购、员工雇佣的内向性，防止旅游收益外流。在民族旅游业发展带动传统产业走社区内联合经营的进程中，鼓励妇女精英发挥模范带头作用，同社区中的旅游参与弱势群体结成帮扶小组，先富带后富，从而促进整个社区的共同发展。

参考文献

安新莉. 2004. 时间利用调查——一种计量社会经济活动的天然工具. 中国统计，（4）：16-17.

保继刚，苏晓波. 2004. 历史城镇的旅游商业化研究. 地理学报，59（3）：436-437.

保继刚，孙九霞. 2006. 社区参与旅游发展的中西差异. 地理学报，61（4）：401-413.

布迪厄. 1997. 文化资本与社会炼金术. 包亚明译. 上海：上海人民出版社.

蔡雨岑，梁丽霞. 2012. 少数民族旅游与旅游地女性关系探析. 经济研究导刊，（3）：200-202.

陈斌. 2004. 旅游发展对摩梭人家庭性别角色的影响. 民族艺术研究，（1）：67-71.

陈冰，吴国清. 2007. 农村非治理精英社区影响力调查——以江苏省 Y 镇 L 村为个案. 山东省农业管理干部学院学报，23（2）：25-27.

陈光金. 1997. 中国农村社区精英与社会变迁研究. 北京：中国社会科学院博士学位论文.

陈浩彬，苗元江. 2011. 转型与建构：西方幸福感测量发展. 上海教育科研，（7）：44-47.

陈丽琴，张秀伟. 2015. 黎族民族旅游中的地方性知识与妇女精英的成长. 海南师范大学学报（社会科学版），28（2）：117-121.

陈莉，左停. 2008. 农村经济精英与村域发展. 乡镇经济，11：74-79.

陈向明. 1999. 扎根理论的思路和方法. 教育研究与实验，（4）：58-63.

陈向明. 2000. 质的研究方法与社会科学研究. 北京：教育科学出版社.

陈雪东. 2002. 列联表分析及在 SPSS 中的实现. 数理统计与管理，21（1）：14-18.

陈一帆. 2002. 旅游区的商业行业. 生态经济，（10）：74-75.

陈奕滨. 2012. 旅游发展与少数民族职业女性的身份认同——以云南昆明、丽江高尔夫女球童为例. 广西民族大学学报（哲学社会科学版），34（2）：127-130.

陈志永，吴亚平. 2011. 农村经济精英与乡村旅游发展初探. 毕节学院学报，29（9）：100-103.

程平平，杨效忠. 2014. 从游客角度探讨主题公园拥挤感知影响因素：以方特欢乐世界为例. 乐山师范学院学报，29（3）：68-72.

程坦. 2014. 基于环境适应视角的龙胜平安壮寨和黄洛瑶寨居民感知度测评研究. 桂林：广西师范大学硕士学位论文.

戴维·格伦斯基. 2006. 社会分层. 王俊等译. 北京：华夏出版社.

邓辉. 2011. 乡村场域下经济精英政治化论析. 中共福建省委党校学报，5：54-58.

董文寿，鄂崇荣. 2010. 旅游开发对土族文化遗产保护的影响——以互助土族自治县小庄村、大庄村为例. 青海民族大学学报社会科学版，（3）：45-49.

杜芳琴. 2004. 妇女／社会性别史对史学的挑战与贡献. 史学理论研究，（3）：4-19.

杜赞奇. 1996. 文化、权力与国家——1900—1942 年的华北农村. 王福明译. 南京：江苏人民出版社.

范向丽. 2012. 国外女性旅游从业人员研究综述. 妇女研究论丛, 5：105-112.

范向丽, 郑向敏. 2009. 旅游业对少数民族地区旅游从业女性的影响. 浙江旅游职业学院学报, 5（1）：65-69.

费孝通. 1998. 乡土中国. 北京：北京大学出版社.

费孝通. 2009. 江村经济. 北京：商务印书馆.

冯立天, 陈再华. 1994. 北京城市妇女地位调查研究. 人口与经济, （1）：29-41.

冯淑华, 沙润. 2007. 乡村旅游中农村妇女就业与发展研究——以江西婺源为例. 妇女研究论丛, （1）：27-31.

高丹. 2011. 论农村精英对农业产业化的推动作用. 社会学研究, 4：27.

高军, 马耀峰. 2010. 外国游客感知视角的我国入境旅游不足之处——基于扎根理论研究范式的分析. 旅游科学, 24（5）：49-55.

葛园园, 殷红梅. 2011. 独立民族村寨型乡村旅游地农村劳动力转移与配置——以西江千户苗寨为例. 贵州师范大学学报（自然科学版）, 3（29）：51-54.

龚晓洁, 许淑华. 2011. 村落精英角色与形态变迁：山东个案. 重庆社会科学, 9：41-46.

桂勇, 黄荣贵. 2008. 社区社会资本测量：一项基于经验数据的研究. 社会学研究, （3）：122-142.

郭正林. 2003. 卷入民主化的农村精英：案例研究. 中国农村观察, 48（1）：66-74.

哈罗德·拉斯韦尔. 1992. 政治学：谁得到什么？何时和如何得到？杨昌裕译. 北京：商务印书馆.

韩贺南. 2002. 马克思主义妇女观概论. 北京：中国妇女出版社.

胡杨. 2006. 中国农村精英研究的问题域及其整合. 河南社会科学, 14（1）：11-15.

胡章静. 2002. 试论农村发展与知识分子参与——从"乡村建设运动"到"参与式农村评估（PRA）". 人口与社会, 18（4）：38-41.

胡志毅, 张兆干. 2002. 社区参与和旅游业可持续发展. 人文地理, （2）：38-34.

黄翅勤. 2007. 广西民族旅游宣传中的壮族女性形象研究. 桂林：广西师范大学硕士学位论文.

黄翅勤, 彭惠军. 2009. 旅游宣传中的女性形象文化内涵解析. 商业经济, （5）：95-97.

黄慧贞. 2011. "主体的追寻"：口述历史作为香港妇女史研究的进路. 社会科学战线, （2）：81-86.

黄向, 保继刚. 2006. 场所依赖（place attachment）：一种游憩行为现象的研究框架. 旅游学刊, 21（9）：19-24.

加塔诺·莫斯卡. 2002. 统治阶级（政治科学原理）. 贾鹤鹏译. 南京：译林出版社.

姜敏, 王奕博. 2014. 精英地位获得中的人力资本效用——基于武汉市"六普"数据的分析. 青年与社会, （2）：243-245.

金江, 张奎. 2011. 收入、工作单位与主观幸福感. 中南财经政法大学学报, 5：13-19.

金少萍. 2003. 云南少数民族妇女与旅游业的互动发展. 中央民族大学学报（哲学社会科学版）, （5）：55-59.

金太军. 2002. 村级治理中的精英分析. 齐鲁学刊, （5）：119-125.

井莉. 2008. 关于民族旅游与少数民族妇女研究综述. 社会观察, 11：219-220.

旷宗仁, 杨萍. 2004. 乡村精英与农村发展. 中国农业大学学报（社会科学版）, 1：45-49.

稂丽萍. 2008. 民族旅游时空中的少数民族女性社会角色的嬗变——以山江苗族女性为例. 贵州民族大学学报（哲学社会科学版）, （1）：143-147.

李婵. 2004. 农村社区精英研究综述. 中共济南市委党校学报，（3）：60-63.

李春玲. 2005. 断裂与碎片：当代社会阶层分化与实证分析. 北京：社会科学文献出版社.

李代红，牛丽琴，李苑凌. 2006. 中国成功民营企业家素质特征研究. 企业活力，7：52-53.

李拉扬，李宁. 2006. 旅游目的地门户网站中女性形象的探析. 旅游论坛，17（5）：615-617.

李丽，宋清国. 2007. 乡村精英在乡村治理中的作用探析. 企业家天地，6：124-125.

李路路. 1996. 社会结构变迁中的私营企业家——论"体制资本"与私营企业的发展. 社会学研究，（2）：93-104.

李倩，吴小根. 2006. 古镇旅游开发及其商业化现象初探. 旅游学刊，12：52-57.

李生兰. 2008. 幼儿园家长开放日活动的研究. 上海：华东师范大学出版社.

李树茁，靳小怡. 2006. 当代中国农村的招赘婚姻及其人口与社会后果：来自三个县的调查发现. 西安交通大学学报：社会科学版，26（5）：51-64.

李树茁，马科斯·费尔德曼. 1999. 中国农村招赘式婚姻决定因素的比较研究. 中国人口科学，（5）：19-28.

李霞. 2008. 中国婚姻家庭法的社会性别分析 // 薛宁兰. 亚洲地区性别与法律研讨会论文集. 北京：中国社会科学出版社：203-209.

李肖燕. 2011. 村治精英对农村发展的作用研究——以山西省忻州市神池县 Y 村为例. 太原：山西大学硕士学位论文.

李燕. 2008. 乡村精英的形成条件与模式研究——基于陕西关中三村实证调查. 西安：西北农林科技大学硕士学位论文.

梁丽霞，李伟峰. 2015. 民俗旅游语境中女性东道主与民俗传承. 民俗研究，2：91-96.

林清清，丁绍莲. 2009. 旅游发展与东道主女性：一个性别视角的研究综述. 妇女研究论丛，3：75-80.

刘霓. 2001a. 社会性别——西方女性主义理论的中心概念. 国外社会科学，（6）：52-57.

刘霓. 2001b. 西方女性学. 北京：社会科学文献出版社.

刘启明. 1993. 当代中国妇女家庭地位的比较研究及成因探析. 中国人口科学，5：1-7.

刘启明. 1994. 中国妇女家庭地位研究的理论框架及指标建构. 中国人口科学，6：1-9.

刘晓霞，邢占军. 2007. 城市女性群体主观幸福感研究. 山东师范大学学报（人文社会科学版），52（3）：136-139.

刘昀，刘闯. 2011. 少数民族传统体育增强农村社区凝聚力研究. 体育文化导刊，（7）：136-139.

刘韫. 2007. 乡村旅游对民族社区女性的影响研究——四川甲居藏寨景区的调研. 青海民族研究，18（4）：30-33.

龙朝霞，赵爱平. 2008. 新农村发展中的乡村精英形成与精英关系格局实录——基于南冲村的个案研究. 经济研究导刊，12：52-54.

卢汉龙. 2004. 人力资本从权力到权威：精英与发展能力. 社会学，（1）：19-22.

鲁可荣，朱启臻. 2008. 农村社区精英的发展创新及动力分析——以北京、安徽三个农村社区发展为例. 青年研究，（2）：23-28.

陆慧. 2010. 女性成功的影响因素分析及成功模型的构建. 职业时空，6（2）：167-170.

陆士桢. 1999. 浅论社区城乡凝聚力和精神文明建设. 中国青年政治学院学报，（1）：57-61.

陆学艺. 2001. 内发的村庄. 北京：社会科学文献出版社.

吕世辰，胡宇霞. 2003. 农村精英及其社会影响初探. 山西师大学报（社会科学版），30（1）：

23-26.

马克思, 恩格斯. 1958. 神圣家庭. 中共中央马克思恩格斯列宁斯大林著作编译局译. 北京: 人民出版社.

马磊. 2015. 同类婚还是异质婚?——当前中国婚姻匹配模式的分析. 人口与发展, 21 (3): 29-36.

马耀峰. 2010. 发展旅游与改善民生. 旅游学刊, 25 (9): 5.

苗元江. 2003. 心理学视野中的幸福感——幸福感理论与测评研究. 南京: 南京师范大学博士学位论文.

苗元江, 王青华. 2009. 大学生社会幸福感调查研究. 赣南师范学院学报, (4): 76-79.

苗元江, 赵姗. 2009. 从社会幸福感到积极心理健康模型——Keyes 介评. 心理研究, 2 (5): 13-16.

苗元江, 朱晓红. 2009. 从理论到测量——幸福感心理结构研究发展. 徐州师范大学学报 (哲学社会科学版), 35 (2): 128-133.

瞿明安. 2002. 中国少数民族传统家庭中夫妻关系模式的比较研究. 贵州民族研究, 22 (4): 35-41.

饶异. 2010. 互惠利他理论社会应用的可行性和局限性分析理论与实践. 理论月刊, (8): 85-89.

沙爱霞, 马义红. 2012. 回族聚居区农家乐旅游开发中的女性角色转换研究——以宁夏泾源县为例. 北方民族大学学报, (5): 107-110.

单艺斌. 2000. 妇女社会地位评价方法研究. 大连: 东北财经大学博士学位论文.

石美玉. 2008. 从利益相关者视角看我国旅游规划的发展. 旅游学刊, 23 (7): 7-8.

石秀印. 1998. 中国企业家成功的社会网络基础. 管理世界, (6): 187-196.

苏醒, 杨慧. 2010. 旅游开发背景下女性历史记忆的变迁——以大理千年白族村落诺邓为例. 旅游研究, 2 (2): 20-25.

孙国翠. 2011. 女性创业成功影响因素及作用机制研究——基于山东省服务业创业女性的实证研究. 济南: 山东大学博士学位论文.

孙进. 2006. 作为质的研究与量的研究相结合的"三角测量法"——国际研究回顾与综述. 南京社会科学, (10): 122-128.

孙立平. 2002. 总体性资本与转型期精英形成. 浙江学刊, (3): 100-105.

孙利天. 1993. 论辩证法的人生态度和理想. 吉林大学社会科学学报, (2): 7-12.

孙戎. 1997. 妇女地位变迁研究的理论与思路. 妇女研究论丛, 4: 50-56.

孙瑞英. 2005. 从定性、定量到内容分析法——图书、情报领域研究方法探讨. 现代情报, 1: 2-6.

孙新. 2009. 基于性别分析的乡村社区妇女参与民族旅游问题研究. 西安: 陕西师范大学硕士学位论文.

孙秀林. 2010-05-25. 中国乡村精英角色定位的时代转换. 中国社会科学报, 11 版.

唐晨铭. 2015. 广西民族村落与旅游小城镇发展耦合机理研究——以平安壮寨、兴坪古镇为例. 桂林: 桂林理工大学硕士学位论文.

唐玲. 2012. 2×2 列联表列比差的 Bayes 分析. 昆明: 云南财经大学硕士学位论文.

唐晓云. 2004. 民族社区旅游的参与式发展研究——以龙胜龙脊平安寨为实证研究. 桂林: 桂林工学院硕士学位论文.

唐晓云，闵庆文.2010.社区型农业文化遗产旅游地居民感知及其影响——以广西桂林龙脊平安寨为例.资源科学，32（6）：1035-1041.

唐雪琼，朱竑.2007.旅游研究中的性别话题.旅游学刊，22（2）：43-48.

唐雪琼，朱竑.2009.旅游发展对摩梭女性的家庭权力影响研究——基于泸沽湖地区落水下村和开基村的对比分析.旅游学刊，24（7）：78-83.

田虎伟.2006.混合方法研究：美国教育研究中的新范式.高等教育研究，（11）：74-78.

田喜洲，谢晋宇.2011.我国旅游业创业者胜任素质特征研究.旅游学刊，26（10）：63-68.

童志锋.2003.乡村社区人际信任研究.兰州：西北师范大学硕士学位论文.

童志锋.2006.信任的差序格局：对乡村社会人际信任的一种解释——基于特殊主义与普遍主义信任的实证分析.甘肃理论学刊，（3）：59-63.

汪洁，郝麦收.2005.当代城市女性生活观探悉——天津市女性生活状况调查与分析.理论与现代化，（5）：73-77.

王广强.2010.基于乡村性的乡村旅游精英治理模式探讨.湖南财经高等专科学校学报，26（8）：22-24.

王金玲.1997.非农化与农村妇女家庭地位变迁的性别考察——以浙江省为例.浙江社会科学，（2）：90-95.

王金玲.2009.性别视角：文化与社会.北京：社科文献出版社.

王兰.2006.民族旅游对少数民族妇女的影响——以云南为例.经济师，（3）：119-120.

王莉，陆林.2003.江南水乡古镇旅游开发战略初探——浙江乌镇实证分析.长江流域资源与环境，12（6）：529-534.

王莉花.2010.精英参与型社区的构建与发展研究——以南京市翠竹园社区为例.南京：南京大学硕士学位论文.

王亮.2006.社区社会资本与社区归属感的形成.改革与发展，（9）：48-50.

王林.2009.乡村旅游社区文化遗产的精英治理——以广西龙脊梯田平安寨村委会选举为例.旅游学刊，24（5）：67-71.

王茂美，黎仕勇.2003.乡村精英对欠发达地区农村民主政治发展的影响.学术探索，87（3）：44-46.

王汝辉.2009.巴泽尔产权模型在少数民族村寨资源开发中的应用研究——以四川理县桃坪羌寨为例.旅游学刊，5（24）：31-35.

王锡苓.2004.质性研究如何建构理论？——扎根理论及其对传播研究的启示.兰州大学学报（社会科学版），32（3）：76-80.

王玉琳.2010.农村居民主观幸福感的实证研究.杭州：浙江大学硕士学位论文.

王中标.2007."乡村精英"发挥作用的制约因素及对策.特区经济，10：136-138.

王忠福，张利.2011.城市居民对旅游经济和环境影响因素感知的结构方程分析——以大连市为例.四川师范大学学报（社会科学版），1（38）：70-78.

威廉·瑟厄波德.2001.全球旅游新论.张广瑞等译.北京：中国旅游出版社.

韦璞.2007.社会资本的测量方法：经验研究综述.特区经济，2：268-269.

维弗雷多·帕累托.2003.精英的兴衰.刘北成译.上海：上海人民出版社.

温龙.2002.精英理论概论.鲁行经院学报，4：22-23.

吴其付.2007.从普通村民到社区精英：中国旅游精英的典型个案——以阳朔"月亮妈妈"为例.旅游学刊，22（7）：87-90.

吴其付. 2013. 旅游开发下民族社区精英成长与文化认同——以北川羌族自治县五龙寨为例. 重庆文理学院学报（社会科学版），23（4）：17-21.

吴淑凤. 2006. 和谐社会下影响社会幸福感形成的四个维度：理论与经验研究. 学习与实践，(7)：86-90.

吴素雄，陈洪江. 2004. 从精英治理到民主治理——村民自治制度演进分析. 江苏社会科学，1：149-155.

吴限红. 2010. 风险与应对：新时期村落精英研究. 济南：济南大学硕士学位论文.

吴晓美. 2007. 民族旅游中性别歧视现象的人类学透析. 青海民族研究，18（4）：34-37.

吴晓萍，何彪. 2001. 略论性别分析在民族旅游影响研究中的意义. 贵州民族大学学报（哲学社会科学版），(4)：62-65.

吴瑜. 2010. 治理理念下"村改居"社区互动关系构建研究——以南京市 H 区为例. 南京：南京理工大学硕士学位论文.

吴愈晓. 2010. 家庭背景、体制转型与中国农村精英的代际传承(1978—1996). 社会学研究，(2)：125-150.

吴忠军，贾巧云，张瑾. 2008. 民族旅游开发与壮族妇女发展——以桂林平安壮寨和黄洛瑶寨为例. 广西民族大学学报（哲学社会科学版），(6)：99-104.

吴忠军，吴少峰. 2014. 乡村旅游与壮族农民增收研究. 广西民族大学学报（哲学社会科学版），36（3）：54-61.

吴忠军，叶晔. 2005. 民族社区旅游利益分配与居民参与有效性探讨——以桂林龙胜龙脊梯田景区平安寨为例. 广西经济管理干部学院学报，17（3）：51-55.

吴忠军，张瑾，项萌. 2012. 民族旅游与少数民族妇女发展. 北京：民族出版社.

伍佩鲜，艾静，徐东，等. 2009. 乡村精英在新农村建设中的作用探讨——以邛崃市平乐镇花楸村为例. 内江师范学院学报，(S2)：213-215.

西蒙娜·德·波伏娃. 1998. 第二性. 陶铁柱译. 北京：中国书籍出版社.

项辉，周俊麟. 2001. 乡村精英格局的历史演变及现状——"土地制度-国家控制力"因素之分析. 浙江省委党校学报，(5)：90-94.

项萌，陈丽丽. 2008. 少数民族妇女在旅游业中的角色与需求——以广西龙脊景区妇女口述为例. 黑龙江民族丛刊，(3)：60-64.

谢彦君. 2010. 旅游的本质及其认识方法. 旅游学刊，25（1）：26-31.

徐红罡. 2005. 文化遗产旅游商业化的路径依赖理论模型. 旅游科学，19（3）：74-78.

徐燕，吴再英，陆仙梅，等. 2012. 民族村寨乡村旅游开发与社区参与研究——以黔东南苗族侗族自治州肇兴侗寨为例. 贵州师范大学学报（自然科学版），39（4）：53-58.

薛丽华. 2010. 社会性别视角下的旅游开发与羌族女性发展研究. 北京：中央民族大学硕士学位论文.

颜士梅. 1997. 台湾妇女社会地位的现状及其成因. 浙江大学学报（人文社会科学版），11（2）：58-62.

杨祥银. 2004. 妇女史、口述历史与女性主义视角. 浙江学刊，(3)：210-214.

杨宇. 2009. 列联表分析在市场调查中的应用. 管理观察，(13)：207-208.

姚广铮，孙壮志，邵春福，等. 2008. 节假日出行活动模式与个人属性相关性分析. 交通运输系统工程与信息，8（6）：57-60.

叶文振，刘建华，杜鹃，等. 2003. 中国女性的社会地位及其影响因素. 人口学刊，(5)：

22-28.

游芳,姜建国,张坤. 2009. 基于二维属性的高维数据聚类算法研究. 计算机计算与发展, 19(5): 111-118.

袁振龙. 2010. 社区信任与社区治安——从社会资本理论视角出发的一种实证研究. 江西公安专科学校学报,(9): 94-100.

苑焕乔. 2015. 北京国家级历史文化村镇现状及保护对策研究. 北京联合大学学报人文社会科学版, 13（1）: 22-28.

曾福生, 匡远配. 2007. 精英在农村公共产品供给中的作用研究. 兰州学刊, 11: 62-68.

展丽丽. 2008. 乡村精英与农村社区发展. 黑龙江史志,(17): 63, 65, 29.

张超. 2008. 旅游经济推动下的康南藏乡女性经营参与研究——以四川省稻城香格里拉镇呷拥村为例. 青海民族研究, 19（4）: 44-47.

张瑾. 2008. 民族旅游发展对少数民族妇女影响的人类学探讨——以贵州肇兴侗寨为例. 旅游论坛, 19（2）: 292-295.

张瑾. 2011. 民族旅游语境中的地方性知识与红瑶妇女生计变迁——以广西龙胜县黄洛瑶寨为例. 旅游学刊, 26（8）: 72-79.

张丽. 2008. 旅游黄金周景区拥挤度与游客体验影响因素研究——以桂林七星景区和象山景区为例. 桂林：广西师范大学硕士学位论文.

赵国祥. 2002. 185 名处级领导干部的个性特质的研究. 心理科学, 25（2）: 231-232.

赵捷. 1994. 云南旅游业中民族女性角色分析. 云南民族大学学报：哲学社会科学版,（2）: 65-69.

赵凌云. 2011. 理性化互惠：农民专业合作社与乡土文化的契合点. 山西高等学校社会科学学报,（9）: 37-44.

赵倩倩, 褚玉杰, 赵振斌. 2013. 基于场所依恋的乡村社区妇女参与民族旅游问题研究——以新疆布尔津县禾木村为例. 资源开发与市场, 29（8）: 859-862.

赵世林. 2002. 论民族文化传承的本质. 北京大学学报：哲学社会科学版,（3）: 10-16.

折晓叶, 陈婴婴. 2000. 社区的实践："超级村庄"的发展历程. 杭州：浙江人民出版社.

郑杭生. 2002. 社会学概论新修（修订本）. 北京：中国人民大学出版社.

中共中央马克思恩格斯列宁斯大林著作编译局. 1995. 马克思恩格斯选集. 第 4 卷. 北京：人民出版社.

中国大百科全书总编辑委员会《社会学》编辑委员会. 1991. 中国大百科全书社会学. 北京：中国大百科全书出版社.

钟洁. 2010. 中国民族旅游与少数民族女性问题研究进展. 妇女研究论丛,（2）: 83-87.

周春发. 2013. 乡村旅游与精英再生产——以徽村调查为中心. 湖北经济学院学报, 13（1）: 117-120.

周建明, 詹雪红. 2005. 中国古镇旅游资源的保护与利用——兼谈北京模式口镇旅游保护规划要点. 小城镇建设,（6）: 74-77.

周霞. 2010. 传统与现代农村社区信任结构解读——基于布迪厄场域理论视角. 经济社会与发展,（3）: 107-109.

朱翠英, 凌宇, 银小兰. 2011. 幸福与幸福感——积极心理学之维. 北京：人民出版社.

朱璇. 2012. 新乡村经济精英在乡村旅游中的形成和作用机制研究——以虎跳峡徒步路线为例. 旅游学刊, 27（6）: 73-78.

庄洁. 2003. "社会资本" 理论研究综述. 发展论坛,（1）：79-80.

庄晓平, 朱竑. 2013. 权利视角下的旅游权利主体探究——兼与国内若干学者商榷. 旅游学刊, 28（5）：116-122.

庄秀琴, 郑海涛. 2006. 周庄古镇生命周期研究. 商场现代化,（3）：184-186.

宗晓莲. 2002. 布迪厄文化再生产理论对文化变迁研究的意义——以旅游开发背景下的民族文化变迁研究为例. 广西民族学院学报（哲学社会科学版）, 24（2）：22-25.

邹宜斌. 2005. 社会资本：理论与实证研究文献综述. 经济评论,（6）：121-126.

Alonso-Almeida M M. 2012. Water and waste management in the Moroccan tourism industry: The case of three women entrepreneurs. Womens Studies International Forum, 35（5）：343-353.

Altman I, Low S M. 1992. Place attachment//Altman I, Wohlwil J F（Eds.）. Human Behavior & Environment Advances in Theory & Research. New York: Plenum Press: 1-6.

Andrews F M, Withey S B. 1976. Social indicators of well-being: Perceptions of life quality// Andrews F M, Withey S B（Eds.）. Social Indicators of Well-Being. New York: Plenum Press: 4-5.

Apostolopoulos Y. 2001. Women as Producers and Consumers of Tourism in Developing Regions. Westport: Greenwood Press.

Bhat C R, Koppelman F S. 1993. A conceptual framework of individual activity program generation. Transportation Research, 6: 433-446.

Bourdieu P. 1986. The forms of capital // Richardson J（Eds.）. Handbook of Theory and Research for the Sociology of Education. Westport: Greenwood Press: 241-258.

Bradburn N M. 1969. The Structure of Psychological Well-being. Chicago: Aldine.

Brown G, Raymond C. 2007. The relationship between place attachment and landscape values: Toward mapping place attachment. Applied Geography, 27（2）：89-111.

Brown G, Smith C, Alessa L, et al. 2004. A comparison of perceptions of biological value with scientific assessment of biological importance. Applied Geography, 24（2）：161-180.

Cain M, Khanam S R, Nahar S. 1979. Class, patriarchy, and women's work in Bangladesh. Population and Development Review, 5（3）：405-438.

Campbell D T, Fiske D W. 1959. Convergent and discriminant validation by the multi trait-multi method Matrix. Psychological Bulletin, 56（2）：81-105.

Chang H Q, MacPhail F, Dong X Y. 2011. The Feminization of labor and the time-use gender gap in rural China. Feminist Economics, 17（4）：93-124.

Cheng A S, Kruger L E, Daniels S E. 2003. "Place" as an integrating concept in natural resource politics: Propositions for a social science research agenda. Society & Natural Resources, 16（2）：87-104.

Cook J A, Fonow M M. 1986. Knowledge and women's interests: Issues of epistemology and methodology in feminist sociological research. Sociological Inquiry, 56（1）：2-29.

de Kadt E. 1979. Tourism-Passport to Development? Perspectives on the Social and Cultural Effects of Tourism in Developing Countries. Oxford: Oxford University Press.

Denzin N K. 1970. The Research Act a Theoretical Introduction to Sociological Methods. Chicago: Aldine.

Diener E. 1984. Subjective well-being. Psychological Bulletin, 95: 542-575.

Diener E，Diene M. 1995. Cross-cultural correlates of life satidaction and self-esteem. Journal of Personality and Social Psychology，68（6）：653-663.

Diener E，Sandvik E，Seidlitz L，et al. 1993. The relationship between income and subjective well-being : Relative or absolute? . Social Indicators Research，28（3）：195-223.

Dixon R B. 1978. Rural Women at Work: Strategies for Development in South Asia. Baltimore : Johns Hopkins University Press.

Duffy L N，Kline C S，Mowatt R A，et al. 2015. Women in tourism : Shifting gender ideology in the DR. Annals of Tourism Research，52 : 72-86.

Eyal G，Szelenvi I，Townley E. 1998. The New Ruling Elites in Eastern Europe London. New York : Verso.

Fisher K，Egerton M，Gershuny J I，et al. 2007. Gender convergence in the American heritage time use study（AHTUS）. Social Indicators Research，82（1）：1-33.

Garcia-Ramon M D，Canoves G，Valdovinos N. 1995. Arm tourism，gender and the environment in Spain. Annals of Tourism Research，22（2）：267-282.

Garhammer M. 2002. Pace of life and enjoyment of life. Journal of Happiness Studies，3（3）：217-256.

Gentry M K. 2007. Belizean women and tourism work : Opportunity or Impediment?. Annals of Tourism Research，34（2）：477-496.

Gershuny J. 2011. Time-use Surveys and the Measurement of National Well-being. Oxford : Centre for Time-use Research，Department of Sociology，University of Oxford.

Glaser B，Strauss A. 1967. The Discovery of Grounded Theory: Strategies for Qualitative Research. New York : Aldine de Gruyter.

Grootaert C，Bastelaer T. 2002. The Role of Social Capital in Development : An Empirical Assessment. Cambridge : Cambridge University Press.

Gustafson P. 2002. Place，Place Attachment and Mobility: Three Sociological Studies（Doctoral dissertation）. Gothenburg : GÊ teborg University.

Hankiss E. 1990. East European Alternatives. Oxford : Oxford University Press.

Harvey M J，Hunt J，Harris C C. 1995. Gender and community tourism dependence level. Annals of Tourism Research，22（2）：349-366.

Herold E，Garcia R，DeMoya T. 2001. Female tourists and beach boys : Romance or sex tourism? Annals of Tourism Research，28（4）：978-997.

Hu C D. 2000. Matters needing attention for implementing PRA method. Forestry and Society Newsletter，（5）：10-11.

Hull R B，Lam M，Vigo G. 1994. Place identity：Symbols of self in the urban fabric. Landscape & Urban Planning，28（2-3）：109-120.

Humm M. 1995. The Dictionary of Feminist Theory. Columbus : Ohio State University Press.

ILO. 2013. Toolkit on poverty Reduction Through Tourism（2nd Ed.）. Geneva : ILO

Ireland M. 1993. Gender and class relations in tourism employment. Annals of Tourism Research，20（4）：666-684.

Kaplan R，Kaplan S. 1989. The Experience of Nature : A Psychological Perspective. New York : Cambridge University Press.

Keyes C L M. 1998. Social well-being. Social Psychology Quarterly, 61 (2): 121-140.

Keyes C L M, Shmotkin D, Ryff C D. 2002. Optimizing well-being: The empirical encounter of two traditions. Journal of Personality and Social Psychology, 82 (6): 1007-1022.

Kinnaird V, Hall D. 1994. Tourism: A Gender Analysis. West Sussex: Wiley.

Lu L, Hu C H. 2005. Personality, leisure experiences and happiness. Journal of Happiness Studies, 6 (3): 325-342.

Macdermott A F. 2002. Living with angina pectoris—A phenomenological study. European Journal of Cardiovascular Nursing, 1 (4): 265-272.

Manzo L C. 2005. For better or worse: Exploring multiple dimensions of place meaning. Journal of Environmental Psychology, 25 (1): 67-86.

Manzo L C, Perkins D. 2006. Finding Common ground: The importance of place attachment to community participation and planning. Journal of Planning Literature, 20 (4): 335-350.

Martin P Y, Turner B A. 1986. Grounded theory and organizational research. Journal of Applied Behavioral Science, 22 (2): 141-157.

Mason K O. 1986. The status of women: Conceptual and methodological issues in demographic studies. Sociological Forum, 1 (2): 284-300.

Mason K O, Lu Y H. 1988. Attitudes toward women's familial roles: Changes in the United States, 1977-1985. Gender & Society, 2 (1): 39-57.

McDowell I, Newell C. 1987. Measuring Health: A Guide to Rating Scales and Questionnaires. Oxford: Oxford University Press.

Mcgehee N G, Kim K, Jennings G R. 2007. Gender and motivation for agri-tourism entrepreneurship. Journal of Travel Research, 28 (1): 280-289.

Monk J, Alexander C S. 1986. Free port fallout: Gender, employment, and migration on Margarita Island. Annals of Tourism Research, 13 (3): 393-413.

Muñoz-Bullón F. 2009. The gap between male and female pay in the Spanish tourism industry. Tourism Management, 30 (5): 638-649.

Murphy P E. 1985. Tourism: A Community Approach. New York: Methuen.

Nolan J M, Schneider M J. 2011. Medical tourism in the backcountry: Alternative health and healing in the Arkansas Ozarks. Signs Journal of Women in Culture & Society, 36 (2): 319-326.

Oakley A. 1972. Sex, Gender and Society. Oxford: Martin Robertson.

Okin S M. 2013. Women in Western Political Thought. Princeton: Princeton University Press.

Papathanassis A, Knolle F. 2011. Exploring the adoption and processing of online holiday reviews: A grounded theory approach. Tourism Management, 32 (2): 215-224.

Parsons T. 1966. Societies: Evolutionary and Comparative Perspective. Upper Saddle River: Prentice Hall Press.

Phelan C, Sharpley R. 2012. Exploring entrepreneurial skills and competencies in farm tourism. Local Economy, 27 (2): 103-118.

Pinheiro J Q. 1998. Determinants of cognitive maps of the world as expressed in sketch maps. Journal of Environmental Psychology, 18 (3): 321-339.

Pred A. 1984. Place as historically contingent process : Structuration and the time-geography of becoming places. Annals of the Association of American Geographers, 74（2）: 279-297.

Pritchard A, Morgan N L, Ateljevic I, et al. 2007. Tourism and Gender : Embodiment, Sensuality and Experience. Wallingford : CABI.

Proshansky H M, Fabian A K, Kaminoff R. 1983. Place-identity : Physical world socialization of the self. Journal of Environmental Psychology, 3（1）: 57-83.

Relph E. 1976. Place and Placelessness. London : Pion Limited.

Relph E. 2007. Spirit of place and sense of place in virtual realities. Techné : Research in Philosophy and Technology, 10（3）: 17-25.

Robinson J P, Godbey G. 1997. Time for Life : The Surprising Ways Americans Use Their Time. University Park : Pennsylvania State University Press.

Robinson J P, Yerby J, Fieweger M, et al. 1977. Sex-role differences in time use. Sex Roles, 3（5）: 443-458.

Rollero C, De Piccoli N. 2010. Does place attachment affect social well-being? Revue Européenne de Psychologie Appliquée, 60 : 233-238.

Romero-Daza N, Freidus A. 2008. Female tourists, casual sex, and HIV risk in Costa Rica. Qualitative Sociology, 31（2）: 169-187.

Ryan R M, Deci E L. 2000. Self-determination theory and the facilitation of intrinsic Motivation, social development, and well-being. American Psychologist, 55（1）: 68-78.

Ryff C D. 1989a. Beyond Ponce de Leon and life satisfaction : New directions in quest of successful aging. International Journal of Behavioral Development, 4（12）: 35-55.

Ryff C D. 1989b. Happiness is everything, or is it ? Explorations on the meaning of psychological well-being. Journal of Personality and Social Psychology, 57（6）: 1069-1081.

Ryff C D. 1995. Psychological well-being in adult life. Current Directions in Psychological Science, 4（4）: 99-104.

Ryff C D, Keyes C L M. 1995. The structure of psychological well-being revisited. Journal of Personality and Social Psychology, 69（4）: 719-727.

Ryff C D, Singer B. 1998. The contours of positive human health. Psychological Inquiry, 9（1）: 1-28.

Sabina J M, Nicolae J C. 2013. Gender trends in tourism destination. Procedia-social and Behavioral Sciences, 92 : 437-444.

Skalpe O. 2007. The CEO gender pay gap in the tourism industry—Evidence from Norway. Tourism Management, 28（3）: 845-853.

Smaldone D, Harris C C, Sanyal N, et al. 2005. Place attachment and management of critical park issues in grand teton national park. Journal of Park & Recreation Administration, 23（1）: 90-114.

Swain M B. 1977. Cuna women and ethnic tourism : A way to persist and an avenue to change// Smith V L（Eds.）. Hosts and Guests : The Anthropology of Tourism. Philadelphia : University of Pennsylvania Press : 71-82.

Staniszkis J. 1990. "Political capitalism" in Poland. East European Politics & Societies,

5（1）：127-141.

Stedsman R C. 2003. Is it really just a social construction : The contribution of the physical environment to sense of place. Society and Natural Resources, 16（8）: 671-685.

Szelenvi I. 1982. The Intelligentsia in the class structure of state societies. American Journal of Sociology, 88 : S287-326.

Tosun C. 2000. Limits to community participation in the tourism development process in developing countries. Tourism Management, 21 : 613-633.

Tuan Y F. 1974. Topophilia : A Study of Environmental Perception, Attitudes and Values. Upper Saddle River : Prentice Hall Press.

Tuan Y F. 1977. Space and Place : The Perspective of Experience. Minneapolis and Sao Paulo : University of Minnesota Press.

Walpole M J, Goodwin H J. 2000. Local economic impacts of dragon tourism in Indonesia. Annals of Tourism Research, 27（3）: 559-576.

Waterman A S. 1993. Two conceptions of happiness : Contrasts of personal expressiveness（eudaimonia）and hedonic enjoyment. Journal of Personality and Social Psychology, 64（4）: 678-691.

Wilkinson P F, Pratiwi W. 1995. Gender and tourism in an Indonesian village. Annals of Tourism Research, 22（2）: 283-299.

Williams D R, Roggenbuck J W. 1989. Measuring Place Attachment : Some Preliminary Result. Ashburn : National Recreation and Park Association.

Witting M. 1981. One is not Born a woman. Feminist Issues, 1（2）: 17.

Wright S. 1934. The method of path coefficients. The Annals of Mathematical Statistics, 5（3）: 161-215.

附 图

当地居民的旅游参与活动（部分）

土族婚礼习俗表演（2011 年 7 月，小庄村）

售卖工艺品的妇女　　　　　　　制作苗绣的妇女

（2012 年 7 月，桃坪羌寨）　　　（2013 年 1 月，西江千户苗寨）

苗族敬酒歌表演

（2013 年 1 月，西江千户苗寨）

侗族侗戏表演

（2013 年 7 月，肇兴侗寨）

调研工作照片（部分）

调查当地人（2011 年 7 月，小庄村）

调查当地妇女（2012 年 7 月，桃坪羌寨）

旅游开发中的西部民族社区妇女：参与与改变

调查当地妇女

（2013 年 1 月，西江千户苗寨）

在受访者家就餐

（2013 年 1 月，西江千户苗寨）

调查当地人

（2013 年 7 月，肇兴侗寨）

与向导合影

（2013 年 7 月，肇兴侗寨）